基督教道德的起源

〔美〕韦恩·A. 米克斯 著

吴　芬 译

Wayne A. Meeks
THE ORIGINS OF CHRISTIAN MORALITY
The First Two Centuries

本书按美国耶鲁大学出版社1995年版译出

中文版前言

《基督教道德的起源》于1993年出版，当时我完全没有想到在19年后会有中译本。然而就在这十几年中，世界的变化加速，缩短了各地之间的距离，使它们更紧密地联在一起，中国与外界的沟通与日俱增，其重要性突显。无论是身临其境还是在思想、心灵中，心怀善意的人们跨越民族和文化的疆界，尽力去了解和体验不同的情感和价值。什么是对，什么为错，对此我们为何抱有不同的看法？关于有价值、有意义的生活，我们最基本的看法缘何而起？各民族的历史不同，对于终极价值的理解也不同。他们缘何能和平共处，相互学习、借鉴？

本书也试图跨越，不过它跨越的是一种文化上的重大隔阂——现在与过去之间，而非一个地域与另一个之间的隔阂。它意在带领读者绕到绵长、错综复杂的基督教历史的背后，来到它的发端。它考察当时罗马帝国东部多元文化的世界——在这一地区，一些独特的信仰和行为模式成为我们称之为基督教的宗教运动的特征。我探究的问题是：这些独特的模式是如何在该地兴起的？如果这本书能帮助读者从今天向后跨越到昨天，我希望它也有助于共同生活在今天的我们达到互相了解。

把我的英语原作翻译为汉语确为费力之举，对吴芬在此过程中表现的耐心和经历的辛苦我深表感谢。

韦恩·A. 米克斯

2008年5月31日

前　言

我们称之为基督教道德是一个错综复杂的整体，由观念、信条和实践构成，于变化过程之中最终形成。本书的宗旨即描述该过程的诸种发端。如只重表面，它可能被看作所谓“新约伦理”或“早期基督教伦理”大类中的又一部著作。但是，本书实际上不属于此列，其原因我将在第一章中说明。关于堕胎，早期基督徒对我们有何指教？关于同性恋，《新约》采取什么样的立场？基督徒是否应当是和平主义者？对于此类零敲碎打，而且从历史的角度看比较幼稚的问题，读者在本书中不会找到任何答案。我也无意发现作为早期基督教伦理体系的根基的核心原则。如果说早期基督教伦理确有体系，那么，这一体系纷繁复杂的程度使得我们无法把它概括为一些基本规则或信条、准则。确切地说，我在下面篇幅中试图带领读者走一趟探索之旅。我们寻找的是彼得·布朗在一个不同的语境中称作“道德观念生态”的东西[1]，我们此行的目的是尽力构筑基督教发端的某种人

---

① Brown 1988，xvi。参见本书“参考文献”，下同。

种志。

本书出自一系列讲座,最直接的是 1990 至 1991 年牛津大学的 the Speaker's Lectures①。应神学院的邀请,我在春天来到牛津,几周中享受热情接待,我深表感谢。学院的办公、住宿环境舒适,我享受了佳肴美酒和许多愉快的交谈,为此向基督教会学院的工作人员和教师公用室的成员表示感谢。难忘的时光来自诸多先生的关照,我无法在此一一列举,只能略数几位:Maurice 和 Paddy Wiles——我把本书献给他们,作为经久友谊的小小标志;还有 Ernest Nicholson, Ed Sanders, Robert Morgan, Geza 及 Pam Vermes, Christopher Rowland 和 Becky Gray 。

本书中的一些章节曾以相当不同的面目于 1986 年在 Colgate Rochester 神学院用于 Rauschenbusch 讲座;同一年又在 Austin Presbyterian 神学院用于 E. C. Westervelt 讲座。我感谢这两所学院对我的邀请和仁慈,特别要提到的是 Leonard I. Sweet, the Very Rev. William H. Petersen, Beverly Gaventa, Jack L. Scotts, E. Ellis Nelson, Ralph Person 以及 James Mahon。

本书虽然在 the Speaker's Lectures 基础上有了较大的扩展,但保留了当时的顺序安排。原来的口语化风格得到一定程度的修正。但是此书与当时的系列讲座一样,针对的是一般的听众/

① 指神学系的"The Speaker's Lectures in Biblical Studies"。

读者而不是专家，我因此把对学术文献的引用压到最低。这一做法的副作用是无法详细说明我使用的无数专著，颇令人遗憾。在大多数情况中，同行们会一眼认出我引用了谁的东西。若想继续钻研书中提出的问题，专业外的读者可以通过我列举的著作找到更长的参考书单。至于古代文献的译文，凡是未注明译者姓名或(《圣经》)版本的，均由我本人翻译。

Maurice Wiles 根据他所听到的部分对如何把讲座转化为一本书提出了宝贵的意见；Elaine H. Pagels，Susan R. Garrett 和 Martha F. Meeks 每人都通读了整部手稿，提出了许多具体的改进意见，我几乎全部采纳，Gene Outka 读了第一章，使我避免了几处讹误。耶鲁大学出版社的匿名审稿人的工作细致缜密，使本书获益匪浅。对责编 Charles Grench 及出版社的全体工作人员我深表感谢。文献索引由 Craig Wansink 承担，得到了耶鲁大学的 A. Whitney Griswold 基金会的资助。

目　录

第一章　道德观念与群体

古代的一场奇怪的运动后来演变成形形色色的基督教。即使在被某些人描述为后基督教时代的今天，该运动的发端依然激发着思考者的强烈兴趣。无论是当年基督教讲述的核心故事，还是我们为解释其起源而建构的一切历史看来均不可靠。然而，我们对最初几个世纪的基督教历史的关注却并不仅仅出自对一个古老谜团的好奇心。我们对这个问题的兴趣表明，我们懂得，文化价值的这场结构性变迁发端于若干规模不大、情况不清的变化，无论我们是否自视为基督徒，或是否有任何宗教信仰，均无法完全逃脱这一变迁的影响。我们意识到，在 15 到 20 个世纪之前，某种东西起了变化，那么，是什么东西变了？

对此问题，基督教内人士备有数种故事作为回答，故事不同，确定程度不一。例如，基督被钉在十字架上，蒙受耻辱。但是上帝让他复活，做了全世界的王，从而压倒了这一耻辱。上帝自取肉身为的是人类能按照他的意愿变化。又如，从那肉眼看不见的圣灵之光的纯净世界，降下一位神秘的信使，他来唤醒永恒之光堕入尘世之中的麻木、健忘的点点片段。他们是能够获得真知的片段，并能借此脱离物质与假象的世界，重新汇入元初、静止的和谐统一体，等等，不一而足[①]。我们常常称此类故事为“神话”，现代人了解基督教起源的工作也大多集中于此。但是，要说清基督教究竟给世界带来了什么，我们的困难并不单纯在于当时的这个新兴运动运用了神话的语言。正如著名的神话解构学者鲁道夫·伯尔特曼（Rudolf Bultman）所信，现代人并非不能以神话的语言思考，大家共同的问题是我们相信太多的神

① 这是诺斯替教关于世界及人的创造、救赎的信条。“诺斯替”一词出自希腊词 gnosis（知、认识），其教义是古代世界中一些多神教中的神秘主义与希腊哲学的混合。诺斯替教的派别众多，不同的信条纷呈。与这里的内容相关的是，至高、绝对之神弥深弥奥，无声无言，不可名状。这至高之真神并不创造，但从他里面发散出一些叫做“分神体”（aeons）的神性存在，他们与真神共同组成完美的统一体。“分神体”中有一个叫做智慧（Sophia），她渴望了解那不可知的至高真神，结果造出了有缺陷、邪恶的“造化神”（Demiurge）。“造化神”创造了与至高真神格格不入的物质和心灵的世界。这样创造的人具有双重性。一方面他出自有缺陷的造物主之手，是容易腐败、死亡的物质和肉体。另一方面他的精神部分中又有神性的片段——那囚禁并沉睡于肉体之中点点的圣灵之光。对于自己的本原、本质以及终极归宿，人一无所知。要获得真知、从物质、肉体的牢笼中解放出来，除自己的努力外，人还需要外来的援助。圣灵之光的诸使者、救世主——其中有至高真神的逻各斯、也就是基督，带来了真知的启示，解放被囚禁的精神，使其得以回归本原。诺斯替教虽然借用了犹太教和基督教的一些著述，但它们之间有重大的差别。本书有关的论述见于第四章“获得真知之士逃离尘世”节，第八章“托马斯传统”、“瓦伦廷派”节，第九章“其他的声音”、“上帝的行动”节，第十章“托马斯福音”等等。——译者注

话，而且大多数神话都过于廉价、过于卑劣。然而，在试图将基督教神话与被视为日常现实的东西联系起来时，我们却遇到了麻烦。怎样才能使教会自己讲述的故事与对事情发生的通常解释协调一致仍然是个疑难问题。然而，从历史的角度了解这一现象，这还不是遇到的唯一或是主要的障碍。

对上面的问题有另一种回答：当基督教的力量日益壮大，从犹太教的其他教派和运动[①]以及罗马帝国中纷乱的异端邪教和

① 当时犹太社会面临内部纷争和外来强权的压力，众多派别竭力推行自己的主张，情况复杂而且常常无法清晰划分。其中 4 个主要的宗派的信息大多来自约瑟夫斯、老普林尼、斐洛和迪奥·克里索斯托：1. 撒都该派，由高级祭司、贵族、商人组成。他们遵循律法书，但不接受口头律法；他们否认死后复活、灵魂不死，不承认有天使、鬼怪。他们接受希腊化文化的影响，与希律王及罗马统治者保持较好的关系。根据福音书，他们对耶稣被捕、受审和判决负有重要责任。2. 法利赛派是犹太人中的中产阶级，在当时人的心目中，他们有学问，通过普及宗教教育获得对普通民众的影响力，在宗教崇拜中起主导作用。他们虔诚地遵循律法书，也接受口头律法；他们相信灵魂不灭，命运由神预定，上帝对善恶进行奖惩。在福音书里，他们频频遭到耶稣的批驳。后来犹太教里的拉比阶层出自这一派。3. 爱赛尼派脱离主流社会离群索居，由成年男子组成，提倡禁欲、服从，讲究身体的洁净，严格遵守安息日的规定。群体内实行公有制，谴责奴隶制度。启示书卷大多出自这一派，死海古卷证明爱赛尼派与基督教在一些观念和实践上很相似。学者们据此推测，在爱赛尼派解体后，一些成员加入了早期基督教群体，但其他更直接的关系很难确定。4. 奋锐派是律法书和犹太文化的狂热捍卫者，强烈憎恶犹太教的敌人乃至缺乏宗教热情的犹太人。他们的教义与法利赛派的相近。他们坚信自己的土地只能按上帝的原则治理，因此以暴力手段反对犹太教的敌人罗马统治者。——译者注

各种信仰活动中脱颖而出，变成一股占支配地位的文化势力之时，究竟是什么起了变化？从文化史的角度看，是方方面面的各种情感变了。对于什么样的行为是恰当的、正确的，并有益于人类的繁荣兴旺，人们的看法有了改变。应当做什么，为什么应当做，新的语汇出现在对这些问题的讨论中，人们对有道德的人生应该追求的目的有了新的认识，产生了新的希望和新的恐惧。新的制度及制约因素出现，担当起塑造品格的任务，在各种不同的层次上，向迥然相异的群体提供过去由社会精英的哲学所担负的“灵魂指导”，或将其强加于人们头上。简言之，到了基督教于第4、第5世纪在罗马帝国成为一种政治和文化势力之际①，它已经变成一种体制，一种特别的道德语言。是道德起了变化。

诚然，要精确地说明基督教道德新在何处，或划清它与其他道德之间的清晰的界限异常困难。基督徒谈论美德的语言并非从零开始的发明，而是从更早的传统道德话语改编而来。在日

① 从1世纪至4世纪初基督教经历了范围、程度不同的迫害，但仍然不断发展壮大，从最初的边缘群体传播到包括贵族在内的罗马帝国的各个阶层。最后一个死于帝国迫害的是亚历山大的主教彼得（312年）。313年君士坦丁与统治帝国东半部的李锡尼（Licinius），共同颁布宽容基督教的米兰敕令，宣布人人都有崇拜所奉之神的自由，基督徒享有合法权利。狄奥多西一世于380年定基督教为人人都必须信奉的国教。此后，异教遭到排斥甚至镇压，加之罗马帝国统治机构应付内忧外患的效能日益降低，基督教会逐渐成为主导人们的思想、凝聚社会的一种强势体制。——译者注

常行为上，教会的大多数成员无疑也在大多数方面与身边的教外人士别无二致。而在一个基督徒与另一个基督徒之间，或一派基督徒与另一派之间，道德判断和道德实践方面存在的差别看起来不小于基督徒与“异教徒”之间的差别，甚或更大。我们审视道德上敏感的问题，如当权者对致死性强力的使用、对奴隶的处置、男性与女性的关系、权力与财产的分配，以及一系列类似的问题，力图发现公共话语和实践或者立法范围内的明显变化。但是我们很少找到表现清晰的差异且能归因于基督教影响的事例。更为糟糕的是，能够确认的趋势多半与当今大多数基督徒认为的道德上可取的方向相背。①

尽管如此，无论需要做多少限定才能描述所谓的“基督教道德”，谈论这一概念显然并非毫无意义。我们必须承认基督教道德实践和道德话语里存在种种差异，在差异之中，我们能找到一种道德特征方面的家庭成员之间的相似性。此外，几乎无可置疑的是，基督教的道德情操对道德史产生了深刻的影响，这一点在欧洲文化以及该文化在别处的流传中最为明显，而且在现代世界中也处处有所体现。本书的任务不是界定基督教道德，而是描绘从拿撒勒的耶稣被钉十字架至公元2世纪末之间它的形成时代的大致轮廓。

---

① 有关相反方面的情况见 MacMullen 1990，162-68，以及 Ste Croix 1975。

伦理与道德

在现代英语中“*伦理*”一词变得听起来比“*道德*”更为庄严。我为什么选择早期基督教*道德*进行论述？读者也许会这么问，特别是因为从表面看，本书的工作与一大批以“新约伦理”为标题的书颇为相似。先从这个大词说起。在我要做的历史性描述中，由于若干原因，“新约伦理”，或就此而言，“新约道德”这样的标签会起误导作用。首先，我要查究的证据很多，也许大多数都出自《新约》。但是，如果我们想要考察基督教道德在最初两个世纪中发展的全貌，就不能仅仅只看基督教的文献。我们也要看比《新约》中所有文献都更晚的东西，看与其同时代的文献——这些东西在当时往往被赋予与《新约》同等的地位，只是后来才被排除在标准典籍之外。有些基督教团体被抹黑，而且最终被占主导地位的体制和传统压制下去，对于体现他们的信念和实践的文献我们也要研究。

第二个原因是，作为历史范畴的概念，“新约伦理”会引起误解，因为直到我所考察的时期的末端，如今我们所知的《新约》尚未完全成型。最早的基督教徒——即那些开始创立基督教道德的人们，并无《新约》在握。这个明显的事实往往被人遗忘。如果一个现代基督教团体声称其伦理标准完全出自《新约》,那么他们将其伦理定名为"新约伦理"是恰当的,只不过这应该是规范性的而非历史性的或描述性的名称。然而,即使在最拘泥于《圣经》文本的基督教派的眼中,这一断言本身就有些古怪,因为按照规范,人们读《新约》时总是把它当做至少也包括《旧约》在内的更大范围的典籍的一部分。因此,如果我们讨论的问题是现代基督徒把《圣经》当做道德规范,那么"圣经伦理"的提法则比"新约伦理"更可取。不过,这并不是本书要讨论的问题。我提到这一点的目的是强调文本在道德话语里起到规范的作用与它充当过去的规范与实践的见证之间的差别。而且,我希望这点题外的说明会提醒大家,在谈道德或伦理时,我们是在谈人。文本无伦理可言,而人却有。

还是要问,为什么探讨的不是早期基督教伦理而是早期基督教道德?"伦理"和"道德"二词一个源于希腊语,另一个出自西塞罗为翻译该希腊词而创造的拉丁词,这两个词往往被当做同义词使用。不过,在日常语言中二词之间常有细微的差别,而我正是要利用这种差别来特别说明一个观点。有些道德哲学家也区分二者,但他们的区分并不尽相同,而且,通常也出自与我不同的目的。我把"伦理"当做一种反思性的二阶活动,它是自觉的道德。它质询道德话语及行为逻辑、道德判断的根据,剖析责任以及德行的基础与结构。正如《牛津英语大辞典》所言,“伦理”因此为“道德之学”。在另一方面,“道德”一词指生活的一个维度,一种渗透于生活、却往往只是部分地被人意识到的、带有价值判断的一套倾向、态度和习惯。

童年时期我最常听到的道德警告是:“规矩点!”(Behave yourself!)这句话肯定很难翻译成另一种语言,因为它表面上的语义很空。然而,我们那里的父母们从不怀疑它强大的交流作用。这一命令的预设是,该有什么样的行为,孩子已经学到了,在某种程度上道德规范已经内化。倘若父母认为有必要确切地告诉孩子他必须做什么(如“不许再冲你妹妹扔泥巴”),并且倘若孩子问:“为什么不许扔?”一种初级层次的*伦理*对话的场景便可能就此形成。然而只是可能,而非必然,因为父母的回答也许是:“因为我说不许”,或者“因为这样做错了”,或“我们不冲别人扔泥巴”,或“如果别人冲你扔泥巴,你会怎么想?”这样,通过诉诸权威、或一种较为笼统的道德感、或一种家庭标准、或一种他们认为孩子已经具有的设身处地替他人着想的能力,父母试图推进道德价值或规则的内化过程。如果该家长真要作一种较为理性的解释,那么二者之间进行的便是我在这里特指的伦理劝谕。不过,有一点请注意,以免误解。倘若父母的确让孩子做伦理思考,他们的直接目的也是同样:帮助孩子成长为道德行为可靠的人。因此,对于“道德”而言,“伦理的”思考活动并非无足轻重。我使用“道德”一词的目的不是要将“道德之学”与“道德”分裂开来，只是想把注意力集中在后者更宽阔的范围内。

道德英雄与道德共同体

基督教运动的皈依者应该有什么样的行为，这是最终成为《新约》的那些文献以及大多数流传下来的早期基督教的其他同期文献所关注的问题。这些文献针对群体，而非个人。而且，其主要目的之一就是维护这些群体，促使其成长。我们从中能够看到——尽管清晰程度并不一贯地如一——基督教道德通则以及一整套基督教道德实践的形成情况。我的论点是，道德观的形成过程无法脱离特殊群体的形成过程，看不到这一点，我们便无法理解道德的形成过程。创立道德就是创立群体。

这个观点在一个方面与我们当前文化中关于道德的一些重要的看法背道而驰：人们诘问，从根本上讲，道德难道不是个人的事情吗？我们的道德英雄就是那些心灵崇高、挺身反对群体的标准和流行风气的个人。马丁·路德根据“良心听命于上帝之言”的原则，发出“我坚持自己的立场，别无选择”的吼声，谴责整个教会体制的权力。还有他的同名者，对抗暴民、警察以及不公平法律的马丁·路德·金；反抗自命不凡的新英格兰宗教强权的安妮·哈钦森(Ann Hutchinson)①,以及顽强地以孤独和看似纤弱的非暴力方式反抗一个帝国的威力的甘地。2世纪的殉道者波尔帕朵亚(Perpetua)②感化了罗马狱卒,坚定地驳斥了罗马总督以及她父亲的规劝,无畏地走上斗兽场殉难;还有《使徒行传》中面对犹太教公会的众使徒,他们声明:"我必须服从上帝,而不是凡人。"(我们在此听到了苏格拉底的名言的回响③。)

提到苏格拉底的这一典故,我必须稍事停顿,谈谈或许与本题有关的现代伦理学中的一场辩论。一些道德哲学家们提出,认识的混乱是由柏拉图笔下的苏格拉底——特别是启蒙运动以及康德理解的这一苏格拉底——引起的。柏拉图描述的苏格拉底通过无休止的诘问,说服人们依靠理性激发自己追根溯源,直

① 安妮·哈钦森(1591-1643)出身于不信奉国教的教士家庭,思想独立,崇尚宗教自由。1612年与威廉·哈钦森结婚,1634年从英国移民到北美英国殖民地。她反对清教教会对个人信仰的控制,在家中组织妇女查经聚会,讨论信仰问题,主张个人可以直接得到上帝的启示和指引,吸引了众多的追随者。后以异端罪遭审判,尽管她自辩有力,仍被处以绝罚,移居罗得岛。——译者注

② 波尔帕朵亚是北非的伽太基的一名慕道友、一个出身贵族的年轻母亲。202年罗马皇帝塞维鲁(Severus)下令禁止皈依基督教,她被判投入斗兽场喂猛兽。在死刑前夜,她在狱中写下了自己的经历,这篇第一人称的叙述收入她殉难后不久出现的文献中。本书第八章"殉道者的身体"节对她有更多的介绍。——译者注

③ 见柏拉图的*Apology* 29d:如果这就是你们宣布我无罪的条件,我表示感激。但我的回答是,先生们,我必须服从的是神而不是你们。只要一息尚存,我就决不放弃探讨哲学或教授哲学……——译者注

至最高的抽象层次，而最基本的范畴正是由此推演而得。何谓正义？何谓自由？善为何物？美又为何物？在柏拉图的神话中可以进行这样的追溯，因为理性的灵魂是超验的，它并非出自尘世。它下降到我们这个充满关系和变化的洞穴里，它的思考就是对下降前在另一个世界的所知的回想。如果我们忽略公元前5世纪雅典的政治和社会的实际情况，则苏格拉底以一个理想的道德行为者出现，他的肖像本身只是一种无血无肉的抽象。太多的时候人们禁不住把道德行为者视为孤独的心灵，而且自从圣奥古斯丁提出“意志”这一西方思想中至关重要的概念，人们往往把孤独的心灵与孤独的意志联系在一起，认为在考虑对于任何时代、所有的人而言何谓善、何谓真的问题时，它们可以不受与任何历史、社会及群体的关联的影响，对这一看法我不能苟同。

《使徒行传》的作者[①]让彼得提到苏格拉底式的答辩的做法很聪明，却无意要读者认为道德行为可以免受历史、社会的影响。“路加”懂得，彼得服从的上帝并非苏格拉底口中的内在神灵。彼得了解上帝的意志，因为他是“从加利利开始”便与耶稣在一起的团体的一员，而不是通过苏格拉底式的诘问和理性的思考。而且，所有加入这个群体的人“都恒心遵守使徒的教训，彼此交接、掰饼、祈祷”。(《使徒行传》2：42）贵族妇女帕尔普图娅与奴隶身份的菲莉西塔丝不是反对罗马强权的孤独的哲

① 基督教会认为该作者就是耶稣12门徒之一的路加。——译者注

人，而是新近皈依基督教的慕道友大群体的一部分，她们代表支持她们的基督教团体进行战斗。如果没有团结在约翰·考顿(John Cotton)①周围坚定信徒的圈子，也没有孕育了她的预言意识的清教主义的激进潮流(在她身后美国贵格会即由此产生)，安妮·哈钦森就不会成长为自由派宗教斗士。没有黑人教会以及他在波士顿大学学到的自由神学传统，也就没有后来的马丁·路德·金。而没有奥古斯丁②的传统、伊拉斯谟③的人文主

① 约翰·考顿(1585-1652)，英国牧师，广受欢迎。随着清教倾向日益明确，他离英国国教渐行渐远。为逃避控制与迫害，他于1633年移民北美新英格兰，成为第一代清教牧师中的领袖人物。他不崇尚民主、自由，在教俗两界都有举足轻重的影响。在安妮·哈钦森的问题上，他从开始的支持转为后来的反对，坚决要求把她从马萨诸塞州驱逐出去。——译者注

② 指希波的圣奥古斯丁(354-439)。路德是奥古斯丁隐修会的修士，深受奥古斯丁神学(如关于罪、恩典、因信称义以及《圣经》是"至高无上的权威"的思想)的影响。——译者注

③ 伊拉斯谟(1466-1536)是文艺复兴时期最重要的人文主义者。他激烈抨击教会的种种弊端，提倡理性的基督教教义，把人们的思想从呆板、琐细的经院哲学中解放出来。他于1516年出版了根据不同的抄本编订的希腊语《新约》，随后他推出新的拉丁语译本，纠正了哲罗姆的标准版本中的数百个谬误，在新的《新约》印本中希腊语与拉丁语文本并列，并加入了注释、评语。尽管有不确之处，这一《圣经》是文艺复兴的人文学识应用于早期基督教文献研究的成果，推动了《圣经》研究，开创了《圣经》批评。此外，他反对教会不容许有民族语《圣经》的传统，他说："农夫在耕地时能够吟唱《圣经》的诗行，织工手中的梭子能随其旋律飞舞，其中的故事则使单调的旅途变得愉快有趣，要是这些都能成真该有多好！"——译者注

义以及日耳曼民族意识的萌发，马丁·路德便不可能对《圣经》作出革命性的阐释，也不可能领导宗教改革。在自己面对道德困境（诸如力图使在堕胎或死刑等问题上持完全不同意见的人们达成一致）之时，我们往往发现，由于考虑问题的出发点不同，讲道理并不能拉近他们之间的距离。他们对什么符合道德有不同的看法，而分歧似乎与他们个人的经历、所属的不同传统以及塑造他们生活的不同的环境有关。

亚里士多德的教导

近来，许多哲学家和神学家提出，我们不应该回溯到柏拉图和他所定义的苏格拉底，而应回溯到出自柏拉图门下、后来走上不同道路的亚里士多德。[①] 亚里士多德说，人是一种政治动物，一种由自然设计、生活于有序的群体——城邦——之中的动物。他说，如果把一个遁世者描述得十分幸福就颇有些古怪了（*makarios*，*EN* 9.9.3）。在写《尼可马伦理学》时，亚里士多德没有以劝诫的姿态要求大家行为端正，也没有像柏拉图那样在对话中说理，证明支撑伦理学的基本观念。恰恰相反，他的文章是

---

① 我不是道德哲学家，因此不介入这场辩论，尽管我本人从历史的角度进行的探讨显然更符合亚里士多德的评论路子，而不是柏拉图、康德的传统。关于"亚里士多德派"的种种见解，见 MacIntyre 1984，Nussbaum 1986b，Williams 1985，以及 Stout 1981、1988。

写给已经具备美德的人看的，目的是帮助他们对自己与同类共有的道德经验进行反思，以形成一种自觉、连贯一致的道德观，借助思考来强化他们已经向往的那种生活。[①] 因此，读《伦理学》时，这本书给我们的深刻印象是，亚里士多德频繁地使用谚语、常言以及动词 dokei，该词在书中的意思是“人们一般认为……”。亚里士多德认为我们无法通过理性的论证说服人为善。只有通过训练、靠养成好习惯，人才能变得道德高尚。“习惯（ethos）养成品格（ēthos）”这一说法变成希腊道德哲学中的俗套。亚里士多德是最早分析群体实践在美德养成中的教育功能的人之一。这些人认为，只有成长于一个有道德、有教育功能的群体之中，孩子才能培养起高尚的品格。于是，亚里士多德在《伦理学》中关注的是同样存在于家庭和作为整体的城邦国家中的人与人的关系。书中很大的篇幅讨论友谊的各种形式，也讨论了统治者与被统治者、丈夫与妻子、主人与奴隶、父母与孩子之间在权力和责任上的不平等关系，以及使这些关系得以发挥作用的各类交换活动——货物交换、荣誉及名声的交换、命令及服从之间的交换、拥戴与保护之间的交换，等等。

我们不打算在此细察亚里士多德的伦理观，而是向他学习

① Lear 1988，169。

对道德系谱的一种总体洞察:关系、交换、习惯及其强化方式、语言及手势的特殊用法等等汇集成群体中的生活,个人只有置身其中才能变成道德行为者。但这一点往往被我们这些现代人遗忘。我们的道德直觉就是关于对与错、公正与不公正、高尚与卑鄙的不加思考的信念,更加复杂的道德决定都必然顾及并始于此类信念。① 道德直觉并非出自天然,而是在同一群体中由相同类别的人际交往过程造就的,我们经历这些过程后变成有自觉意识、熟悉并能遵守群体规则的自我。这就是我们常常称为"社会化"的过程,尽管这个词不好听,似乎暗示其为单向、机械的过程,而非确实存在于人与人之间的动态的相互作用。不过,要说明道德情操的形成及变迁的关键过程,"社会化"与"再社会化"仍不失为方便的标签。

道德的人种志

基于上述看法,我们有必要采取步骤,以了解产生基督教道德的早期形式的社会化和再社会化过程。在另一个古代作者的书中,我们又找到一条有助于我们切实了解情况的线索。此人

① 比较 Williams 1985,94-98,以及 Rorty 1967。

名阿里斯底斯(Aristides)①,是罗马皇帝哈德良时代一位生活在雅典的基督徒,远不如亚里士多德闻名,其写作风格也不讨人喜欢。关于基督教道德,他在为自己的信仰写的辩护辞中提出了一些非同一般的说法,他说,基督徒:

> 超越世上所有其他民族,他们找到了真理。因为他们认识了万物的创造者上帝,他们只敬奉这个上帝。……他们不通奸,没有不正当的性行为,不作假证,不觊觎他人的财产,他们尊敬父母,热爱邻居,做事公正,凡事遵循"己所不欲勿施于人"的原则。他们向待其不公的人呼吁,努力把他们变成自己的朋友,他们善待敌人。他们的妇女是贞女,信守贞洁,没有卖淫行为。他们的男子规避一切不正当的性交和淫秽行为,而妇女更加严格地规避此类行为,因为她们在翘首期盼一个重大事件的来临。此外,不管拥有男仆或是女奴,或是孩子,他们会敦促其成为基督徒。一旦真成为基督徒时,他们就会一律称其为兄弟,爱他们。他们不敬奉古怪的神灵。他们谦卑、平和、虚心、诚实,并彼此相爱。他们不会忽略寡妇,他们也救助孤儿。有财产的基督徒慷

① 阿里斯底斯是最早的基督教辩护者之一,他的《基督教信仰辩护辞》是流传下来的第一份此类文献。根据4世纪的史家尤西比乌斯(Eusebius)的说法,他的辩护辞是写给罗马皇帝哈德良或其继承者安东尼·庇护看的。——译者注

慨地与无产者分享自己的财产，如果见到陌生人，他们会将其领入自己家中，像亲兄弟一样接待，他们彼此以“兄弟”相称是因为灵魂而不是血肉相连。①

有些读者也许会嫉妒阿里斯底斯的道德自信心，有些则只会感到尴尬，因为它似乎很像菲尔丁的《汤姆·琼斯》中的斯瓦克姆先生那样对自己的宗教的优越性扬扬自得，令人颇感不安。不管人们的反应如何，阿里斯底斯的辩辞中有一点很奇特，值得我们细究。他把基督徒描述成一国之民或民族，一个种族（ethnos），他将他们的知识和行为与巴比伦人、希腊人以及埃及人、然后再与犹太人的知识和行为作对比。他着重研究这些不同的民族的宗教及道德特征，即关于神界与人世的信念及看法，以及它们导致的实践，这些是他区分不同民族的依据。各个民族对现实有自己的描绘以及在此描绘的基础上产生的行为规则。在阿里斯底斯看来，犹太人在知识和行为方面均优于希腊人和蛮族，而基督徒们则更胜一筹。哈德良时期人们热衷于习

① Aelius Aristides，*Apol*. 15. 3-7. 除非另注，古代、现代文献的引文均由我本人翻译。此处引文我译自 Goodspeed 1914 年印刷的希腊文本（根据 A. Robinson 认为从失传的 Aristides 的著述改编而成的传奇 *Barlaam and Josphat*），并依据 1923 年出版在 Oxyrhynchus 发现的 4 世纪残篇（大英博物馆馆藏 2486）进行了修正。一般认为叙利亚文本的相关部分比 *Barlaam and Josphat* 与原作更为接近，这些部分已由 Wormer 于 1987 年译为英文，查阅方便，34-39。

俗和宗教的比较,阿里斯底斯利用这一风尚,将道德作为其理想化描述的中心①,从而以比较人种志的方式撰写了护教文。

阿里斯底斯的起始点有某种古怪之处:基督徒不是一个自然的民族,显然不同于巴比伦人、埃及人、犹太人。然而,阿里斯底斯未经论证便设定观察者会把基督徒看成一个种族。事实上,新运动之初,反对者就开始将其奚落为"第三种族",即既非希腊人又非蛮族,而是通常范畴之外的什么人。基督教的辩护士接过这一奚落之词,并赋予它正面的含义:正因为不属于通常类别,他们因此是某种特别的人。② 早期基督徒的自我理解方式中有某种特点,可以表达为——至少在他们进行自辩的某些情况下——独立于所有其他群体的特殊团体。不过,我们很快会看到,在别的文本中,他们的提法恰恰相反。如《致狄奥尼图书》③中说,"在地域、语言、习惯等方面,基督徒与其他民族均无区别,"尽管这一文本接着也把基督徒与希腊人及蛮族的关系描

---

① Grant 1988,37。

② 最早运用这种提法的基督教著作是 Clement of Alexandria 在"Jews, Greeks, and Christians"中引用的"Preaching of Peter"(*Strom*. 6.5.41),见 Malherbe 1970a,220-21。更充分的论述见 Harnack 1972,240-78。

③ 此信的无名作者自称是"使徒的门徒",一些学者认为他是基督教最早的辩护士之一。根据其内容和风格,他们认为此信是继《克雷芒书》的又一份辩辞。——译者注

述为充满了悖论的关系。在早期基督教历史中，与周边的民族共享一种文化的感觉和与之对立的感觉之间存在着巨大的张力，在本书的研究中，我们会见识这种张力的多种形态。但是，此刻我们要跟随阿里斯底斯，只考察基督徒的独特感。基督徒经常自视、而且也被其反对者视为一个新种族，这种观点为探究其道德情操提出了一种模式。

虽然我们的人种志概念与阿里斯底斯的有明显的差别，但我要像他一样试图勾画早期基督教道德的人种志。今天的人类学家到他研究的部落土著中生活一段时间，搜集信息。人种志以人类学家处理他搜集到的信息的方式处理用作研究基督教初始阶段历史的原始资料的文本。当然，这是一个比拟的说法，因为要对一个早已消亡的民族作任何原本意义上的人种志研究都是不可能的。没有时间机器的帮助，我们不可能置身他们之中作田野调查。然而，人类学家的视角——如果不是他们的具体方法——却可以帮助道德和宗教历史学家对过去作比较全面的勾画。

近来对早期基督教伦理的研究大多由纯粹的认识论以及存在主义模式的阐释共同主宰。但人类学家的视角帮助我们看到了被这些模式忽略的东西。人种志研究方法的对象是文化，而不是观念的体系，或是个人、主观的决策。道德是一个群体的文化不可或缺的一部分，更确切地说，我们的任务是把早期基督教运动的若干种亚文化放在更大范围的罗马帝国的复杂文化之中,考察它们的道德特点,作出描述。

其次,我同意詹姆斯·皮考克(James Peacock)等人类学家的看法:只有采用一种整体论的方法才可能恰当地了解文化。[1]即,我们必须懂得,任何社会或群体的文化,不管有多么复杂,其内部的组成部分都彼此相连。如果抽出其中任何一部分——观念、神话、规则、逻辑结构、物质支撑,而看不到该成分存在于整体之中,我们便无法了解这一成分。因此缘故,我们在以下章节只能是循环论证,或者以更乐观的方法表述,是螺旋式的论证。这些章节讨论从早期基督教道德文化中取出的十余个部分,我们必须把它们放在一起咀嚼才能断言已经品尝到早期基督教道德文化整体的一点滋味。不过,探讨时仍然有必要将整体分成小块,因为要了解整体,每次尝试都必须采用某个具体的视角,也必须牢牢地建立在对各个具体问题的研究之上。

最后,在我看来,作为类比,对道德史家最有用的人种志是一种*阐释性的*人种志。即,我赞同阐释人类学大师克利福德·吉尔茨(Clifford Geertz)的观点:“我跟马克斯·韦伯一样,相信人就是一种处于他自身编织起来的意义罗网之中的动物。我认为文化就是这种罗网,因此对文化的分析不是寻求规律的实验

---

① Peacock 1986。

科学,而是寻求意义的阐释科学。”①

关于一个宗教群体的亚文化为该群体的道德生活提供环境、基础和意义的方式,我的看法也与吉尔茨相仿。他在1957年的经典之篇“风气、世界观以及对宗教象征的分析”中明确写道:“所谓正确的行为在其生活环境中只不过是符合常理的行为,宗教通过描述该环境来支持这一行为。”②因此,我试图追索的不是早期基督徒的重要的伦理原则,而是他们培养道德常识、形成一套道德直觉的方式和途径。

勘察早期基督教道德

如果我对道德倾向形成的途径以及它们在社会中起作用的方式的理解是正确的,那么,对早期基督教道德的描述便不能局限于叙述基督徒与伦理有关的神学思想,或者他们的道德戒律、道德论点的架构,尽管在我的描述中这一切都有它们的位置。确切地说,我们以研究历史的人种志学者的姿态对待这些问题,探究早期基督徒的道德情操并从中获取意义的文化形态。实际上,既然文本是了解这些群体的唯一手段,我们便有必要从一系

① Geertz 1973,5。

② 同上,129。

列不同的角度对文本逐一查看。种种社会实践以及意义的文化罗网共同组成“早期基督教”，我们的每一次查看都是对它们的一个不同方面进行提问。

皈依的道德后果

雅典的阿里斯底斯视早期基督徒的“种族”自我意识为当然之物，在下一章里，我们将再回到这一令人困惑的意识上来。阿里斯底斯拿基督教会与诸如希腊人、巴比伦人、埃及人、犹太人这样的种族作比较，他是在暗示，成为一个基督徒的过程与一个移民离开他/她的故土，随后被新家、移居地同化的经历相仿。这样的忠诚转移和道德观念的变化需要通过再社会化完成，即某种类似于通常发生在孩子与家庭的相互作用之中的初始社会化过程——自我获得建构自身的成分以及环境所提供的基本价值——的东西在新的语境中重演。[①] 早期基督徒使用的语言表明，这种取代至少在观念上是相当激进的。以描述亲属关系的语汇为例，阿里斯底斯提到的一种情况是，他们彼此以“兄弟”、“姐妹”、“父母”、“孩子”相称，这一点显示，自然的家庭已被新的关系和责任所取代。

早期基督徒把自己描绘为一种皈依者的运动，我们在描述

---

① 见诸如 Berger 和 Luckmann 的经典描述。

其道德观念的演化过程时，必须认真对待这一事实。在运动的最初阶段，他们创造了一种迁移的仪式，引人注目地表现其离开出生的家庭和居所的文化，成为上帝子民的兄弟或姐妹，从一种生活、一个社会脱离出来，加入另一个之中。对新旧世界之间的界限的提示不断出现在早期基督教的道德规劝中，我们需要探察此类皈依发生之前的情况，弄清激烈的皈依话语在多大程度上符合社会现实。

城市、家庭、上帝的子民

一些早期基督徒创造的“皈依”的概念可能使他们对于自己实际生活于其中的城镇、邻里产生某种举棋不定的感觉，我们必须提出的第二组问题即与这种犹疑有关。回想亚里士多德的伦理话语的结构，我们便能看到这些问题的重要性，因为他思考的起点就是他那个时代的雅典公民的生活以及他们谈论自己的道德责任的方式。在他眼里，道德生活就是城邦——独特的雅典城邦——中的生活，就此而言，亚里士多德为日后希腊传统中的道德哲人和演说家们对伦理的论述规定了模式。

基督徒安身的沿地中海城市的生活与黄金时代的雅典相去甚远。意大利及其以东地带的城市由罗马统治，地方贵族与罗马的首脑们相联合，人们在更自由、更安全的旅行和贸易环境中流动、迁徙。所有这些以及其他更多的因素改变了城市文化的面貌。然而,在使用道德责任语言得心应手的精英的眼中,城市仍然是最主要的参照体系,连罗马时代在各个城市站稳脚跟的移民群体、甚至是他们之中最独特的一群——流散各地的犹太人——也是这样看问题。每个移民群体都面临同化和身份的问题,而犹太人特殊的宗教顾忌使这个问题格外令人不安,并带有潜在的危险性。不过,正如我们在斐洛(Philo)①和约瑟夫斯(Flavius Josephus)②所有的著作中所看到的,在犹太人论述自己

① 斐洛(Philo of Alexanderia,约前20-约50):生活在希腊化文化环境中的犹太思想家,深受中期柏拉图主义、亚里士多德、新毕达哥拉斯派、犬儒派及斯多葛哲学的影响。他的著述可分为3部分:对犹太律法的阐释、辩护文及哲学论述,它们为了解希腊化世界中犹太人的宗教、《新约》的社会文化背景以及犹太教与异教文化的互动关系提供了重要的第一手信息。他从道德角度解释上帝与世界和人的关系,认为上帝的智慧是善的源泉,上帝之灵是道德灵感的本原。他第一个提出可以从字面和寓意两条途径理解《圣经》,他对寓意这一途径的重视与他的道德视角紧密相连。斐洛的著述与思想对早期基督教著述有重要影响。——译者注

② 约瑟夫斯(37-100?):犹太历史学家,出生在高级教士家庭,受过良好的教育,亲历了66-73年犹太人反抗罗马统治的起义。他被任命为加利利地区的军事长官,被俘后为罗马人服务,亲眼目睹他们攻克耶路撒冷。战后他得到历任罗马皇帝的关照,得以顺利著述。《犹太战争史》根据他作为66-73年战争目击者的备忘录、罗马皇帝韦斯巴芗(Vespacian)的回忆录以及犹太国王亚基帕(Agrippa)的书信写就,虽然它有美化作者本人、讨好罗马庇护者的弱点,却是该战争的权威叙述。此外,他还著有《上古犹太史》、《自传》等,现代考古发现证明约瑟夫斯对希律时代耶路撒冷的地志和历史的描述相当准确。——译者注

的归属和特殊性时，为他们提供基本语汇的依旧是古典的城邦传统。然而，对基督徒而言，城邦又意味着什么呢？这些"皈依者"日后将接受其既非希腊人又非犹太人的第三种族这一侮辱性指称，他们间或可以宣称他们的城（politeuma——一个很说明问题的词，经常用来指一个有组织的移民，居留某地的外邦人团体，例如某个希腊城市中的犹太人）是在天堂里，而非尘世中（腓立比书 3:20）。不过，基督教运动却是在尘世、即罗马以及帝国各省的城市里找到了自己早期快速发展的沃土。在城市的邻里、街道以及家中，这些想要移民天堂的人与同住以弗所、亚历山大、科林斯的公民来来往往。他们是否依然根据古典城邦的标准制定自己的道德语言？如果不是，那么，取代它的又是什么？

热爱并仇视人世

基督教体制在城市文化中形成，无论我们认为基督徒对该文化持什么态度，我们都会看到，城市并非他们的全部天地。实际上，在读早期基督徒的劝诫性文献时，给我们留下深刻印象的是他们频繁地谈到"这世界"。我们在此看到宗教史中反复出现的一件怪事：世人眼里的一个微不足道的教派相信，其成员从宇宙进程中获得他们行为的意义，将他们从眼下这个罪恶的时代拯救出来、给予他们真正生命的正是宇宙的创造者，用阿里斯底斯的话说,是宇宙的“创立者和工艺师”。世界的创始、它目前的腐败以及它得到上帝拯救的最终命运构成一部宏大戏剧的情节,每个基督徒都必须在其中扮演自己的角色。

基督徒对于世界的本质和命运的看法并非全都一致。保罗会提到“这世界的神”,指的是撒旦。而在别处他描绘受造之物在劳苦中叹息,指望摆脱毁灭的结局,得以分享上帝儿女的荣耀。第四福音书将耶稣基督等同于万物藉其而生的逻各斯①,但它又讲述了那下来拯救世界的基督彻底摈弃“这世界”的故事。在拔摩的约翰②看到的启示性异象中,不仅是大城③、而且整个人世都在猛烈的毁灭周期中消亡,唯有新的天堂和人世才能向那些严守耶稣训诫的人提供安全的避难所。到了阿里斯底斯撰

① 《约翰福音》以“太初有道,道与上帝同在,道就是上帝”开篇(“逻各斯”在此译为“道”)。这个词出自希腊语,英语里相应的字是“logos”,“word”或“wisdom”。——译者注

② 即《启示录》的作者John of Patmos。根据《启示录》1:9-11,19,约翰曾被流放爱琴海中叫做拔摩的小岛,他在岛上传道、作见证。一天,上帝出现在他面前,叫他把所见到的,以及现在和将来必成的事都写出来(犹西比乌说约翰于95年被罗马皇帝图密善流放于此,不到两年获释)。从2世纪开始的长时期中,人们认为这个约翰就是《约翰福音》的作者使徒约翰,但现代的学者一般持否定态度。——译者注

③ “大城”出自《启示录》16:19,17:5,18,指那骑在朱红色的兽上的淫妇、巴比伦城,是堕落、背叛信仰的象征。——译者注

写一神论的赞歌之时，马西昂（Marcion）[1]已经在苦苦思索后找到了解决保罗所表达的矛盾的途径。马西昂认为，人世不可能是那个以基督的身份降临的慈爱的上帝创造的，世界必然要与其创造者一起灭亡。诺斯替教派教导瓦伦廷（Valentinus）[2]把创世故事颠倒过来读，还教导他说那得到启迪的稀有灵魂已从宇宙之牢逃逸，要把基督教福音书读作此类灵魂传来的信息。不同神学派别的基督教苦行者[3]则视人世为仇敌，受洗入教就是参加上帝与人世之战。基督徒的道德任务究竟是对人世开战、还是逃离人世或是参与对其的改造？基督教道德在几个世纪的形

① 马西昂（约85-160）是主教的儿子，富裕的商人。135-140年之间左右来到罗马，接触到诺斯替思想，形成了自己的一套神学思想。他捐助基督教会，遭到拒绝后，建立了自己的教派，最终于144年被驱逐出教。早期基督教著述者都称他为诺斯替分子，但现代学者往往认为他的思想与诺斯替学说的共同之处只是几个重要的概念、名词。马西昂与后来成为正统教会的教派的重要差别是，他拒绝基督教的犹太源头，拒斥《旧约》，认为它叙述的是犹太人的历史，其中的上帝只是物质世界的创造者，而《新约》中的上帝是爱和恩惠，前者低于后者。马西昂也否认身体复活、耶稣的二次降临和最后审判的信念。他的《圣经》只收入《新约》中的《路加福音》和保罗的10封书信，而且剔除了其中带犹太色彩的章节。他提倡严格的苦行主义。关于诺斯替思想以及马西昂、瓦伦廷等本书中提到的诺斯替思想家，哈佛燕京丛书系列中张新樟所著《“诺斯”与拯救》中有详细的介绍和评论。——译者注

② 瓦伦廷（约135-160）是最重要的诺斯替思想家，关于他的思想见本书第四、八、九、十章的相应部分。——译者注

③ 例如马西昂派，托马斯派等诺斯替派别。——译者注

成过程中就是这样在极端的看法之间摇摆。

关于责任的语言

至此,我已经为早期基督徒所处的符号世界勾画了大致的轮廓,他们正是在这一世界中理解对基督徒的道德生活的要求。此外,我们也必须考察他们相互之间提供明确的行为准则时所使用的语言。2世纪早期,比西尼亚和庞图斯的罗马总督[①]在写给皇帝图拉真的报告中说他已经在审讯基督徒,以尽量了解他们的迷信。他从已放弃信仰的前基督徒处了解到的一个情况是,信徒"以誓言保证戒绝偷盗、通奸,承诺决不背弃责任,在他人索还之时,不否认确有东西存放已处"。[②] 这是一张很平常的邪恶清单,很像阿里斯底斯的护教文中经其校订的一张更长的单子——上面罗列了基督徒不可为之事。所有最早的基督教文献中都列举了种种邪恶与美德,通常,它们与我们在同时代的哲学家和演说家的说教中见到的种类区别甚微。基督教道德使用的语言有许多东西是与其周围的文化共用的。

基督教其他方面的语言则更独特一些。例如,在早期基督

---

① 即小普林尼(62-112?),老普林尼的养子,在罗马从事法律,后成为元老院成员行政官。他留下多卷信札,是了解罗马及行省的社会、政治生活的重要材料。——译者注

② Pliny Ep. 10. 96. 7, Radice 译, 1963, 294。

教公开宣布的事情中，最核心、最令人惊骇的就是，主、上帝之子正是以罗马最羞辱的方式被处死的耶稣，但是上帝随后将其复活并升到天堂。这一说法很早就变成可能产生多种变体的一种隐喻，由此成为一种模式，可以用来衡量生活方式、自诩的权威以及对价值的断言。例如，“谦卑”的概念就是因为与这一隐喻模式一起使用而产生改变。关于荣誉、羞耻的流行观念决定了古代人理解什么样的生活有价值，新的悖论冲击了这些观念，时而将其颠倒。

基督教实践的语法（或规则）

我们如果想以历史人种志的方法研究基督教道德，那么至关重要的是将他们的道德谈话放入社会形态的语境中考察，利用仪式来物化道德的符号领域即为一例，另一例是对教徒的定期告诫，它使基督教团体有别于其他古代膜拜的群体。因此，我们必须探讨一个问题：我们是否有理由认为早期基督教运动的特征是其独特的社会实践，或一整套独特的社会实践？

了解邪恶

在很大程度上，道德世界的每一幅地图的勾画都取决于用来填充美德之敌的阴暗色彩：什么东西在妨碍我们做好人？我们应该有什么样的行动？了解并实践应有之行为为何如此困难？在早期基督徒眼中，邪恶以什么方式出现？他们对其如何命名？他们认为什么是道德上令人憎恶的坏东西？原因何在？这些都是我们必须回答的问题。

身体—符号与问题

彼得·布朗（Peter Brown）的杰作《身体与社会》阐明了大量复杂的社会现实及隐喻，对此我们将给予特别关注。[①] 身体可被视为社会的隐喻，这一看法在古代很寻常。身体及其诸种关联就是生活中道德搏斗的战场，这一观点也不新鲜。但是到了基督徒手里——不管他是不是禁欲主义者——上述两种寻常的看法就变成特别复杂、颇具争议的话题。

符合上帝要求的生活

护教士阿里斯底斯提出，人们有关上帝的信念影响他们的行为。我们把这一话题放到本书后面的部分讨论。正确的一神论信念可以保证信徒在其婚姻及经济关系中行为端正，这显然是阿里斯底斯的主张。我们可能会认为他的看法过于天真，但是，早期基督教文本中神学与伦理交汇，这显然与同时代的非基督教道德家们对问题的诸种关联的看法有一些明显的差别。因

---

① Brown 1988。

此,我们的重要任务是梳理基督教关于上帝的话语与关于行为的话语相互作用的各种方式。

终结意识

20世纪的《圣经》神学一直关注——有些人会说"着迷于"——末世问题。耶稣运动的历史语境就是对世界终结阶段的思考和感受,这一发现使19和20世纪之交的欧洲大陆神学家们深感不安,艾伯特·史怀哲(Albert Schweitzer)则起了宣扬这种情绪的作用①。早期基督教预计世界末日即将来临——但末日并未来到。如果这种预期是他们的种种说法中紧迫情绪的基础,那么,基督教伦理的基础则似乎遭到了破坏。我无法保证能够解释这一具体的困境,但我深信至关重要的是要研究不同的终结意识决定早期基督教道德话语的方式。基督徒的生命总是朝着一个终结行动、一种总结和审判走去,而总结的时间由上

① 艾伯特·史怀哲(1875-1965),德国哲学家、神学家、医生、管风琴家,被认为是他那个时代最伟大的基督徒。他以传教医生的身份在赤道非洲服务多年,被授予1952年的诺贝尔和平奖。他在《寻求历史中的耶稣》(*The Quest of the Historical Jesus*)一书中提出,作为历史人物的耶稣的生平无法根据福音书确定,能确信的是,耶稣是告诉大家世界末日即将到来、但搞错了末日的日期的末世派先知,末世期待是他的传道工作的关键之点。在关注末世问题的神学家中,史怀哲的思想有很大的影响。——译者注

帝选择,判决由上帝做出。

道德故事

此外,终结的概念预设了开端,以及一个明确且复杂的中间阶段。道德生活具备情节,而且这个情节不仅仅涉及每个个人,它也涉及整个人类和宇宙。这个独特的故事要求每个人都扮演一个角色,而角色和美德也正是从这一故事中获得了意义。故事创造出来,可能就此把基督教伦理与古典时代晚期的其他伦理话语清晰地分开来——其实,除此而外它们之间有诸多的共同之处。我们中有些人很奇怪地把早期基督徒这一古怪的族群称作我们的先人,我邀请读者与我一起对该族群进行人种志的研究,我们最终要做到的就是发掘出这个故事的根源、情节以及它的作用。

局部与整体

我刚才概述的研究并不系统。设想一个人种志学者刚刚在土著人自己的土地上开始了解他们,试图发现他们必须懂得什么东西才能成为该群体的道德上合格的成员。我的研究则意在仿效他对问题采取的办法,即反复进行尝试、调整的试错法。要发现的东西很多,但过去的时光之幕难以穿透,我们想了解的土著人大多隐匿于其背后，悄无声息。即使我们采用了这一办法，在土著人中间逗留，从他们留给我们的东西中采集相关的细节，也不能完全领悟所找到的一切。熟悉情况的读者都会想起我在各章中可以但未能分析的其他文本，未能探索的其他途径。因此，下面的工作更应该算作一系列的案例分析，是在对历史作考古发掘时初步开挖的几条壕沟，而不是完整的发掘。每一个案例、每一条壕沟里的收获都必须与以前的东西放在一起研究，只有这样，我们才能在最后——如果运气不错的话——得以窥见整体的内在模式。

第二章　转向:皈依的道德影响

早期基督教是皈依者的运动,即:基督徒认为已将自己的生活从一种状态扭转到另一种无比优越的状态。转向(希腊语 epistrophe,拉丁语 conversio)是一个隐喻,它可能对早期基督徒认识自己的道德可能性以及责任的方式产生了广泛、多重的影响。我们手中最早的基督教文献是使徒保罗给帖撒罗尼迦人的第一封信,隐喻的生成潜能在此信中已清晰可辨。《帖撒罗尼迦前书》是一封提供道德忠告的信。上帝选中并向其发出召唤的人应有什么样的行为和性情,关于这一点保罗对帖撒罗尼迦的新基督徒已有种种教导,而后又写此信进行强化。在信的开头,他要他们回想第一次听到福音、见到福音使者的情景,并为此向他们祝贺。保罗说自己所到之地大家都在谈论这些使者,讲述"你们是怎样离弃偶像归向上帝"。(《帖撒罗尼迦前书》1:9)因此,帖撒罗尼迦人要牢记于心中的就是这一"转向。"他接下去在信中鼓励他们在已选定的路上坚持走下去。在他们皈依之时,保罗、西拉以及提摩太[①]给以父亲般的告诫,这封信继续劝告说:"要叫你们行事对得起那召你们进他国得他荣耀的上帝"(2:12)。由此可见,现存最早的基督教文献意在说明,其读者的道德情感来源于他们的转向意识[②]。

隐喻的背后

要理解皈依者的意识,我们非常想听到第一手的、他们本人的描述,但在这一方面文本却让我们失望。在奥古斯丁写下他的忏悔录,同时也是回顾、反省之前,基督徒没有写过自传,没有任何可与现代诸皈依教派如此钟爱的见证相比的东西。在我们

---

① 关于使徒西拉(Silvanus, Silas)见《哥林多后书》1:19,《帖撒罗尼迦前书》1:1,《帖撒罗尼迦后书》1:1,《彼得前书》5:12,《使徒行传》15-18。他参加了保罗在小亚细亚和希腊的第2次宣教行程,被称为他"忠心的兄弟";提摩太(Timothy, Timotheus)是保罗十分看重的门徒,第2次宣教行程时的助手。除《提摩太前书》、《提摩太后书》外,见《使徒行传》16:1-3,《罗马书》16:21,《希伯来书》13:23等。——译者注

② 最早分析《帖撒罗尼迦前书》中的"皈依话语"的是 Pax 1971 年与 1972 年的两篇文章。到目前为止对这个问题的最详尽的论述的是 Malherbe (1987)。他采用 Nock 于 1933 年在其经典之作中的观点,特别强调希腊—罗马诸哲学流派中的相似之处。我对《帖撒罗尼迦前书》的理解大体上得益于 Malherbe 发表与未发表的研究。

研究的时段中，只有两个皈依者或多或少地直接谈到这一事件对他们的意义，而且谈得并不多。此二人便是保罗和殉道者查斯丁（Justin Martyr）①。

保罗注定要成为西派基督教②想象力中的皈依者原型，但是，对生活中的这一巨变，他本人的评论甚少，且都掩藏在辞藻铺张的篇章中③。对我们眼下的探讨有些用处的只有两段：《加

① 殉道者查斯丁生于公元100年左右（生卒年均不确定），受到良好的古典教育，皈依基督教后开办了一所基督教哲学学校，招收弟子。他多次参与辩论，驳斥各类异教、异端哲学，维护基督教教义，终于被罗马当局处死。他的著述有《护教文》。——译者注

② 基督教会里的西派（教皇领导的以罗马为中心的教会）与东派（以君士坦丁堡为中心）之间从330年（君士坦丁大帝将首都从罗马迁至扩建的拜占庭、将其改名为君士坦丁堡）起逐渐疏离，1204年十字军攻克、抢掠君士坦丁堡，漫长的分裂过程到此完成。由于经济、文化、政治环境的差别，以及阿瓦尔人和斯拉夫人侵巴尔干半岛、伊斯兰对地中海地区的控制，罗马与君士坦丁堡之间的沟通减少，两派教会之间的差别和分歧加大，终于不可调和。主要的差别包括1，教义方面（西派把圣灵"出自圣父"的信条改成"出自圣父和圣子"，而东派拒绝这一改动。此外，对基督复活的日期两派的理解不同）；2，与世俗权力的关系（西派教会取得了与世俗权力抗衡的力量，东派受王权控制）；3，西派坚持，罗马主教——教皇——永无谬误，他的地位高于所有其他主教，东派拒绝接受这一立场；4，语言方面（西派使用拉丁语，东派使用希腊语）；5，西派要求教士禁欲守身，东派容许他们结婚；6，西派圣餐用未发酵的面包，东派用发酵的面包。——译者注

③ 在对保罗的皈依的无数研究成果中，有两种特别值得注意：Beverly Roberts Gaventa 的第一章（1987），和 Alan F. Segal 1990 年的重要研究。

拉太书》的 1:13-17 和《腓立比书》的 3:4-11[①]。这两段均为说理。当时有一种看法:要完全变成上帝的子民的一分子,就必须在某种程度上实践犹太习俗。在加拉提亚对非犹太人基督徒就有这一要求,而且很急迫,保罗写信的目的就是进行对抗,劝告非犹太人基督徒不要接受这一要求[②]。在给腓立比人的信中并无迹象说明在他们那里该问题已经发展成一种争端(虽然有些评注者持有不同观点),保罗写信的目的是帮助他的朋友们预防可能的威胁,信中提到了他最近在另一处罗马殖民地科林斯的经历(比较《哥林多后书》10-13)。

关于他本人皈依之前的情况,保罗在上述两段文字中描述道:他是一个典型的遵循教规的犹太人。当然,这部分的描述辞令的意图是说明,当时的他正是现在他的反对者们所鼓吹的非

---

① 与《哥林多前书》9:1;15:8-10 作比较。《罗马书》7 往往被看做保罗的"自白",但是自从 Kummel 的著作于 1929 年发表以来(1974 年重印),大家的看法转变,现在认为该章中的"我"是修辞手段。最近,Stanley Stowers 把保罗在此使用的策略与拟人法——为论证的目的采用某个角色——的通常用法相提并论,支撑并进一步阐明了这一推论。(a,b. 即将出版)。

② 一些犹太人基督徒提出非犹太人皈依基督教后必须遵守复杂的摩西律法,并要求他们接受割礼。保罗得到神启后来到耶路撒冷,告诉人们说救赎只能依靠基督。后来有些犹太人基督徒来到加拉提亚,这些"偷着引进来的假兄弟"背离保罗的教导,坚持遵守摩西律法、接受割礼才能得救的原则。保罗感到他们的威胁,给加拉提亚的基督徒写下这封书信。——译者注

犹太人改宗后应该有的模样，只不过他达到了他们无法企及的完美程度，最后却抛弃所有这一切，甚至将其视为“粪土，为要得着基督”。(《腓立比书》3:8-9）以自己为例说明用一种“皈依”取代相差甚远的另一种，保罗的目的是揭示对手的观点何其荒谬。

我们并无必要在此讨论这一争议。我们的问题是，保罗从“一个坚守祖宗传统的狂热分子……竭力逼迫残害上帝的教会，”(《加拉太书》1:13-14)转变成在未受割礼的非犹太人中同样狂热地推动该教会(即耶稣教派)的人，他是否必然要经历道德观或道德实践的转变。这个问题不容易回答，困难的根源存在于上一章中提及的难题：预先设定，对我们研究的人群而言，什么样的行为符合道德。一方面，保罗现在的行为与他以前作为法利赛人和狂热分子时企图铲除新的耶稣教派的行为有重大的区别。显然，他的价值判断发生了巨变，以前在他的“正确”和“有益”的观念中最重要的东西，现在被他视为“失败”、“垃圾”。另一方面，尽管奥古斯丁开创了一种强大的解读文本的传统，路德又将它提升至解释、界定基督教自我理解的高度，实际上并无确切的迹象说明保罗以前所珍视的东西本身现在在他眼里已不再可取。他并没有认为希伯来圣经所教导的善德只是为了称义而从善的邪恶之物。更确切地说，保罗的话语大体上是一种对比，意思是：与无比优越的东西相比，即使是相对好的也已黯然失色(《腓立比书》3:8)。其实,保罗给非犹太人皈依者的道德劝诫在任何犹太会堂里都能听到(而且,除去极少数例外,也能从希腊世界的任何哲人口中听到——这是另一个问题。)保罗在就道德行为画线时,他区分的不是“基督徒”(在保罗的时代,该词尚未出现)和犹太人,而是他的听众和“非犹太人”,例如,他在《帖撒罗尼迦前书》4:5 中说到“不要像不认识上帝的外邦人”。后来的基督徒,包括一个距离不到一代、以保罗的名义写作的人,有可能把成为基督徒之前的保罗看作“第一罪人”,因此把他的转向当成道德拯救的转化范式(《提摩太前书》1:15-16)。然而,保罗本人对转变的描述却并非如此。在自述中,保罗不是一个通过转变为基督徒而“获救”的绝望的犹太罪人,而是一个充满自信和热忱的犹太人,是他始终想要服从的上帝将其热情转移到一个全新的、然而依然是犹太人的方向。

查斯丁的写作时代是 2 世纪中期,他笔下的景象迥然相异。他在《与特利弗的对话》中按照通常的文学惯例　这可能是他的同时代人熟悉的做法——把自己描绘成一个哲学家,他遍尝各派哲学,最后被一个神秘的老者引导到真正的哲学——基督教①。

① 有关这一文学手法,参见 Hyldahl,1966,148-59;但是 Nock(1933,255-57)认为查斯丁的报道“似乎符合其时代的看法”,并把它与 Lucian 的 Hermotimus 相比较。也见 Skarsaune 1976。

然而,他在《护教文》中却把自己皈依的推动力单单归结为基督教徒的道德品质。他以前倾心于柏拉图的学说,听到过别人诋毁基督徒,然而,一旦看见他们毫无畏惧地直面死亡和其他威胁,他便认识到诋毁必然不实,因为从来没有"贪图享乐者、或放纵之徒、或嗜血残忍之辈对死亡如此淡然处之。"(2 *Apol*. 12.1) 查斯丁的这句话中仍然没有暗示宗教皈依颠倒了他的道德价值观念;相反,他希望被理解为理智及宗教方面的探求者,他孜孜寻觅,直至找到寻求的东西。实际上,我们在后面将提到,他认为皈依基督教造就了更好的社会成员,更好的帝国公民。

此刻,我们要记住一点:无论是保罗还是查斯丁的陈述均非未经润饰的个人经历。此类记载都是事后多年的回顾。语言策略影响各个作者对皈依的回忆,此外,他们也都受到了大文化以及自己所加入的运动的习俗和准则的影响。因此,关于保罗和查斯丁的经历,我们虽然无法从中得出一幅清晰的图画,却可以根据他们对皈依叙述的运用发现皈依的制度化过程中的若干重要时刻①。

① 见 Fredriksen,1986。

从事现代社会中皈依教派[①]研究的社会学家说他们发现了类似的情况。皈依者经历转变，在新的群体和运动中找到归宿，他们事后创作的转变故事在此过程中起到了几重作用。这类故事依照新群体所相信的典型的“皈依进程”模式生成，转变了他们对自己的身份，自己与新的参照群体、以前的参照群体以及个人的关系的理解。而每个新来者的故事转而又强化、而且可能扩充或修改了该模式[②]。对研究的人物我们不掌握更多的自述性的事实，也许会感到失望，但我们在早期文本中见到的种种皈依故事却是了解道德直觉的再社会化过程的重要线索，而这一过程才是我们探究的真正对象。

改革还是转向

现代的皈依故事至少有两类。一类描述某个过去生活放荡、一无所成，或可悲可叹的人幡然回头，振作起来，他的行为从此得到大家的嘉许，此类故事通常由皈依者本人或群体内的其

① 现代皈依教派这一名称出自社会学家 Bryan Wilson，指那些持与所处的大社会对立的姿态、并以此界定自身身份的较大的群体。他们要求所有加入者“皈依”，意思是背弃在该群体眼中决定周围世界性质的价值和世界观。——译者注

② Fredriksen，1986；社会学方面的研究见 Beckford 1978，Richardson，1978，以及 Goodman 的第二章“Conversion Stories”（1972）。

他人讲述。吸毒者、妓女、不良少年等等变成了模范公民，社会整体支撑的规范赢回了偏离正轨之徒。

关于皈依者以及使他们转变信仰的人的另一类故事大多由局外人讲述。在这些故事里我们看到的转变不是由偏离到遵循道德惯例，恰恰相反，是从正常的公民变为偏离大社会的规范的群体中的狂热分子。因此，在二十世纪六七十年代，美国中产阶级的父母们唯恐自己的孩子被邪教"洗脑"、"俘虏"：一个温和、孤独的少年有可能一夜之间变成眼神迷乱、或者剃成光头的"救世主"，或在机场招募入伙者，或在街角散发传单，态度咄咄逼人。此类故事一般出自反对者之口，当然，也可能出自布赖恩·威尔逊（Bryan Wilson）称之为"皈依教派"的成员，这些人"对世界作出回应"，指责他们所背弃的文化实为堕落、邪恶之物[1]，因此，走向他们的教派就是脱离尘世。关于早期基督徒，这两类故事当时都有过，而且这两类故事早期基督徒自己也都讲述过。

在产生基督教的文化中，第一类故事——拯救偏离正轨之徒使之回归的故事——广为人知。雅典的普莱莫（Polemo）的故事就是其中最有名的。其中有一处说道，公元前 314 年至约前 276 年任（柏拉图派）学园之长之前："他行为放荡，随身携钱，甚

① Wilson，1975。

至将钱藏匿于各处街巷以随时满足自己的欲望[1]。”他的转化故事版本诸多,流传于古代,其中“双重控告”是卢西恩(Lucian)[2]写的滑稽讽刺。故事中名叫加路馨的高等妓女指责象征学园的端庄少女偷走了她的爱人,少女回答说:“我使他转化、让他清醒,把他从奴隶变成一个行为良好、自我节制、有益于希腊人的人[3]。”

卢西恩虽然善于拿皈依开玩笑——大多数话题他都拿来开玩笑,他也可以写得很严肃。以一篇描述哲学家尼格利努斯(Nigrinus)——或许就是他本人——的皈依的对话为例。对话中,他的代言人说:“我当年是奴隶,今日则为自由人!当年是穷汉,今日则为富翁;当年迟钝、困惑,今日则头脑清醒[4]。”此类隐喻性的对比正是皈依故事的特征,在早期基督教文献中经常可以见到类似的对照:奴隶,自由;沉睡,苏醒;酒醉,清醒;盲目,明察;麻木无知,理解认识;当囚徒,得解放等等。皈依者的“转向”也往往被视为“转向自我”,“回归到自我的自

---

① Diogenes Laertius 4.3.16,R. D. Hicks 译,Loeb Classical Library 2:393。

② 卢西恩生于120?年,叙利亚人,演说家、著述者,40岁左右投身哲学,是他生活的转折点。他算不上伟大的作家,但他创造的讽刺性对话是对2世纪希腊文学的一个贡献。“双重控告”带有自传成分。——译者注

③ *Double Indictment* 17,A. M Harmon 译,Loeb Classical Library 121。

④ *Nigrinus* 1,A. M. Harmon 译,Loeb Classical Library。

然状态[1]”。耶稣寓言中的浪子于混迹猪猡之中时醒悟过来，返回家园、归顺父亲(《路加福音》15:17)，我们在这里看到的就是此类皈依。还有那个被叫做“群”的污鬼附着的人，住在坟茔里，生活原始而孤独。耶稣驱魔，把他救了出来，让他“穿上衣服，心里明白过来”，回到亲属身边(《马可福音》5:1-20)。此类皈依故事讲的是个人的回归。虽然不时明确或含蓄地批评社会中大多数人实际上的生活方式，但它们确认了至少在理论上得到表达社会的道德共识的人士普遍认可的道德观念。如果这种批评激烈到让故事中的皈依者脱离社会而不是重新融入的程度，它们就归属到另一类故事，有关的讨论将在后面进行。

哲学诱导的皈依

在古代，皈依作为个人道德的转变是由哲学而非宗教关注和处置的问题。在哲学家本人或他们的仰慕者讲述的故事中，促成皈依的主要手段是贤哲的规劝性谈话。在规劝一词里我们也看到了“转向”的隐喻，规劝的目的是说服那些能够聆听这一思想的人采纳该贤哲的观点和生活形态。卢西恩在一篇题为

① 例如 Epictetus, *Diss*. 3.23.37。

《尼格利努斯的智慧》的对话中把此类谈话描述为有如一支击中目标的箭,它以恰如其分的力度穿透灵魂,让哲学的良药充盈其中(35-37)。爱比克泰德(Epitetus)[①]说哲学家谈话的目的恰恰就是转变生活。被打动的听者不仅仅赞美哲学家的讲话风格,而是应该说:"这位贤哲极大地触动了我,我再也不能这样过下去了[②]。"对于言语改变生活的力量的这种信心在早期基督徒写的东西里也常常重现。如此说来,本章开头部分提到的帖撒罗尼迦的皈依者经历的变化便是对"福音"、对"上帝之言"的反应。(《帖撒罗尼迦前书》1∶5,6,8)。

关于皈依的故事总是把事情理想化。转变在顷刻之间完成,因为叙述的安排有此需要。然而,古人和我们同样明白,在现实中,生活的转变并没有这样容易、这样突然。在一本叫做《西比斯之简》(*Tablet of Cebes*)的奇特小册子里能看到对于哲学将人引入高尚的生活的比较流行的叙述形式。这个小册子可能写于公元1世纪,一直被称作"希腊的《天路历程》[③]"。它声称

① 爱比克泰德(约55-约135),影响最大的希腊斯多葛哲人之一。从小为奴隶,但主人让他受教育,并还他自由。他讲授哲学,听者甚众。他的学生把他讲授的东西编辑成格言形式的书,共8卷,其中4卷流传下来。——译者注

② Epictetus, *Diss*. 3. 23. 37。

③ 见 Fitzgerald 及 White 1983。与班扬的《天路历程》的比较及对他的影响,见 pp. 29-30,注释7,8。

是导游的讲稿，讲解在雅典的一个神庙里发现的一幅奇怪的绘画。画面上显示一条“生命”之路，此路带有旁道支路，以不同的途径穿过各色大门，经过重重围墙、座座塔楼、各色诱人分心变卦的东西，加上死胡同，最后通到名为“幸福”(Eudaimonia)的高贵女子，她身居王位，仁慈可亲。解释这幅画的寓意的老人指出，很少有人到达目的地，而到达此地的人是仰仗了一位称作“悔悟”或“心灵的转变”的高贵女子斡旋襄助(我们也许可以将悔悟(Metamoia)或心灵的转变(Metameleia)二词也译为“皈依”)。

《西比斯之简》说明了古代哲学诸流派所承诺的道德转化的三个特点，在对早期基督教观念与古代哲学诸流派作比较时这些特点至关重要。第一个特点是，流行哲学强调要当有德之士何其之难，高尚的生活是搏斗(agon)，是抗争，是一场赛跑。第二，人在安逸而堕落的生活与高尚却困苦的生活之间做抉择之时是极端孤独的。第三，要做正确的选择，接受正确的教育(paideia)是不可或缺的条件。因此只有精英分子才能通过哲学而皈依，达到高尚的道德生活的层次。各哲学流派都一致认为精英指的是心智和自律方面的精英，“西比斯”寓言中的成功者也是精英，但他们是运气造成的精英，受教育要花钱，需要闲暇，而哲学家难得承认这个意义上的精英①。

然而,《西比斯之简》提示人们,一般被看做良好的教育的东西并非真好,不过是一种伪教育(pseudopaideia)(11.1)而已。"真正"的教育有赖于"悔悟"(或曰"皈依")以及自制(Enkrateia)和锲而不舍(Karteria)(16.2)这一对禁欲苦行品质的援助。在任何希腊哲学话语中,这些字眼都含有美德的意思。不过,《西比斯之简》把上述种种美德描述为引导追求高尚生活之士脱离学校的教育,其含义是,哪怕是文化精英们所教导的高尚道德也未必高尚。菲茨杰拉德(Fitzgerald)与怀特(White)在对此节的注释中评论说,这里的语言跟犬儒派哲人的颇为相像②。皈依之意就是摒弃占统治地位的文化中错误的、被歪曲的价值,亦即从其中逃脱。这样的说法,我们正是在犬儒派哲人以

① "教育耗费钱财,"(Artemidorus, *Oneiroc*. 4.67; Pack 编 1963,289,1.17)夹杂在普鲁塔克著作中一篇讨论教育的佚名论文坦率承认这一点(*Mor*. 8E)。该文作者假想有人提出反对,回答说,在这一点上,贫困者和普通人可以责怪的只能是命运,而不是他。另一方面,即使下层阶级也间或希望自己的孩子能受教育,改善命运。Bonner (1977,101) 引用 Petronius 讲述的旧衣贩子 Echion 的故事(*Sat*. 46)。Echion 对演说家阿伽门农谈自己的小儿子,说他在学习算术、希腊语、拉丁语、还有绘画,他希望他将来读法律。他说,"教育是宝库,技不压身。"Bonner 在 Juvenal 14.189ff.(102) 中找到了类似的看法(102)。也见 Nussbaum 1986b。

② Fitzgerald 及 White 1983,148,注释 53。

及受他们影响的斯多葛派哲人的话里常常听到。例如,一封可能写于公元2世纪、假称出自犬儒派创始人第欧根尼(Diogenes)之手的信讲述了下面这个皈依的故事:

> 有一次,我去一位年轻人家。他的父母极其富裕,家中的宴会厅里布满铭刻和黄金装饰,让人无处吐痰。我斜靠在榻上,喉咙里有点东西。我咳了咳,环顾四周。既然无处可吐,我便吐在了这位年轻人身上。他因此指责我,我回敬道:"这么说,某某某(叫其名字),这事你竟然怪我而不怪你自己?可是,这个宴会厅的墙和地全都装潢完毕,只留下你自己没有妆饰,可以充当让人吐痰的地方。"
>
> 他回答说:"看来你是在批评我缺乏教育,不过你以后就不可能这么说了。我不想落在你后面,哪怕半步。"
>
> 第二天,他把家产散给亲戚,从此拿起行囊,卷起粗布大氅(表明这位犬儒派信徒身份的装备就是这两样东西,再加上一根长杖),跟随我而去(Pseudo-Diogenes, Epistle 38)①。

① Benjamin Fiore 译,见 Malherbe,1977,163。

这显然是前面说明的第二类皈依故事的一个例子,用来称许根本性的转变。皈依意味着脱离常规的生活形态,犬儒派用引人注目的苦行生活方式——该生活方式同时也是对大众的准则和价值的激烈批评——换得摆脱道德风险的自由,关于第欧根尼"不知羞耻"的行为的诸多逸事说明了同样的道理[①]。被犬儒派感化而转变就是摒弃常规的生活准则,但是,这样的人向什么皈依呢?

皈依犬儒派是转向激进的个人主义。亚伯拉罕·马尔赫伯(Abraham Malherbe)已经说明,罗马帝国时期的犬儒派把自己分成两个类别。一类仅仅考虑通过叫做"第欧根尼之捷径"中的严格自律获得自身的快乐,这一类信徒蔑视大众,试图把自己与所有遵循常规道德观念的人区分开来。另一类谴责自己周围的人时口气较为温和,甚至认为自己正在改进社会。然而,这两类都没有形成一个犬儒派群体。皈依者转向一种严酷的独立自足(*autarkeia*)[②]。

爱比克泰德相当景仰犬儒派哲人,他这样的斯多葛派哲人与上述情况并无多大差别。他告诫弟子不要再跟非哲人往

---

① Diogenes Laertius 收集的逸事集卷六中的第二章里有一个范例;有些逸事被整理、纳入了犬儒书信集。

② Malherbe 1982;比较 Malherbe 1970b。两种均于 1989 年重印,11-24,35-48。

来，因为这种人可能会强化他们的旧习惯。“就是为了这个缘故，贤哲们甚至劝告我们离开自己的国家，因为旧习惯（*ta palaia ethē*）使我们分心，不让我们培养另一种习惯（*ethismos*）”（*Diss*. 3.16.11）。爱比克泰德于是警告说：“如果你想有任何长进，就要躲避自己的老习惯，躲避尚未进入哲学之门的人。”（3.16.16）他深知听从告诫的人会感觉孤独、无根，但是，这就是成为哲人的代价，必须忍受[①]。在他的课上，学生之间的交往可能使他们暂时不受外部世界的影响，不过这一学派并非持久性的群体。

许多哲学家承认，为了获得哲人生活的道德习惯，自己需要群体生活及其规则。以尼禄的老师及顾问塞内加为例。他大概算不上反正统文化的人，他的第六封信大部分谈这一问题。他给卢奇利乌斯送书，书上标出了一些章节：

> 当然，群体生活中真实而鲜活的声音以及社会交往［*viva vox et convictus*］对你的帮助将大于书面文字……。倘若克利安西斯仅仅听过芝诺讲课，他不可能酷似芝诺。他与之共同生活［*vitae eius interfuit*］，了解其未公之于众的意图；观察他，以判断在生活中他是否遵循自己的规则。柏拉图、亚里士多德以及所有注定要走自己的路的哲人，他们获

---

① Malherbe（1987）的论述很有意思，见36-40。

益于苏格拉底的品格远大于获益于他的言论[*plus ex moribus quam ex verbis*]。造就梅特罗多卢斯、赫尔马库斯以及玻利埃努斯这样的伟人的不是伊壁鸠鲁的教室,而是与其同在一个屋檐下的共同生活的经历[*non schola Epicuri sed contubernium*]①。

希腊化时期的哲学一般提倡个人主义,但塞内加最后举的例子明显不符合这一情况,是个例外,尽管他只是换个方式说明个人榜样的重要性这一熟悉的主题。帮助人成长的是教师与学生之间的关系,而不是学生之间的关系。对塞内加而言,友谊襄助哲人的生活,但他们在生活中不需要创建什么替代群体。要走向真正的智慧,心灵需要转变(*animus eius transfiguratus est*),而对一个斯多葛派哲人而言,转变实质上是在孤独中完成的一项任务。然而,事实上,伊壁鸠鲁哲学的信奉者看起来确实刻意建立起有高度组织的群体,就是在这类群体中——至少是与其他哲学流派相比,我们看到了与早期基督教最相近的社会形态。我认为,改变主要的参照群体,进行社会重组,转变为另一种群体,这个特点对早期基督教至关重要。而在伊壁鸠鲁学园

① *Ep.* 6.6, Richard M Gummere 译, Loeb Classical Library。

里——如果不是在其他哲学流派中——我们看到了这一特点[①]。

宗教皈依

然而，皈依伊壁鸠鲁哲学与皈依基督教似乎是相对的两极。二者在古代均被指责为"不敬神祇或无神论"。如果按照我们的用法把无神论理解为世界上没有神这一信条，很显然，于前者、于后者这一指责都同样是错误的。不过，基督教神学与伊壁鸠鲁的学说有深刻的差别。伊壁鸠鲁认为，关于神祇，有一点要牢记于心，即神祇们不太可能关注人的事务，他们不需要人来崇拜，人也不必恐惧他们。弗里谢尔(Frischer)说，伊壁鸠鲁派的贤哲与神颇为相似，他即以此吸引新成员。此话可能很正确。

① 关于伊壁鸠鲁派"转化、吸纳新成员的方针"，见 Frischer (1982)，67-86。这一部分对当时情况做了极其巧妙的重构，但不完全令人信服。倘若罗马帝国中存在毕达哥拉斯群体，而且这些群体与毕达哥拉斯于公元前6世纪在克罗敦建立的组织严密的派别相类似(根据 Iamblichus 在800多年后的理想化描述)，我们就找到了一个与皈依基督教的同样理想化的模式类似的情况。遗憾的是，缺乏证据，见 Meeks 1983，83 中的论述及引用的文献。Loveday Alexander 指出，在2世纪，盖伦把当时的医学及哲学流派与"摩西及基督的派别"进行了贬损性的比较。Alexander 的观点是，这些流派——不仅是伊壁鸠鲁及毕达哥拉斯的"宗教"派别——颇像基督教团体，超过了大家认识到的程度(Alexander，即将出版)。哲人关注其新门徒内心的焦虑，关于这一问题，见 Malherbe 1987，34-46。

只不过相似之处恰恰是二者均为超然、无动于衷，与一切人世间的事或物相隔离①。这一点很难与保罗的“你们是怎样离弃偶像归向上帝，要服事那又真又活的上帝”的信念相提并论。根据某种熟悉的皈依模式，通过转而信仰一个不同的神，人的自我以及他的行为得到转变。基督教是否是在宗教领域中创建了这一后来在保罗的听众中引起反响的模式？

六十年前在 A. D. 诺克（Nock）关于古代世界中皈依行为的经典之作中，他把从基督教意义上理解的皈依（conversion）与相信并追随（adhesion）——一种不太彻底的宗教忠诚的转变——进行了区分。一种或老或新的神秘教派的新成员只是成为该教派的追随者，而不是皈依者。诺克将此概括为：“在对异教进行考察后，我们没有发现什么理由期望任何人在相信并依附一个教派时经历了明显的心灵上的重新定位，不能期望他憎恶自己过去的道德和宗教，有了开始新生活的想法。”不过，诺克举出了一个例外。他的书有一章讨论卢西乌斯·阿普列乌斯的小说《金驴》中第十一卷讲的故事“卢西乌斯的皈依”。诺克认为故事“很有些自传的味道”，把它与现代人皈依罗马天主教的情况相提并论②。

---

① Frischer 1982，特别是 83-84。

② Nock 1933，138，155。

阿普列乌斯用作小说支架的老故事讲一个年轻人试验魔法，结果自己被变成一头驴子。他历经风险，最后得到解药，恢复到正常的形状。阿普列乌斯重述故事时，主人公由女神伊希斯斡旋而得救，他加入膜拜该女神的行列，终生信仰。在这一叙述的中心，我们找到了看似最像古代新成员关于加入教派的第一手叙述。但是，这是否能算作皈依？

当然，这个故事的中心情节围绕转变展开，而且，阿普列乌斯的语言中的诸多因素也增强了转变的深刻含义。卢西乌斯恢复人形，“他当即发誓要为此神圣的仪式效力”（11.16[Helm 278.9]）。亲眼目睹者惊异不已，说他“简直就是再生”（renatus quodam modo）。第19节（281.6-9）叙述卢西乌斯出于“宗教方面的忧虑”[①]而推迟加入该教派，对他献身宗教作了进一步的描述。他忧虑的原因听起来与青年奥古斯丁的颇为相像，至少在常见译文中如此：“我费心去弄清楚，为信仰效力有多么艰难，禁欲的诸种规章又是何等的严酷”（11.19[281.7]）。不过，这个译法有点偏。表达拉丁文中 religionis obsequium 的意思，“顺从规定的仪式”比“为信仰效力”更确切。至于“禁欲的诸种规章”，从下文中可以清楚地看出它们指的是为入教做的准备，并非因信奉该女神而要终身遵循的准则。以第23节（284.24-25）

① 我沿用 Griffiths 1975 年的译本，该译本的注释丰富，很有价值。

为例："在此后的十天中，我应该控制食欲，不沾任何荤腥，不喝酒。"（Griffiths 译，1975，99）就在此节之前，Griffiths 把 praefatus deum veniam 译成"然后，他祈求诸神的宽恕"。这一阐释的基督教色彩太浓，更符合语境的是译文"请求允许"或"请求诸神帮忙"。小说中表现卢西乌斯成为女神伊希斯、后来也是奥西里斯的终生信仰者，其中有他加入后者的牧师团（legium pastophorum）的情形（第 30 节［291. 12-14］）。此外，这类信仰和奉献也可以用参军服务的隐喻来表现（见第 15 节）①。不过该信仰及其规矩倒没有妨碍卢西乌斯在罗马发展其赚钱的法律演说业务（第 28 节-30 节，特别是其中的 290. 1-4；291. 3-11）。我们如果跟大多数评论家一样相信这一叙述具有自传色彩，就可以认为阿普列乌斯本人极有可能对伊希斯怀有类似的虔诚，只不过正如他在 *Apologia* 55 中的话"我在希腊参加了一系列加入教派的仪式"②所表明的，这种虔诚不是排他性的。毕竟，在阿普列乌斯的故事中找不到多少证据说明加入某教派就是一种道德转化，而且里面没有任何迹象表明他加入的群体与伊

① 比较 Griffiths 的评论，254f。

② Griffiths 的译文（sacrorum pleraque initia in Graecia participavi）参阅 pp. 3-4 他的评论。

壁鸠鲁派以及基督教相类似[①]。在希腊和罗马世界里,有宗教信仰或获得宗教信仰并不涉及道德转化,也不需要在教派中接受再社会化过程。

但是,在基督教发展起其永久形态的各个城市中,有一个宗教群体的确在完整的道德意义和社会意义上接纳皈依者,这一群体当然就是犹太居民。现代学术文献中经常探讨古人皈依犹太教的问题,但是都不完全令人满意。当然这一点本书无法讨论[②]。舍叶·J. D. 科恩(Shaye J. D. Cohen)告诫我们不能以单一的模式来认识这一问题,因为罗马帝国各地的非犹太人以多种方式表现出自己对犹太教的积极兴趣。这些方式包括从"赞赏犹太教的某个方面",到"皈依犹太教"和"变成犹太人"等等。此外,对于所有这些行为以及分布于它们之间的其他行为,不同时代、不同地方的各类犹太人群都有不同的理解[③]。当然,谁也

① 我认为另一份文献也符合这一情形,即公元前 2 世纪或前 1 世纪吕底亚的一则碑文。人们支持皈依说对神秘仪式的解读时常常引用。见 Barton 及 Horsley 1981 年的多数派解读,Nock 1933 年的看法则比较审慎,216-17。

② 英语文献中的经典之作是 Bamberger 1968(最初于 1939 年发表)以及 Braude 1940 年的文章,不过他们在资料使用中作的一些假设并不可靠。Goodman 1992 的论文对问题的看法比较合理,对证据的审视也很有帮助。Cohen 发表了一系列见地尖利的文章,显然是走对证据重新进行综合的路子。见 Cohen 1982-83,1983,1986,1987,1989。

③ Cohen 1989。

不会称亚历山大的斐洛为1世纪典型的犹太人,但是他的著作中有数段文字提供了与早期基督教文本的可比之处。完全改变信仰意味着什么?这些段落至少对斐洛的读者——基督教发端之时流散在外的犹太群体,是操希腊语的城里人——提供了可信的解释。

斐洛把《申命记》后半部分中摩西的讲话当做"论美德"的哲学论述。他在以此为标题的文中指出,摩西特别关注改宗者的需求(那些规定最初是为在以色列土地上居住的外邦人而做的,但是《七十子希腊文本圣经》[①]已经把 ger 译成 proselytos,即改宗者):

> 在为本民族[*homoethnoi*]定下律法后,他说也应该给外来者[*epelytoi*,*proselytoi* 的同义词]以他们应得的庇护和照

---

① 指公元前3-2世纪在埃及出现的希腊语《旧约》,包括正典《旧约》中的39卷以及若干外典之篇。著于公元前200年左右的 *Letter of Aristeas to Philocrates* 称,托勒密二世(287-247 B. C.)想要犹太律法书,请来72位犹太学者将其从希伯来语译为希腊语,这个文本因此有了《七十子本》(简称 VXX)的名字。这个传说自然不足为凭。文字、风格显示,各卷的译者、时间不同,但到基督教出现时已经基本完成。使用者开始主要是居住在埃及的亚历山大、已经主要使用希腊语的犹太人。它很快传遍希腊语世界,《新约》的作者们的《旧约》引语大多出自这个版本,它成为早期基督教会的《旧约》,对《通俗拉丁语译本》也有影响。今天它仍然在东正教会内使用。——译者注

顾，因为他们抛弃了自己的血亲，故乡，习俗，他们的神殿、圣像以及对他们的供奉和礼仪，跋涉来到更美好的家园，他们抛弃了没有根据的传说，为的是能够清楚地看到真神，崇拜那唯一真正存在的上帝。他要求本民族所有的人都要爱外来者，不仅当做朋友和亲戚，还要在身体和心灵上都把他们当做自家人。(Virt. 102-03)①

我们在这段话中清楚地看出，我们关于宗教转变的观念由我们自己的社会中“宗教”已与其他的社会生活分割开来的事实所决定，但这一观念无法涵盖斐洛、可能还有他的读者所认识的皈依。他们的那种转变是“走向更美好的家园的历程”，即既是宗教上的转变，也是社会、道德以及政治方面的转变。转变者需要“离开他们的血亲和故土，放弃自己的习俗、神殿、和圣像”，变成犹太群体的成员。

斐洛在该文稍后的地方设想摩西发表讲话，“规劝[*protrepei*]所有的人在任何地方都要做到虔诚、公正，让悔改者加入世上最美好的社会，作为对他们的胜利的最高奖赏”。(*Virt*. 175，科尔松译) 斐洛在这一部分选择用来描述美德的词“心灵的转变”(metanoia)跟“悔悟”一样也可以译为“皈依”。我

---

① F. H. Colson 译，Loeb Classical Library 8. 225-27。

们在前面听到的非犹太人哲学家描述皈依时所用的对比性语言在本书中大量重复，比如第179节的结尾部分说道："好似虽然一开始眼睛是瞎的，但他们后来恢复了视力，从最深的黑暗中走了出来，看见了最灿烂的光"。斐洛经常认为《圣经》里对旅行、改变名字诸如此类的叙述中含有个人在走向智慧的途中经历了哲学观的改变的意思，他也许想要这些隐喻在某种层次上呈现这一转变。不过，他在这一部分讨论的首要是改宗者的情况，说明迈出"通向皈依的第一步、也是最必要的一步"（第180节，作者译）的人"开始时未曾认识自己的责任是敬畏万物之父和创造者，但是后来接受了一个、而非多个主宰的信条"（第179节，科尔松译）。

此外，斐洛还认为政治和社会层次上的皈依需要道德上的转化：

> 义无反顾地逃向美德之行列，抛弃那邪恶之妇，此为有益之良举。只要崇敬那自在自为之神，所有其他的美德便定像阳光下影子紧随其人那样接踵而至。改宗者立即变得温和、自制、谦恭、和善、宽厚、仁慈、严肃、公正、高尚、热爱真理、超脱对金钱和享乐的欲望。正如反之，人们看到，违抗神圣的律法之徒不知自制、厚颜无耻、毫无公正、浅薄轻飘、心胸狭窄、动辄争吵，实为谬误及伪誓之同谋……（*Virt.*

181-82,科尔松译)[①]

我用了这么大的篇幅讨论斐洛提供的证据(以他所处的复杂形势和他的记叙的重要性而论,其实还远远不够),是因为我们在此看到的情景的几个方面都与早期基督教文献中的东西相似。斐洛把皈依描述为既是思考方式又是生活形态的转变;是将忠诚从多个虚妄的神祇转向那唯一的真神;是一种摒弃自己最亲近、最熟悉的关系,找寻新的纽带的剧烈的再社会化过程;也是对道德观念的彻底革新。文中宗教群体对周围的社会及其文化表现出非常矛盾的态度,也给我们留下深刻的印象。一方面,那个多神的社会好像愚昧、无理性、邪恶到了无可救药的地步,只有通过改变公民身份,迁移至信仰一神的人群中才能获得美德。另一方面,该群体正是使用自己所处的社会里高端文化的语言来描述其寻求的诸种美德以及对它们的思考方式。我们在此张力中看到一个民族的矛盾心情。这个民族以与上帝之约中规定的道德观念表达对上帝的忠诚,并借此表明自己的身份。

① 斐洛对皈依的描述:"可以说是从群氓统治到民主的转变"(*Virt.* 180,Colson 译),这一奇特的说法强调了"政治"方面。根据斐洛在其他地方对或许可以叫做君主立宪的政体的颂扬,这一描述——在其他地方也有类似的文字——并不令人惊讶。这个问题很有意思,可惜它超出了本书研究的范围。对这一问题的研究始见于 Goodenough 1938,86-90。

矛盾的态度迫使他们在自己居住的城市处于外邦人①的地位。我们经常在基督教文本中感觉到类似的矛盾，此时，我们不得不问，这种态度究竟起源于某种与犹太群体的外邦人地位类似的社会关系，还是从斐洛笔下的社会群体继承的道德观引起了与大社会的疏离？

皈依基督教——一种社会行为

保罗致帖撒罗尼迦的基督徒的信清楚表明，他们脱离偶像来到“那又真又活的上帝”的转变同时也是将其忠诚及归属感从一套社会关系转到另一套——相当不同的一套——社会关系的

① “外邦人”一词出自《圣经》（希伯来文本中的“goy”，希腊文本中的“ethnos”，英语文本中的“gentile”、“heathen”）。在《圣经》中犹太人称非犹太人为外邦人，基督徒称异教徒为外邦人。在本书讨论的情况中，“外邦人”或其同义词“外侨”、“外乡人”的所指大致有以下几种：1，犹太人眼中的非犹太人；2，基督徒眼中的非基督徒（包括没有皈依基督教的犹太人、希腊-罗马多神教徒及其他异教徒），他们甚至把还未皈依的家人、以前的社会关系都看做外邦人；3，流散在巴勒斯坦以外的犹太人借用所在地的非犹太人的视角，把自己称做那里的“外邦人”；4，已经皈依基督教的希腊、罗马人，虽然仍然生活在家人、亲戚、原来的朋友之中，并未脱离原来的社会、文化，但他们感到自己已经变成另类、异族，在自己的土地上和群体中变成了“外邦人”。当然，他们不是常规意义上的“外邦人”，本书第三章因此称其为“伪外邦人”；5，泛指希腊化世界、罗马帝国城市中的外来人口。——译者注

转变。重新安置社会位置与转变宗教信条互为依存，相互包含，彼此强化。保罗的信中用几种方式强调——而且或许夸大了——社会及宗教方面的转化，这些方式对于他与同事们努力使皈依者获得道德自新的目的具有直接的意义。首先，他再三强调皈依者经受了来自周围群众的压力（*thlipsis*）①，寻求将此经历融入宗教对现实的描绘之中。他第一次向他们传道时就预先告诉他们必受患难（3:4）。他说这是重现（*mimēsis*）作为信仰基础的基督受难故事、使徒的生平（1:6）以及其他基督徒群体——包括在朱迪亚的群体——的经历（2:14）。其次，信中通过几种方式强调现在皈依者与使徒之间、彼此之间以及与其他地方的基督徒之间的紧密关系。他对德行重新作出与群体相关的定义：例如，“对家人的感情”（*philadelphia*）变成了对基督教群体中的“兄弟姐妹”的爱（4:9）。第三，保罗从道德方面在内部成员与外人之间划出了明确的界线。皈依者的行为必须“配得

① 《帖撒罗尼迦前书》的许多评论者都提到“迫害”，但事实上，该书中几乎没有任何地方表明一个加入了古怪、秘密的团体的人经受的“压力”已经超过通常由亲戚、朋友造成的不愉快的程度。Malherbe 指出关于皈依的哲学论述以及一部讲述一个典型的女皈依者的故事（*Joseph and Asenath*）中相同的语言，说明《帖撒罗尼迦前书》1:6 中“压力”这个字指的是“人们在听到福音后与自己的过去决裂时内心经历的痛苦和悲伤”（Malherbe 1987，36-52，引文出自 48）。当然，正如《帖撒罗尼迦前书》3:4-5 所表明的，他们经受的还往往不仅是心理上的压力。

上那召唤你的上帝”，那个与“偶像”有根本区别的唯一的、活的上帝(2∶12;4∶1)。早期基督教的说教和护教文中经常涉及性关系——一种特别的行为范式，指出决不能“像那不认识上帝的外邦人，放纵私欲的邪情”(4∶5)。

如前所述，保罗夸大了他强调的差别，其实，同时代的非犹太哲人们一般都提倡一夫一妻的婚姻。在任何这类哲人的讲稿中都能见到保罗的“私欲的邪情”一词被用来描述邪恶之根源。事实上，保罗的这封信中充斥着异教道德家们常规探讨的话题和使用的话语①。不过，保罗夸大差别这一事实本身也很重要。新出现的基督教徒处在一个界限清晰的道德领域中，被要求思考自己的行为。犹太人关于唯一的上帝的概念和故事以及基督教关于上帝之子被钉十字架而又复活的独特故事织就了该领域富有象征意味的外形及肌理，而接过这些故事为己有的人们，他们以自己的转向以及从“外邦人②”——包括他们原先的家庭和社会关系——那里分离出来的行动画定了该领域的社会疆界③。

① Abraham J. Malherbe 发表了数种关于保罗写给帖撒罗尼迦人的信的论述，它们充分说明了这一点，其中以 1987 年出版的一部最为细密。关于与其中的婚姻规则相似的情况，参见 Yarbrough 1985。

② 见 61 页注①。——译者注

③ 详见 Meeks 1983,84-107。

皈依的仪式化

自基督教运动的最初年代起，皈依——即从寻常的社会领域中转移到特殊领域的行动——便通过洗礼的做法被仪式化了。皈依是循何种途径制度化的？我们在2世纪的教会看到几个片段。我们有一个3世纪初的叫做《使徒之传统》（*Apostolic Tradition*）的文献。这份被认为是希波吕托斯（Hippolytus）写的材料记载的条例、规则很可能更说明理想状态而非实际情况，它们描述了2世纪在罗马形成的接纳皈依者的种种复杂程序①。程序中多种方式象征性地维护慕道友们加入的群体的纯洁性，并且用宗教和道德词语的混合体对此纯洁性进行界定，这些在阅读时都给我们留下深刻的印象。

在古代，各种不同方式的净化往往是加入教派之前的必要步骤。基督教将洗涤确立为入教的关键，从其发端之际这一点便意味着在不洁的社会与一个清洁的群体之间存在一道界线②。我们在希波吕托斯的记载中看到的罗马仪式鲜明地突出了这一

① 该文献未能流传下来，但在本世纪，学者们根据后来的教会手册对它的多次引用成功地进行了重构。见 Dix 1968 和 Botte 1963。

② 见 Meeks 1983，150-57。

界线。欲入教者先要经过审查才能接受教育,从事道德上可疑的行当之辈——诸如男妓、妓女、教师、雕塑家①等——不是被拒之门外就是被要求改换行当。在一般为期三年的受训阶段,他们要经历更多的甄别,直至最后获得许可接受洗礼。此外,候选者被开除的情况屡有发生,更夸大了教会之外即为魔鬼统治的世界的景象。②

如果我们把注意力集中在基督教入教形式中起划分界线的作用的因素上,早期的皈依看起来便不像我们探讨的第一种皈依——个人按照社会承认的规范进行的道德革新,而与第二种情况,即脱离大社会的规范,加入现代社会学家称之为"教派/邪教"的情况颇为相像。使徒传中所展示的步骤——审查、教育、开除、漫长的慕道友阶段、摒弃过去、洗涤自身等等——的目的都是给抛在身后的这世界抹黑,荣耀那即将进入的神圣之地。

把基督教仪式和入教程序与前面讨论的卢西乌斯加入女神伊希斯教派的情形进行比较,这一点便看得更加清楚。洗涤、洒水以及其他的净化性行为在两种情况中都起了重大的作用。然

① 这里的教师指希腊、罗马社会中教授修辞、诡辩、演说的人。当时人们对为赚取学费传授诡辩技巧的做法颇有微词,认为他们不分是非,唯利是图,败坏了社会风气。希腊、罗马人信奉多神教,神庙里供奉诸神的雕像。基督徒视雕塑为偶像,自然认为做雕塑是不可接受的行当。——译者注。

② 见 Finn 1989。

而，进入神秘教派的程序中要保护的“纯洁”是神圣之地或者仪式本身。因此，洗涤在加入教派之前进行。而在基督教的入教程序中，要保持纯洁的是该群体。此外，他们既用宗教的——即一神论的，也用道德的词语来界定纯洁的概念。在古代教派所在地的铭刻中看到的规定仅仅是一种临时措施，保证进入圣殿之刻的纯洁①。对基督徒而言，对候选者的道德考察不仅仅是为了保证这一刻的纯洁。基督教作者们对加入自己的宗教的理解是找到支柱，是皈依者在自己的群体里面操办道德再教育过程的起点。

牢记皈依

正如我们在保罗给帖撒罗尼迦人的信中所见，在道德形成的过程中，关于皈依的提示和故事可以起到重要的作用。保罗在信中让他们回想自己的皈依，着重阐释他们与他本人以及更大范围的基督教运动的关系，从而在一个具体的社会和符号的语境中进行道德劝诫。他同时把这些指示与所有其他的道德劝诫联系起来——他们在皈依之时所听到的劝诫，他们应该听从的当地首领的告诫以及要求他们互相告诫的事情。保罗在信中

① 在我看来，连吕底亚的阿格底斯提斯祠里铭刻的著名的规定也属于这一类，尽管 Barton 与 Horsley 的看法正相反。也见 56 页注①。

描述的皈依后的生活具有特定的形态和特征，他的具体告诫只是这些形态和特征的指示物和实例，远非该生活的全面描述。基本教条和故事以及皈依的过程和仪式中形成的人际关系包含了更多的东西。

在保罗的其他书信中也有对皈依的此类提示，其隐含的作用相似。以《哥林多前书》6∶9-11 为例："你们岂不知不义的人不能承受上帝的国么。不要自欺，无论是淫乱的、拜偶像的、奸淫的、作娈童的、亲男色的、偷窃的、贪婪的、醉酒的、辱骂的、勒索的、都不能承受上帝的国。你们中间也有人从前是这样，但如今你们奉主耶稣基督的名，并藉着我们上帝的灵，已经洗净，成圣称义了。"

在可能出自保罗的门徒的《歌罗西书》和《以弗所书》中，还有在与之颇为相像的《彼得前书》中，这一劝诫的方式占了主导地位，因此在保罗派当中以及其他地方为人熟知。令人回想起受洗仪式的语言遍布这些信中，种种意象包括转变或再生，回复初始的统一体，甩掉那粘着邪恶的"旧人"，变成新人——具备那唯有"按着造物主的样式"重造的才具备的美德，或者用《彼得前书》里的话，把"算不得子民的人"变成子民。

在现代社会的奋兴派布道会及诸如此类的场合里，皈依者常常作"见证"，但《新约》的书信里却没有任何相类似的直接讲皈依的故事。正如我们所见，古代有此类故事——普莱莫的故事，或者第欧根尼以及犬儒派的其他信徒或提亚纳的阿波罗尼奥斯(Apollonius of Tyana)使人归附的故事。在我们真能找到皈依故事的地方(比如《约翰福音》第九章,《使徒行传》也很明显),故事在上下文中的作用跟我们讨论的道德建构问题并无直接的关系。而查斯丁在2世纪中叶讲的诸故事与这一点却更直接相关。

如我们前面所见,查斯丁在《与特利弗的对话》中用传统的话语描述自己的皈依,说自己在尝试其他哲学之后,归附到了最好的流派。他在《护教文》中强调,使他脱离柏拉图主义的是基督徒的道德品质,而不是他们的思考和推理(*2 Apol*. 12. 1)。[①] 他对洗礼的简略描述(*1 Apol*. 61. 1-3)强调通过"洗涤"和"再生"达到道德转化。而在其他地方他对转化作了这样的详述:"那些人曾经以通奸[*porneia*]为乐,现在却只有节制才能使他们尝到喜悦[*sōphrosynē*]。先前使用巫术的人如今已将自己奉献给那至善、自有自在之神。我们以往最喜欢的是敛钱聚财的手段,现在却把自己的财产都放入公共基金,与有困难的人共享。过去,我们互相仇恨、杀戮,仅仅因为其他部族的风俗不同,我们便不愿意与之交往。今天,我们按照基督说明的道理,与他们共处,我们为敌人祈祷,努力说服那些无故仇恨我们的人……"(14.2-3)。[②]

在这段话里,我们又一次看到皈依基督教被描述为取得在

---

① 参见前面对查斯丁的皈依的论述和39页注①。

② C. C. Richardson 译,Richardson 1953,249-50。

更大范围的社会中(至少)被知识精英们认可的美德。这里也同时暗示,在该社会的实践中此类美德极其罕见。查斯丁讲述一个放荡之徒的放荡的妻子的故事时着重表明了这两点看法。夫妇二人后来在托勒梅乌斯(2 *Apol*. 2. 1-9)的教导下皈依基督教。查斯丁接下去讲述了他们殉道的情况(2. 10-20)。[1] 我们知道这些都是在护教类文献中能够见到的重要内容。

其他几种早期基督教文献——特别是几种外典使徒行传[2]——更加强调异教世界的道德与基督教群体的道德之间

---

① 见 Grant 1988 年的论述(第 8 章)。Grant 说吉斯丁讲述该故事时使用的语言"描述了自己笔下常规的皈依过程",而不是实在的历史。他把吉斯丁赞同的性道德与 Musonius Rufus 的进行了比较(70-71)。

② 基督教的《圣经》有所谓正典与外典、次经、伪经之分。从历史、社会、文化等角度的研究表明,正典就是在基督教出现、发展、制度化的历史过程中被取得控制地位的派别接受、正式认可的那些典籍,而外典、次经、伪经则指最终被他们排除在正典之外的典籍。天主教、东正教、新教的正典所包含的典籍不尽相同。1,《旧约》:犹太人的正典包括什么直到公元 92 年才确定。耶稣时代的犹太人使用的《七十子译本》包含了 14 卷成书于公元前 200-前 100 年之间、用希腊语写就的经典,这 14 卷中有 7 卷(如《多比传》、《犹滴传》、《巴录书》、《本西拉智训》、《智慧书》、《马加比书》等)被东正教和天主教的《旧约》当做次经收入,但新教(以及一些犹太人)只接受最初以希伯来语成书的典籍。而以末世为主题的启示类典籍则被天主教、新教和犹太教都称做伪经。2,《新约》:《彼得行传》、《保罗行传》、《托马斯行传》、《托马斯福音》、《彼得福音》、《埃及福音》、《希伯来福音》、《赫马牧人书》等均被拒在天主教和新教的正典之外,是所谓外经。——译者注

根本性的裂隙。在外典使徒行传里，皈依者无一例外地需要改变道德习惯，通常是朝着苦行的方向改变，但是这也是一种更加全面的改变。《彼得行传》中有一个妇女欧波拉，在使徒揭露西蒙·梅格斯偷窃她的财物后，她便皈依了基督教。"欧波拉重获自己所有的财产，把它交给穷人。她相信耶稣基督，信仰增强。她鄙视、弃绝尘世，救济寡妇和孤儿，把衣服施舍给穷人……"。[①] 德克拉(Thecla)[②]的故事把皈依者转变的中心描绘为弃绝性行为以及与家庭的联系，是节制派使徒行传里的典型模式。[③]

---

① *彼得行传*17(Vercellenses 本)，Schneemelcher 及 Stead 译，见 Hennecke 1965,300；文本见 Lipsius 和 Bonnet 1959,1:65.19-23。

② 《保罗与德克拉行传》大约成书于 180 年左右，但没有史料说明德克拉真有其人。根据该行传，保罗传道，德克拉深受吸引，三天目不转睛听讲，后来成了他的门徒。她拒绝结婚，立志保持童贞、全心侍奉上帝，引起包括她母亲在内的公愤。她遭到火刑、被投喂猛兽，但上帝施奇迹使她毛发无损。她被看成女使徒，第一个殉道者，她的事迹曾经广为流传，叙利亚和亚美尼亚教会曾把《保罗与德克拉行传》放入他们的正典，东正教会至今仍推崇她。——译者注

③ 《保罗及塞克拉行传》，要特别注意 12 章中 Hermogenes 与 Demas 对保罗的指责(Lipsius 和 Bonnet 1959,1:244.3-4；翻译见 Hennecke 1965,356)以及 17 章中保罗的辩解(Lipsius 和 Bonnet 1959,1:246.12-14；Hennecke 译,1965,357)。

虽然《托马斯使徒行传》[①]对米格多妮娅的皈依的叙述比书中大多数故事都更加冗长(82-101),更详细地说明了在节制自身行为方面对皈依者的要求,其模式仍不失为该使徒行传中的典型。托马斯首先向为米格多妮娅运垃圾的奴仆呼吁,用的就是"凡劳苦担重担的人,可以到我这里来"这句原话(82)。在上帝面前不分贫富,奴隶还是自由人(83)。首要的条件是"不行奸,因为一切邪恶皆由它引起"(84)[②]。米格多妮娅后来再也不上她丈夫的床了,托马斯宣称即便是"为生育后代而性交"也应受到谴责(88,Lipsius 及 Bonnet1959,3:203.19-20)。读者此时发现,故事的核心原来是弃绝一切性行为,而不仅仅是通奸之类的不端性行为。这样便抽走了合法的性行为的根据,而这一根

---

① 托马斯是耶稣的12门徒之一,在本书研究的时期流传着若干种冠他名字的耶稣言论、使徒传道故事集,如 *Gospel of Thomas*, *Acts of Thomas*, *The Book of the Contender Thomas* 等等。这些最终被排斥在"正典"之外的"外经"起了促使基督教会决心统一思想、经典、和组织的重要作用。关于托马斯派文献的诺斯替性质和信条见第八章"托马斯传统"节。　　译者注

② Vallicelli(U)本如是说。重要的巴黎本中罗列的罪恶是:porneia, moicheia, akatharsia, pleonenia, philargyria, kai pan ho ti kai parablaptein tēn psychēn oidate,压缩了 U 本里源于通奸的罪恶(Lipsius 和 Bonnet 1959,3:199.29-200,20)。

据在摩苏尼乌斯(Musonius)[①]一类最严厉的异教道德家以及亚历山大的克雷芒(Clement of Alexander)[②]一类温和的基督教说教者那里都得到了认可。

早期基督教群体力图将其信徒塑造成道德的群体,皈依的故事和仪式就在其中发挥若干作用。一个作用是加强他们已经获得了一个新的、首要的参考群体的意识,即通过将自己的经历放入一个具有广阔的隐喻能力以及宽泛的行为暗示的解释性叙事之中,增强对基督教运动本身的归属感。谈论皈依的第二个作用是道德劝诫。它使皈依者在这个大故事的框架中回想起自己皈依的故事,敦促他们,行为方式须与其经历及所属的群体相配。第三个作用是把现在的实践和价值与自己已经"脱离"的"这世界"中熟悉的价值联系起来,从而为现在的价值作辩护。

① 摩苏尼乌斯(约30-101),罗马德高望重的斯多葛哲人,45页注①中希腊哲人爱比克泰德的老师,两人信条大致相同。他重视的是美德而不是逻辑或自然科学,他认为人生的真正目的是美德,而美德是实际的生活现实,一个有德之士就是一个真正的哲学家。从一个学生记下的他的言论看,他认为妇女各方面都不比男子差,说明关于妇女,他的看法比同时代的保罗更合理、更正面。——译者注

② 克雷芒(约150-约215)出身于雅典的异教家庭,受过良好的古典教育,后皈依基督教。他主持亚历山大的教理学校,致力于古典学术与基督教信仰的结合,是一个能够在希腊文化环境中宣传基督教神学的护教者,杰出的神学家奥利金是他的学生。——译者注

第四个就是伯格(Berger)和卢克曼(Luckmann)称作“消灭”那个世界的作用,目的是保证皈依者一心一意地依靠新群体,把它当作提供引导及支持的唯一源泉。① 这个作用与第三个之间有内在的冲突。

对皈依的这两种主要解释方式——个人的道德自新或是对反正统文化的“新人”的建构——与对基督教品德的形成的两种看法以及基督教群体与其周围世界相处的两种方式相符合。这些对立的方式有时在教会内部互相敌视的团体或运动中体现出来,有时在思想和制度化这两者之间的互动中显现,有时则隐匿一段时间,然后在新问题、新制度中迸发。在基督教的道德思想和实践的历史中,完美主义与普救论,对尘世中的邪行、倒错的厌恶与对完整世界的渴望,以及异端教派的精神与正统教会的心智之间的斗争在持续进行。

① Berger 和 Luckmann 1967,114-16,156,156-60。

第三章　城市、家庭、上帝的子民

“锡安山，永生的上帝的城邑，就是天上的耶路撒冷”(12∶22)，这一景象的描绘是《希伯来书》中最雄辩的规劝。接下来，作者的笔锋回转到以色列人在沙漠中流浪的比喻，他呼吁基督徒奔向“在营外”的耶稣，因为“我们在这里本没有常存的城，乃是寻求那将来的城”(13∶11，14)不过在这两组隐喻之间，告诫之辞涉及的却不是沙漠中某个隐退之地，而是城市里教徒的生活：务要常存兄弟相爱之心；不可忘记用爱心接待旅客；要纪念被捆绑的人；要尊重婚姻。早期基督教是发生在城市里的事件，其成长和形态与罗马帝国行省中通行希腊语的城市以及罗马城里通行希腊语的地段的状态紧密相关。正如《希伯来书》中的隐喻所表明的，生活在这些城市中，基督徒觉得它们是家，但同时又感到不是自己的家。

城邦——希腊伦理的背景

我们所了解的希腊、罗马社会的道德是城市道德。种种希腊传统和学说影响了所有的城市：被置于罗马权力与影响之下的希腊人独特的城邦，还有罗马的城市形态——包括意大利以外的殖民地城市。关于城市的一种理想概念，也就是对公元前5到前4世纪的雅典被美化的记忆，是希腊伦理观念的语境，通过一系列直接或隐晦的方式体现这些观念的意义。[①] 我们在第一章里看到，对伦理的“政治”背景的古典界定出自亚里士多德。在他看来，只有在社会中，更确切地说，在希腊人称做城邦的特定社会中，人才会获得兴旺、成功，也就是达到被所有的希腊哲学流派视为政治和伦理的目的的幸福（eudaimonia）。城邦不仅是履行道德责任的舞台，也是学习道德习惯的学校。即使希腊化、罗马时代的流行哲学强调个人为了美德而“进行抗争”——如同我们在《西比斯之简》中所见，此时的文学家和演说家仍然把城市及其诸种体制视为道德生活及其目标的语境。[②]

城市的生活形态紧紧地控制着道德想象力，甚至在看起来蔑视该生活形态的运动中这种控制仍清晰可见。犬儒主义者，特别是该群体中比较招摇、主张禁欲、“不知羞耻”的派别故意违背文明行为的惯例，进行炫耀[③]。可是实施他们为有意聆听者开

① Werner Jaeger（Jaeger 1945）把城邦解释为一切希腊伦理思想的语境，这仍然是目前的权威认识。他强调在整个古典传统中美德和良心的公共性质。

② 关于以城邦定位的伦理对早期基督徒的道德情操的影响，我对其中的一些重要问题做过概述（Meeks 1986，1-39）。

③ 比较前面第二章提到的第欧根尼的故事。Malherbe（1982）对基督教诞生时期的犬儒派哲人的特点作了精彩的介绍。

的“休克疗法”的处方需要公共空间。犬儒主义者攻击传统，意在唤醒某些从城市的潜能中获取意义的隐含价值和目标，除此而外，犬儒主义者选择的是实践而不是空谈理论。考虑到这一点，他们的休克疗法意义不大。伊壁鸠鲁派的情况比较麻烦，因为他的格言是“以个人状态生活”，它要求人退出政治生活并弃绝公共责任。实际上，其他哲学流派对伊壁鸠鲁派的一种常见的批评正是由此类退缩引起的①。不过，退出公共生活并非遁入个人主义之中，而是进入一个他择性社会群体。可以说，伊壁鸠鲁学园是一个反正统文化的群体，一种反城邦的社会②。在早期基督教徒对自己在城市中的生存状态的各种思考中，可以看到

① 例如，Epictetus 指责 Epicurus 立场不一致（*Diss*. 2. 20. 6），一面“想要摧毁人类的天然群体”，一面又煞费苦心写“巨作鸿篇”说服他人接受他的观点。他想到的或许是当时罗马的伊壁鸠鲁分子的改宗活动，关于这一点见 Da Lacy（1948）和 Frischer（1982）。普鲁塔克撰写过一篇题为“论伊壁鸠鲁的学说实际上不可能导致快乐的生活”的文章（*Non posse suav*；*Mor*. 1086C-1107C）。

② Martha Nussbaum 认为伊壁鸠鲁哲学里没有群体这一要素。她说用亚里士多德的观点看，“伊壁鸠鲁认为好的生活是个人而非群体的事情，任何人际往来的益处——甚至连备受颂扬的友爱（philia）所带来的——都只是工具性的。[因此]他可以设计一种完全忽略我们的政治性质、使 philia 服从个人治疗目的的程序。”这里与亚里士多德的看法的对照很说明问题。她对伊壁鸠鲁的解读有助于纠正人们有时过度夸大伊壁鸠鲁主义中的群体要素的理解（明显的例子有 De Witt，1936a，1936b），但是我感觉她在相反的方向走得过远。不过，对这一问题的充分讨论会使我们偏离主题过远。见 Festugiere 1956，Baldry 1965，以及 Mueller 1972。

与犬儒主义派和伊壁鸠鲁派对城市的矛盾态度的类似之处。

城市与家庭

家庭是组成城邦的一个结构。诚如亚里士多德以及其后的伦理学家所见,家庭是名副其实的城市缩影。倘若一个城市要发达,必须恰当地调节占主导地位的交换形式。这些交换形式构成了友谊以及权力、保护伞、归顺、荣誉和责任之间的关系,而所有这些关系在丈夫与妻子、主人与奴隶、父母与子女、家长与依附者、户主与社会地位相当者之间都存在。骑士阶层[①]的成员就是在家庭中学习管理,同样的,此后的基督教家庭起了主教培训所的作用。一本冠以保罗的名字、写于2世纪早期的教会管理手册要求,担任主教一职的必须是对自己的家庭管理有方之士(《提摩太前书》3:4-5)。孩子表现出顺从(hypotagē)、有尊严感(semnotēs),这是手册的作者选定的管理有方的标志。在管理有方的家庭里——无论其属于哪个阶级——孩子通过学习懂得

① 罗马的骑士阶层与欧洲中世纪的骑士阶层的情况不同,其中最重要的区别也许是围绕中世纪的骑士阶层发展出了一整套行为、价值规范,对后世有经久的影响。此外,罗马的骑士阶层的资格取决于经济实力而不是家庭出身。从公元前218年起元老阶层不能营商,结果骑士阶层许多人得以从事税收、金融、开矿、出口、营造等获利丰厚的活动。这一阶层的成员也有可能通过选举得到官职或进入元老院。——译者注

家庭和社会对自己的期望。家庭是学习道德的初级学校,而中级学校则是城市本身。对公民阶级的男孩子而言,高一级的道德训练在家里开始,先跟父亲和私人教师学,然后到运动场和角力学校去学。对其他人而言,街道和市场就是大课堂。贵族家庭的女孩子能有一些上学机会。然而,对大多数女孩而言,道德训练(包括正派、贤惠的妻子的特殊责任——顺从、安静和谦恭:见《提摩太前书》2:9-15)几乎完全由家庭承担。

在所有的学习阶段,最重要的功课就是学习顺从和尊严,但这类课并非简单易学。是自己顺从他人还是接受他人的顺从,是否要表现罗马有教养的人所看重的双重品质——尊严,即既骄傲又大度[①],什么时候以及涉及谁的情况下表现;或者人是否永远得屈从有权有势者的尊严,别无选择。他懂得要作选择就必须仔细掂量自己在社会中的地位以及要面对的人的地位。不过,人必须有意识地盘算的情况当然很少。关于恰当地尊重他人或是其反面的课程必须早学、学透,使它成为本能。无论一个人是家里的小孩还是奴隶,此类东西都是在家里学到的。保罗告诫罗马的基督徒说:“凡人所当得的,就给他,……当惧怕的,惧怕他,当恭敬他的,恭敬他。”(《罗马书》13:7)这句话里那套大家视为理所当然的等级体系,听者立刻就会明白。

---

① MacMullen 1988,69-70。

依附的仪式和道德

恐惧与荣誉:社会由荣誉感及其反面——羞耻——所控制。隐藏在荣誉感和羞耻感的约束力下面的是多种形式的恐惧感。据我所知,关于罗马帝国鼎盛时期的社会实际运行的方式,拉姆齐·麦克穆伦(Ramsay MacMullen)的描述最为生动。他在《腐败与罗马的衰落》一书的第二章里阐明,在纯粹由于贪婪的重压于3世纪开始解体之前,罗马社会如何遏制可能的冲突。"一个某种意义上只由两个阶级——有产者和无产者——组成"、以侵犯性的竞争为特点的社会有巨大的冲突潜能。麦克穆伦说:"罗马的解决办法是将依附关系仪式化和道德化,从而将人们禁锢于彼此之间稳定的关系之中。"①有产者和无产者之间的依附关系表现为一种形式,而有产者之间的依附关系表现为另一种形式。在罗马特有的保护人体制中前者被象征化、彻底地仪式化了。但性质相同、形式不太规整的情况却随处可见,在使用希腊语的东部并不比用拉丁语的西部少。受保护者以效劳和服从换取保护人的庇护,在某种程度上,还有这一关系带来的荣耀。有产者之间的相互依存关系的表现形式是友谊(amicitia,philia)。正如麦克穆伦所言:"在那个社会里,一个人的地位越高,人该为他做的就越多,而他该为人做的就越少。但是最高等级宁愿称

① MacMullen 1988,70,119。

作友谊而不是依附的那种关系甚至把互相负有责任的人也囊括进来。”[①]当然，即使在有产者之间，一些人比其他人更有势力，因此有一些叫做“友谊”的关系在结构上与叫做“庇护”的关系并无多大的区别。例如，某个被尊称为“恺撒的朋友”的人，尽管他肯定有自己的被保护人，因此很有光彩、势力很大，但他必然属于受恺撒庇护和制约之辈，《约翰福音》19∶12 中的彼拉多即为一例[②]。庇护者的荣耀沾到了被庇护者的身上，重要人物解放的奴隶也成了重要人物。恺撒的奴隶甚至会认为身为他的奴隶这一事实应该骄傲地刻上墓碑[③]。

在一个资源有限、等级金字塔陡峭的社会里，错综复杂的关系把大家维系在一起。有关的故事已经讲述多次。在世界的许多地方，特别是在环地中海的一些地区，这仍然是大家熟悉的现

① MacMullen 1988，70，119。

② 《约翰福音》19∶12：“从此彼拉多想要释放耶稣。无奈犹太人喊着说，你若释放这个人，就不是恺撒的忠臣。凡以自己为王的，就是背叛恺撒。”“恺撒的忠臣”的希腊语原文是“恺撒的朋友”，这说明恺撒是彼拉多的庇护者。而相对当地人民，他是庇护者，他们应该服从他。犹太首领们在提醒他，如果他无视群众的重大意愿，开释耶稣，当地可能出现动乱，而动乱有损恺撒的利益，因此可能危及他受庇护的地位。——译者注

③ Dale B. Martin 在其重要著作的第一章对奴隶的地位的不同看法——包括奴隶本人的看法——做过有趣的论述（Martin，1990，1-49）对这一问题作出重要贡献还有 Flory 1975 和 1978，Weaver 1972，Boulvert 1974，以及 Chantraine 1967。

象[①]。但是,它跟道德有什么关系呢?麦克穆伦评论说,体制顺利运行的原因在于"它把依附关系仪式化和道德化了"。答案的线索可能在此找到。仪式是种种公开、正式展现的方式,它强化体制内特有的价值,赋予它们必然性所具备的威力,即克里福·吉尔兹(Clifford Geertz)称为"看似完全现实"的东西[②]。人倘若认为情况并不确凿无疑,相关的道德信念便不可能增强也不可能持久。一个体制必须有足够的成员相信该体制体现的不仅是事物的现状,而且,至少在通常情况下体现了它们应该是什么状况;他们必须相信自己的行为方式不仅是必要的,而且是正确的。因此说,道德信念就是问题的关键。

竞争与和谐

一方面,该社会颂扬的美德是为了获得荣耀(概括为 philotimia 一词[③])而积极竞争。另一方面,促成和谐与和平的美

① 例如 Walcot 1970,Campbell 1964,Peristiany,Pitt-Rivers 1963。

② Geertz 1973,与 Berger 和 Luckmann 1967 作比较。

③ 在当今的希腊村庄 Vasilika(人类学家钟爱的一个地方),如果小孩不守规矩,就会受到责骂:"你不害臊吗?"但是,如果年轻人在公共场合无礼,人们则会用"难道你连名誉都不顾了?"的话责备他(Walcot 1970,59-60,参考了 Friedl,Sanders,Blum 以及其他学者的田野考察)。注意 Walcot 关于人不可避免地从"热爱荣誉"走向"嫉妒"的评论(83)。

德——在寻求声望与公众承认的急切竞争中最有可能遭到践踏的品质——也同样受到重视。例如,阿尔弗迪(Alföldy)从帝国的铭刻中搜集表达个人成就的措辞。他发现,形容词最高级受到青睐:一个人不仅仅是好、而且永远是最好的丈夫。他们甚至发明了最高级的最高级,如至爱中的至爱,上乘之物中的上乘,卓越超群、无与伦比等等,听起来像是好莱坞的宣传语言,而在希腊文铭刻中这种词语更为常见。什么事第一个做都能赢得荣耀:第一个以酒筵款待本城市民的妇女,第一个向本城捐赠十万赛斯特斯[①]的公民等等。但是,这类过分的自我炫耀在当时却既非怪事,也非绝无仅有。墓志铭里满是类似的"独特"人物,涉及该社会的典型美德时,这些人一律都超凡入圣。保护平民安宁的品行的确最受重视[②],希腊墓碑上最常见的词是"仁慈"(chrēstos),其次是"无害的"(alypos)。更完整的表达是"做众人之友,不给任何人添麻烦"[③]。

基督教徒们——皈依者的团体——频繁提到脱离当时的社会投向不同的制度。他们必须判断,这一转向是否意味着他们

① 罗马硬币。——译者注

② Alföldy 1980。

③ *Pasin philos outhena lypōn*; Tod 1951。Elias Bickerman 对这种态度的拉丁叫法是 *neminem laesi*,称其为"帝国体制下的异教准则"(Bickerman 1957, 327)。

需要对荣耀、成就、美德提出一种不同的理解。他们如果打算制定任何有效的道德观来适应其皈依话语之需，便必须找到另外的仪式以挑战现存道德秩序。但是，对他们而言，和谐高于竞争，因此，摆在面前的任务极其艰巨。他们在附和当时的普遍秩序的同时又试图改变它，看到这一点我们不应感到惊讶。

帝国中的城邦

城市是早期基督教道德形成的语境，现在让我们回到有关城市的问题上来。当然，刚才描述过的依附与庇护的结构在乡村和农庄与在城市一样重要，而且实际上是把城市与其乡村地带联系在一起的最强大的纽带。乡村的家族生活与城市家庭生活的情况一样，荣誉感和羞耻感无处不在。然而，城市为施行庇护、表演友谊提供了最引人注目的舞台。正是在城市里，大人物带着大群依附者和奴隶，一路招摇奔向浴室；雕像、石柱和公共建筑上刻印的文字颂扬那最可敬之人的善行；而根据人们端坐在宴会桌边的情况则可判断他们的社会地位。

帝国城市中的外邦人

基督教在城市中形成了自身的持久形态，但此时的城市已不同于亚里士多德时代的城市。“城邦的危机”始于公元前4世纪，有关的论述很多。显然，希腊化的各王国以及罗马帝国的兴起先后彻底地改变了城市里的政治形势。城邦的“新缔造者”或再缔造者保持并增强了自治的假象，但是无疑地这些国王、皇帝们在保护的同时对城市严加控制。读一下图拉真皇帝与比希尼亚和本都的高级行政长官普林尼之间的通信，或者狄翁·克里索斯托（Dio Chrysostom）对塔西恩人的演说，任何人都能看出，到了公元2世纪之初，城市的自治权显然已极为有限，因此感到痛心。狄翁警告塔西恩人说，亚麻织造工的抗议问题他们要是自己不解决，罗马人就会替他们解决，这样他们便会完全丧失自己珍视的共和体制下的言论自由（parrhēsia）①。

新帝国主义造成的政治变迁，加上罗马的道路以及和平带来的交通之便改变了城市的面貌。在全盛时期的雅典，外籍居民已经是一个重要的群体。罗马统治时期，移民始终是城市人口中的一部分，在所有主要城市里大规模的、有组织的移

① 关于城邦的危机见 Welskopf 1974；也见 Rostovtzeff 1957 的经典研究，特别是1：130-50，以及 A. H. M. Jones 1971。关于庇护体制在罗马与行省的联系——以及在后者的转变——中所起的作用，Badian 1958 以及 Bowersock 1965 的成果仍然是最重要的。小普林尼的书信的优秀英译本是 Radice 1963。Dio 对 Tarsians 的演讲见 *Or*. 34。

民群体随之壮大。我在别处曾试图描述新近出现的人口流动对早期基督教传教活动的重要性①,但本书关注的是人口流动对那些城市的居民的道德世界的影响。当人们从一种文化的社会转移到一个相差甚远的社会,他们的道德直觉往往不再与周围的现实相匹配。从乡村搬到城市常常造成同样的后果,移民他乡也是如此。如果搬进城的农民或农村工匠继续在城市周围的地里干活,四邻都是农村人,那么他们也许会固守旧价值不放。如果四邻都是来自同一地方的人,而且建立起同乡会和社区中心,移民的外来户感觉也可能减弱。他们通常以自己家乡的神祇为基础组建中心、社团。然而,在地中海地区的城市里,人们生活在公共空间,彼此距离很近,有巨大的压力促使移民同化——接受该城通行的文化,其希腊或罗马政体,通用的希腊语或拉丁语,常见的城市布局和建筑,以及公众对什么样的行为会在公众中赢得荣耀或招致耻辱的预期。

帝国主义与移民相结合的结果是,在某个特定地区,城市人口的社会比以前规模更大、更富有多样性;但是社会对自己有什么要求和期待,这些人却往往更不清楚,而且在总体上更缺乏控制力。学者们一致的看法是,在希腊化和罗马时期,有产者与无

① Meeks 1983,16-23;也见 Meeks 1986,19-39。

产者之间的社会距离加大,虽然与此同时,社会流动的机会——两个方向都有——大概有些微的增长[①]。正如埃克哈德·普吕马彻(Eckhard Plümacher)的观点所示,罗马的统治使什长阶层[②]以下的许多人很难在本城的公共生活中找到最能反映他们个人身份的东西。尽管当时变化的不均衡程度也许不如他所表述的那么高[③],但他的观点却很可能是正确的。无论如何,有一点很明确:对亚里士多德而言,城邦本身就是道德判断的主要参照群;但在希腊—罗马城市中的许多居民的眼里,情况就未必如此了。

犹太人

在典型的希腊—罗马城市里的移民群体中,犹太人是特例,其价值既在于帮助人们理解基督教的诞生,也存在于该群体本身。他们虽然循其他移民群体的通行模式组织社团,但在若干方面又特立独行。首先,先知对“偶像”的抨击使许多犹太人确

---

① 特别要参阅 MacMullen 1974。

② 在文职中指地方议会成员,一旦当选终生任职,管理当地的财政、税收、政治事务。后演变为富豪家族的世袭职务。在军队中指骑兵分队的军官。——译者注

③ Plümacher 1987; 也见 Fox 1987,50-53。Lane Fox 关于“异教徒与其城市”的整章论述(27-63)为眼下的讨论提供了有用的背景资料。

信，自己的一神崇拜远比周围的多神宗教和信仰融合优越。至少在帝国早期，这一信念防止了大多数犹太人参与所居住城市的多种仪式，从而强化了自己群体的疆界。他们是定居该地的外邦人，或曰异族、外侨，“以色列”已不是存在于朱迪亚或撒马利亚地域中的政治实体，此时她是什么？处境的矛盾性使犹太人对自己的身份以及《托拉》①的本质的看法有了改变。后者越来越被当做一套律法，因此应该像任何地方性的和祖先的律法——更确切地说，像一部城市(politeia)律法——那样得到罗马的承认和保护。以色列民族之所以独特就在于其习俗和传

① 托拉一词的意思是“教导”，即上帝对其选民犹太人的教导，指犹太《圣经》中的摩西五经(《创世记》、《出埃及记》、《利未记》、《民数记》、《申命记》)，是犹太宗教、思想、律法、社会的基本经典。有时也指包括成书的和口头的所有的犹太律法。成书的律法包括3部分：1，上述的摩西五经；2，先知书(《约书亚书》、《士师记》、《撒木耳记》、《列王记》、《耶利米书》、《以赛亚书》和《以西结书》以及所谓的十二小先知书——《何西阿书》、《约珥书》、《阿摩司书》、《俄巴底亚书》、《约那书》、《弥迦书》)、《那鸿书》、《哈巴谷书》、《西番雅书》、《哈该书》、《撒迦利亚书》、《玛拉基书》；3，圣书卷(《诗篇》、《箴言》、《约伯记》、《雅歌》、《路得记》、《耶利米哀歌》、《传道书》、《尼西米记》、《以斯帖记》、《但以理书》和《历代志》)。成书律法共24卷，犹太人称其《塔纳克》。口头律法是对成书律法的阐释，世代口口相传。在耶路撒冷的神庙被毁于罗马之手后，犹太人感到有必要把口头的律法记录下来，于是就有了2世纪记录的口头律法的梗概《密西那》。在此后的几个世纪中，犹太学者研究《密西那》，他们提出的问题和论述汇编成《革马拉》，而把《密西那》和《革马拉》汇编成一册的《塔木德》出现在505年左右(参见182页注①)。——译者注

统。在犹太人用希腊语写的文献里，摩西突出地被描述为犹太人的“立法者”和道德哲人①。

柏拉图和芝诺以其题名为《理想国》的著作，已经为关于理想的城邦的乌托邦想象铺平了道路，也为将城邦用做自我的道德心理的隐喻做好了准备。他们教导说，灵魂像一座城市，对抗的力量在其中争夺控制权，它因此需要强有力的治理。柏拉图派、斯多葛派以及罗马时期的折中派哲人多次运用这两种认识途径，阅历更丰富的犹太作者也积极采用。于是，根据斐洛对托拉的寓言式解读，摩西建立的理想国既是体现在亚历山大以及其他地方的犹太社会生活中的犹太准则的理想形式，也是在智者的灵魂中实现的和谐的世界共同体②。我们有理由认为，在亚历山大，多数犹太人未必都能遵循斐洛高超的推理。然而，对这个看来许许多多犹太人都接受的道德体系的意义，他的解释辉煌而动人。换言之，与许多其他移民群体的情况一样，犹太人组成的社群(politeuma)——或者不论一个具体城市中的移民团体叫什么——起了城市替代物的作用。他们根本的道德参照点是

① 关于罗马帝国统治下的犹太人的政治形势，Smallwood 1981 做的介绍最好。关于犹太教的内在发展，Cohen (1987a)作了包罗面较宽的概述。

② 关于斐洛，见 Meeks 1986,81-85。关于斐洛的论述汗牛充栋。就此地的论题而言 Goodenough 1938 仍然是重要之作，而有关斐洛的文化定位则以 Heinemann 1962 最为重要。

以色列，而不是亚历山大或安条克。以色列既是摩西的理想国的实际化身，又是超越地域和时间疆界的上帝子民的群体。而正如斐洛笔下的摩西讲的是柏拉图的形而上学和斯多葛伦理，把希腊文化中最崇高的元素糅进了以色列的宪章——托拉——的词语之中，犹太移民对以色列本身以及她在他们所在地的体现的理解同时又充满了希腊化—罗马城市固有的思想、价值、态度和关系。不管是犹太群体被所在城市的文化包围和同化，还是他们作为“看见［唯一、真正的］上帝的民族”的特殊感和优越感，强调这一矛盾的任何一面，结果都会看不清塑造了大流散中的以色列的道德风气的那种根本性的张力。

城邦中的基督徒

希伯来《圣经》数次提到以色列诸部落的庄严的大会——上帝之会。在西奈山的这次盛大的集会上，上帝给了他们托拉（例如《申命记》9:10;18:16）。在七十子希腊文译本中，大会一词选用的是 ekklēsia，该词的指称包括希腊城邦的公民投票大会（dēmos）。究竟是翻译者已经在某种程度上认为以色列是一个理想的共和政体，还是他们的词汇选择使斐洛、约瑟夫斯以及其他后来的作者这样认识问题？这一点我们无从了解。据我们所知，在希腊化的城市中，犹太人群体没有自称为

ekklesia 的。

生活在同一城市里的基督徒却抓住了《圣经》翻译者用来表达以色列的神圣大会的词，将它用到自己身上，这一点颇令人瞩目。到了现存最早的基督教文献——保罗的书信——的年代，罗马行省城市中的基督教群体已经喜欢自称为“上帝的会众”，就像新英格兰居民所说的“上帝的城镇教会”。少数几个新皈依者也许在某座简朴的房子里的餐室或中庭聚会，保罗称此为“帖撒罗尼迦人的教会（ekklēsia thessalonikeōn）”（《帖撒罗尼迦前书》1∶1），其中的讽刺意味可能并非故意。不过，真正的讽刺是，这一叫法贴切地表达了新教派与城市环境之间含混不清的关系，也是包含在该教派道德建构中的任务的标志。

基督教徒组建成以居所为基础的群体，体现了他们在城市中物质和社会地位方面的不确定性。他们依靠作为户主的庇护者的友好接待，采取了社团、行会、移民教派在城市中找到自己的空间的行之有效的方式。他们既没有可以利用城邦中公共空间的地位，又缺乏设立私人设施的资源。通过接受庇护，此类群体就在一定程度上融入使城市社会得以运转的相互性结构之中①。庇

① 有关这一模式及其意义，见 White 1990a。此外，Alexander(即将出版)比较各哲学流派，对向新出现的诸基督教群体提供的“政治”选项作了敏锐的审视。

护者的善行给自己增光添彩，从而增强了自己的政治能量[①]。反过来，庇护对象必须尊重该体制的传统价值，不给保护人抹黑，以便继续享受庇护。

早期基督徒所依赖的庇护体制的一个特点也许引起了他们的“政治”不确定性。传统的庇护人都是贵族阶级的城市元老。科林斯城内管银库的以拉都(《罗马书》16∶23)可能与碑文上提到的同名的科林斯市政官是同一个人。在我们讨论的时段里，除以拉都外，没有看到明确属于该阶层的任何其他人赞助教会[②]。换言之，扮演基督教群体的庇护者的人士大大体上不经常从事城邦的管理工作。最富裕的市民借助某些仪式资助城市设施，以此增强势力、提高声誉，此类仪式庇护者们也不参与。不过，那些等级在元老之下、资产充裕、雄心勃勃之辈模仿庇护人与被保护人的相互性关系的模式。而且，该模式中显露的城市价值观向下渗透到那些地位比较模糊、向基督徒提供家庭基地的人中。这样，基督教群体与城市的关系中便有了某种缓

① 越来越多的妇女充当庇护者的角色，使她们得以在城市生活中起更大的作用，有关铭刻中的证据，见 MacMullen 1990，162-68。

② Fox 于 1987 年清楚地说明了这一点(733-34)。但是，正如他所主张的，很难由此下结论说我们讨论更低的社会阶层中类似的相互性关系时就不能用庇护者与被庇护者的概念。关于 Erastus，见 Meeks1983(58-59) 根据 Theiβen 1982(79-83) 的论述。

冲，将其与元老阶层隔开。但是互惠的态势、荣誉以及依赖关系中的道德观念不可避免地存在于那些群体占据的有形空间之中。

詹姆斯·S. 杰弗斯（James S. Jeffers）对两份1世纪末的罗马基督教文献做了非常有趣的分析。如果他的分析正确，可以说，这两份材料生动地表现了模糊的社会地位引起的价值冲突。第一份文献是罗马教会给科林斯的基督徒的信，一般叫做《克雷芒前书》。其作者看来与当权的精英相当熟悉，跟他们有许多共同的道德情感：把城市的和谐理想化，厌恶争斗，坚决拥护父权家庭，赞成城市中的地位等级制度，主张服从庇护人等等。人们管另一份文献叫《赫马牧人书》，其作者的社会地位显然较低（解放的奴隶，失败的商人；颇具讽刺意味的是，按杰弗斯的看法，克雷芒可能也是解放的奴隶，不过属于社会上层的弗莱维家族）。虽然赫马承认教会必须依靠富人，但他对他们的态度远比克雷芒的更严厉。杰弗斯说"赫马颠倒了庇护人与被庇护人的关系"，此话尽管有夸张，但我们应看到，赫马在其寓言中描述由榆树（强大但除此以外一无成果的富人，*Similitudes* 2）托起葡萄藤蔓（信仰坚定的穷苦人），确实将两者关系的重心作了相当大的转移。对赫马而言，达到教会和谐统一的途径不是实践公民美德,而是依靠保持纯洁,并与社会隔离①。

伪外邦人

回溯到早于上述文献四五十年的时代,新宗教的巡游使徒刚刚开始按自己的需要改造罗马和希腊的家庭以及庇护体制。我们不断提到的保罗的第一封信就属于这一时期,我们在信中找到了更多的线索。自从保罗上一次来访,帖撒罗尼迦的皈依者遭遇了本族同胞——原来城里与他们最亲近的人——的敌意,压力很大。保罗把这一经历与朱迪亚的基督教团体(朱迪亚地区的上帝的各教会)丁初期在反对基督教运动的犹太人手里吃的苦头相提并论(《帖撒罗尼迦前书》2:14)。帖撒罗尼迦的基督徒的具体情况是,他们的亲友不是犹太人,而是仍然在崇拜

① 引自 Jeffers 1991,134。Jeffers 层层递进的、主要是假设性的论点有问题,但是,合理地阅读此类文本,至少可以看到它们很好地表现出家庭道德观念不同的潜在作用。Maier 带着不同的问题讨论这些文本,他也强调内在于庇护制度中的等级秩序与《赫马牧人书》里特别突出的反文化倾向之间的张力。他认为赫马"把伦理当做培育一种共同身份的手段,而创造共同身份的目的是保护教派不受外部世界影响"(73),这就是书中章节的目的。关于赫马见到的神示异象,Lane Fox 作了若干明智的评论,不同于 Maier,Jeffers 以及其他学者基于社会学角度的论述,在一定程度上是使讨论更为平衡的有益贡献。但是目前还没有对这部描写罗马世界里流行起来的基督教的复杂而独特的作品的最终结论。也见 Osiek 1983 和 Lampe 1987。

皈依者已经抛弃的偶像的外邦人(1:9)。可是,保罗在信里把皈依者当做犹太人,说他们在性生活方面不应该"像那不认识上帝的外邦人。" 通过皈依基督教,他们变成伪外邦人①:他们处在向下一世纪的阿里斯泰迪斯(Aristides)以及其他护教士所颂扬的"第三族"转变的过程中。

在1世纪后期,一封以保罗的名义写给"那分散在本都、加拉太、加帕多家、亚西亚、庇推尼寄居的,就是被拣选的人"的信中(《彼得前书》1:1),移民生活的隐喻用得更多、更直接。这封信与《帖撒罗尼迦前书》一样,是写给主要由前异教信徒、而不是犹太人组成的听众。与约翰·爱略特(John Elliot)的看法相反②,我们并无理由认为这些人实际上都是他提到的四、五个行省的城镇里的外来居民或出自乡村的外来人口。恰恰相反,我们再次看到,皈依者与移民、特别是犹太移民有内在的相似性。信中明确地将至关重要的基督教家庭(爱略特对其重要性作了恰如其分的强调)等同于以色列,用比喻的语言说明皈依者正在被融入这一家庭。原来的化外之民变成了"上帝的子民","是被拣选的族类,是有君尊的祭司,是圣洁的国度,是属上帝的子民。"(2:9-10)。作为一个有自我意识、有组织的外来居民的群

---

① 见61页注①。——译者注

② Elliott 1981。

体,以色列在大流散城市里的经历直接被新生的教派接了过去,用于解释自己在同一城市中的社会和道德境遇。

谁应得荣耀?

我们至此已经考察过的隐喻显示,皈依者,即所谓伪外邦人,脱离了城市里范围更广阔的生活。我们马上会看到,这虽然只是事情的一个方面,却是早期基督教自我意识中的重要部分。要皈依便需要改变参照群体和参照个人,即我们事实上或在想象中指望向我们提供标准、表达赞同或反对、对我们的状态进行衡量的群体和个人。参照群体和个人对于城市的正常生活至关重要,早期基督教的警诫类著述首先就是试图以基督教群体本身及其英雄和领袖替代旧的参照群体和个人①。

要清楚地了解参照群体的变化所起的作用,一个办法就是诘问:关于荣誉与羞耻——遍布古代社会的约束性价值,基督教诸群体是否有不同的观念?这是一个很大的问题,以后的章节还会论述,不过在充分讨论之前可以做几点评论。保罗对帖撒罗尼迦人说自己为他们忧心忡忡,显然,他的荣誉受到了威胁。

① 由于篇幅的限制,这里无法对"参照组"和"参照个人"的概念作更详细的说明。关于这一点以及对保罗书信中此类参照的不同功能的分析,见 Meeks 1990a。

他们的失败即说明他的“劳苦归于徒然”(3:5)。他称他们是他的“盼望和喜乐,并所夸的冠冕”,他的“荣耀和喜乐”(2:19-20)。不过这个说法的语境是对将来耶稣的光荣降临(parousia)及最后的审判这一基督教的独特信念。使徒的荣耀或羞耻将在“公众”面前彰显,但这里的公众不是城邦广场上的公民,而是卓越、超然的一群:上帝和耶稣,以及他们的“诸圣徒”。尘世的会众当然就是基督教群体本身。有效参考群体的改变幅度可以大到竭力颠倒自己圈外的大社会衡量荣耀和羞耻的标准,“消灭”那些约束的力量①。如果一个群体的缔造者被公开以最耻辱的方式处决死去,该群体必须采取某种措施应对这一事实。他们有时采取的措施是让尘世的荣耀看起来像耻辱、而耻辱却像荣耀,这一点并无惊人之处。于是,我们看到,《使徒行传》描述众使徒受到犹太教公会盘问后被释放时“心里欢喜,因被算是配为

---

① 关于把“消灭”用作促成皈依或维护皈依教派的一种策略,见 Berger 和 Luckmann 1967,159-60。Lane Fox 认为基督教徒团体“主张完全绕过地位和权力,”(1987,321)这种说法不正确。确切地说,基督徒对地位和权力做了新的界定。不过,我们同意他们的这句话:“它能够……向不再迷恋于炫耀财富、从严酷的权力运作和日渐凝固的等级差别中醒悟过来的人们提供一个可供选择的群体和替代价值”(同上)。保罗写给科林斯人的书信全部都可以用来证明这一观点,虽然保罗在各信的行文中使用讽刺手法的原因很清楚:对于他训诫的对象而言,“等级的差别”——无论是老的还是新的界定——都的确是很重要、很麻烦的问题。

这名受辱”(5∶41,斜体为引者加)。

然而,基督徒在很大程度上仍然看重外界大社会里的荣辱标准。保罗写道:“凡人当恭敬的,恭敬他”(《罗马书》13∶7),重复了关于尊重政府权威的传统告诫。《彼得前书》沿袭同样的传统说:“务要尊敬众人,亲爱教中的兄弟,敬畏上帝,尊敬君主。”(2∶17)基督徒与任何移民群体一样,希望被看成“作安静人”,不惹是生非,不虞匮乏,简言之,要“向外人行事端正”(《帖撒罗尼迦前书》4∶11-12)。教会聚在一处的时候,蒙圣灵感应者口吐种种奇怪的言辞①,此时,如果外人碰巧进来,就会指控说他们癫狂了(《哥林多前书》14∶23),而这无疑会使教会蒙羞。基督徒的行为必须相反,其端正的品行甚至能让诽谤者认识到“鉴查

① 希腊文本中的glossolalia,英语文本中的speaking in tongues,本意是口说语言/方言,中文《圣经》中的译文是“说方言”。《新约》中这个词组出现多次,用来表达一种神迹,即人得到神授超凡能力,嘴里不由自主地使用自己不会、但属于听众的语言、方言,来宣传、证实基督的福音(例如《马可福音》16∶17;《使徒行传》2∶3-11;10∶44-48; 19∶6;等等);或者以奇异的言辞充满激情地祈祷、赞颂上帝,再由一个同样有神授超凡能力的人把意思翻译给众人听。希腊化地区的居民受传统影响(如有神秘色彩的酒神崇拜、特尔斐的阿波罗神庙里女祭司的神谕等),很容易接受这一类神迹。保罗对它的态度是承认(《哥林多前书》12∶8-11;14)但不推崇。他在《哥林多前书》12∶28-31;13∶1-8;14∶2-9明确说并不是所有的使徒都有此类特异功能;而且以先知身份讲道,劝勉、教导众人比表演神授异能更有实际意义。——译者注

的日子，归荣耀给上帝”（《彼得前书》2:12）。当然，此话意味着基督徒的道德规范必然与圈外人的相差不远。

这点并不使人惊讶。毕竟，在非基督教的道德理想里，城市中的家庭是城市的缩影，而且——正像我前面提到的——就权力的种种现实而言，它也是城市的更复杂的缩影。城市家庭一直被称作早期基督教团体的“基层组织”，我们在自视为皈依者的运动与希腊城市的道德世界之间看到的矛盾和张力全部都集中在举行“上帝的聚会”的家里。洗礼仪式的套话宣告，他们已经摆脱“旧我”，成为“新人”，旧的社会关系已经被上帝的子民——兄弟姐妹——组成的新家庭取代。在这个家里，“并不分犹太人、希利尼人、自主的、为奴的、或男或女”（《加拉太书》3:28）。然而，家里的生活还在持续。基督教兄弟姐妹们还有血缘上的同胞，他们也许也是基督徒，也许不是。基督徒奴隶有主人，基督徒妻子有丈夫，作为户主就负上了对自己的庇护者和被保护人以及城市社会网络中的平级成员的责任。的确，最低阶层的预言者也许会在恍惚之中得到“上帝的启示”，从而有权在家庭聚会中讲话、发指示。但是这个家属于谁，大家都还是了然于心。妇女有时的确会异乎寻常地在新团体里起领导作用，可是不久就遭遇强烈的反对。当然，在特殊情况下，使徒保罗会给某位户主写信说他应该欢迎有过失的奴隶回来，说他“不再是奴仆，乃是高过奴仆，是亲爱的兄弟，……这也不拘是按肉体说，是按主说”（《腓利门书》16）。但是在别处，他把奴隶制看成无关紧要：“你是作奴仆蒙召的么？不要因此忧虑。”（《哥林多前书》7∶21）。保罗的门徒以及其他的领头人物不久就在重复古老的希腊治家规章：“你们作仆人的凡事要存敬畏的心顺从主人。……你们作妻子的，要顺从自己的丈夫……”等等，不一而足。

矛盾的隐喻

在早期基督徒的象征语言中，城市的影像突出，且具矛盾性。城市住户中的各色群体认为自己是寻找上帝所经营所建造之城的朝圣者（《希伯来书》11∶10，16；12∶22；13∶14）。他们有些人把自己周围的城市，特别是罗马，看作邪恶的巴比伦，那座吮吸上帝的见证者之血的淫荡之城。尽管如此，他们又想象一座不同的城市——那天国的耶路撒冷——将要到来。只是在后来，才有一些基督徒视现存的城市、甚至其基本单位——家庭——为邪恶之地，并因此遁入沙漠。一部出自无名作者、题为《致提奥格内图斯书》的护教著作解释道：“基督徒与其他人的差别既不在于地域，也不在言谈或习俗。他们并非在某地有自己的城市可以栖身，没有自己奇异的方言，生活方式也并非异乎寻常。”对于大多数人走的含糊的中间路线，再也找不到比这更清楚有力的说明了。该信接着说，无论在希腊的还是在蛮族的城市里,基督徒遵循当地所有的习俗,而同时又以某种方式显露出“他们自己团体令人惊异的古怪体制”,话听起来似乎很矛盾。接下来是一连串充满矛盾的东西,颇让人惊叹。篇幅太长,因此无法在此全部援引。其中最奇特的说法是:“就灵魂对身体的关系而言,基督徒生活在人世。灵魂遍布身体的各器官,基督徒遍布世界各城市。”(《致提奥格内图斯书》5:1—6:2)

关于道德群体的传统思考有两种重要体系,它们形成了基督教道德话语的范围:一种集中于希腊人的城邦,另一种集中于以色列民族。有教养的基督徒的著述中持续回响着城邦内以及关于城邦的道德话语的悠久传统。城市居民在依赖与保护、荣誉与遵从的复杂关系网中得到定位并享受稳定。关系网也紧紧地控制住基督徒,而他们以不同程度的巧妙方式调整这些关系,使之适应自己的需要和新观念。犹太人在大流散中的特殊经历以及他们特别的自我意识——不仅是与他人竞争的外邦人,还是那独一无二的上帝的独特民族,一个与其他民族类似、却又高于他们的民族,所有这一切都在形成中的基督教情感里引起奇特的反响。然而,基督徒与犹太人不同,他们没有家园。可以说,他们因为皈依而成为移民。因此,那个城邦——他们对其负有责任,它的法律他们必须遵守,它的风俗塑造了他们的生活——他们的体制社会在哪里?是否如保罗在给腓立比人的信中所言在天上？或者它是能够在人间诸国中实现的一种替代政体？早期基督徒未能对这些问题作出明确、令人满意的回答，但我们不能责怪他们。三个世纪后圣奥古斯丁在他最伟大的论著中考察这个问题时，城邦的影像仍然控制着他的构想。上帝之城与尘世的城市如何相互交织，即使奥古斯丁也只是提出这个问题，而未能最后解决。这个问题世世代代困扰着基督教伦理，理查·尼布赫（H. Richard Niebuhr）将这个问题命名为“基督与文化”①。今天，它以新的方式成为摆在了基督徒及世人面前的紧迫问题。

① Niebuhr 1956。

第四章　热爱且仇视人世

耶稣说："任何人了解了世界，就会发现它是一具死尸，而这样的世界是不值得他关注的。"①当然，说这番话的不是正典中《福音书》里的耶稣，而是《托马斯福音》里所谓的"活耶稣"。该福音书的序言称"活耶稣"说的话含义晦涩，这点不难理解。《托马斯福音》大约于2世纪某个时期出现在叙利亚，随后的几个世纪里它在基督徒中广为传播，直至被新兴的正统教会禁止。1945年在埃及发现了该书的科普特语版本，在此之前该福音书一直不为人知②。

---

① 《托马斯福音》56(42.29-32)。我的《托马斯福音》的引文全部出自雷顿1987年的译文。引用《托马斯福音》的惯例是说明该文献的科普特语抄本的页码和行数(如这里的42.29-32)，还有早期文本给耶稣的每段话的编号(如这里的56)。

② 在Oxyrhynchus发现的希腊语残片在19世纪与20世纪之交出版，但是在Nag Hammadi附近发掘出的文献堆中找到其完整的文本之前，它们到底是什么并不清楚。关于《托马斯福音》，现在我们拥有丰富的文献，包括数种版本和译本。权威版本是Bentley Layton本，由Thomas O. Lamdin译，包括Harold W. Attridge翻译并编辑的希腊语残片(Layton 1989)，收在*The Coptic Gnostic Library*(Layton 1989)系列的第一卷。

在基督教早期，与耶稣的弟弟犹大①有关的著述有若干种，《托马斯福音》为其中之一，而为首的使徒犹大书信成为《新约》的一部分。托马斯的圣传似乎很对道德标准严格的基督徒的胃口，特别是叙利亚和埃及的基督徒。不过它是否跟早期教会的某个特定的派别（或谓异端）有关尚未可定②。不管怎样，我们

---

① 按照基督教的传统观点，耶稣是"无沾成胎"，即马利亚是从圣灵怀孕，而且她终生都是童贞女，因此耶稣不可能有任何血缘上的兄弟姐妹。但是《新约》中确有几处提到他的兄弟姐妹（如《马太福音》12∶46，13∶55-56；《马可福音》3∶31，6∶3；《使徒行传》1∶14；《加拉太书》1∶19 等），天主教对此的解释是：希伯来语和阿拉姆语里没有直接表达同父异母和同母异父的弟兄，表、堂弟兄、侄子外甥的词，往往用"兄弟"或"某人父亲的兄弟的儿子"这样的迂回说法代替。于是《七十子希腊文圣经》里便相应地用兄弟"adelphos"来表达上述的关系。福音书最早的希腊文本也如此。因此《新约》里"adelphos"的意思不仅仅是亲弟兄，还包括同父异母和同母异父的弟兄，表、堂弟兄，甚至其他远近亲戚。天主教会引用《新约》中相关的文本证据说明被称做耶稣的弟兄们的雅各、约西、西门、犹大的父、母到底是谁，跟约瑟或马利亚可能是什么关系，声称由此可以确定他们实际上是耶稣的表、堂兄弟，只不过有时无法确定到底是表还是堂兄弟，或者是血缘还是婚姻造成的表、堂兄弟。此外，他们还引用《新约》中其他一些例子说明"兄弟"一词还用来指完全没有亲戚关系的门徒、信众（如《马太福音》12∶47-50；《使徒行传》1∶15-16，15∶13 等）。东正教会中绝大多数的意见基于猜测：雅各等人是约瑟从第一次婚姻带过来的儿子，所以他们与耶稣只是完全没有血缘关系的兄弟。新教中则很多人根据《马太福音》1∶25 和《路加福音》2∶7 接受耶稣确有弟兄的观点。——译者注

② 有关"圣托马斯派"的概况，见 Layton 1987，359-70。我们将在第八章里进一步论述托马斯传统。

研究早期基督徒对"这世界"的不同看法时,这一圣传提供了一个适当的出发点。下面我们会看到,在早期基督徒更为"正统"的文献中——包括《新约》,蔑视"这世界"(kosmos)的晦涩或不很晦涩的议论并非罕见,而这些言论体现的判断和态度必然有其道德方面的后果。假如尘世只是一具死尸,而且,由于认识到它是死尸,它便不值得我们关心,那么,我们就不会为诸如更公正的经济体制或者改善穷人的住房条件一类的事情浪费许多时间。

成为遁世者

实际上,虽然《托马斯福音》中的许多话很晦涩,但是我们却不难想象与其中费解、同时往往又很巧妙的比喻相符的那类生活中的若干侧面。这种生活脱离了普通生活,并且受到它的威胁。正如若要防备强盗,乡村庄园主必须加固其庄园,信徒们被告诫说:"警惕尘世,把自己结结实实地武装起来,以免强盗找到办法攻击你。预料中的灾难是要降临的。"(21b,37:11-15)考古学家在遍布罗马帝国的堡垒型别墅的废墟上向我们指出,这是符合实际的忠告。可是,《托马斯福音》中的耶稣说的话却根本不符合常识。根据常识,只有拥有大量财富、奴隶以及其他侍从——必要时这些人可以编成一支小型私人军队,而且要有一个由有势力的亲戚和朋友组成的大网络,安全才有保障[1]。但是财富、侍从、家庭这三种保障手段遭到以托马斯方式了解世界的人士的拒斥。信徒们武装自己的力量是内在的,不是人们凭直觉要求的物质手段。上面的引语之前有个短短的对话,对话运用各种比喻来描述这一冲突:"马利亚问耶稣:'你的门徒像什么?'他回答说:'他们像住在一片不属于自己的土地上的小孩。土地的主人来到时对他们说:"把我们的土地还给我们。"小孩们在土地主人面前脱掉身上所有的衣服,归还了土地'。"(21a,6:33-37.5)

赤身裸体是《托马斯福音》里一个重要的隐喻。"耶稣说:'你脱去衣服、赤裸身体而不感觉羞耻,你像小孩一样,把衣服放在脚下踩着。这时,你会看见上帝的儿子'"(37,39:29-40.1)。不过,我们不能认为最早读《托马斯福音》的人组成了裸体群体。脱掉的是一切使人受"这世界"束缚的东西,即通常的社会结构,这一语言隐射洗礼。弃绝应该是基督徒生活的特征,《托马斯福音》圈里的基督徒把洗礼中仪式性的脱衣视为表达弃绝的一种隐喻[2]。

---

① 相关论述见诸如 MacMullen 1988,71-84。

② 这最后的一点是 Elaine Pagels 在评论本书的初稿时提出的,非常有用。也见 Smith 1965。

财富就是这样一种该弃绝的东西:“你要是有钱,不要外借生利,而要把它送给一个无法还你的人”(95,48:35-49.1)。初次听来,这一忠告很像庇护制中通行的道德规范。按照古代惯例,富人把东西给一个无法偿还的人就使他背负义务,给自己带来更多的荣誉,而且多了一个依附者。然而,《托马斯福音》中的耶稣对财富为何物却有不同的看法:“了解尘世并且富裕起来的人应该屏弃尘世”(110,51:4-5)。在《托马斯福音》关于大晚餐的寓言里,受到邀请的客人无法赴宴的原因是生意上的瓜葛(商人要来付钱,或我买了一座房子)以及社会往来(朋友结婚我要请吃饭)。其寓意是,“做生意的人不能进入我父的殿堂”(64,44:10-34)①。就像人们更为熟悉的登山宝训中的耶稣一样,这里的耶稣说:“穷人有福了”,而且是由衷之言。

在《托马斯福音》看来,家庭是又一个束缚人的致命拖累。我

① 《托马斯福音》64 中的寓言说:主人准备了丰盛的晚餐,叫奴仆去请人来享用。奴仆找了 4 个人,但他们分别以要等批发商来付钱、刚买了房子顾不上、要为朋友准备婚宴、需要出去收租等为由谢绝邀请。主人最后对奴仆说:到街上去找客人。生意人是不会来的。——译者注

们在对观福音[①]里看到的憎恶父母、兄弟、姐妹的话以两种不同的方式在这里出现(55,42:25-28;101,49:32-50.1)。与对观福音里的耶稣一样,这里的耶稣不愿解决因父亲的财产产生的兄弟纷争(72,46:1-5),“凡遵行天父旨意的人”就是他真正的兄弟姐妹和母亲(99,49:21-26)。可是,他更进一步说:“认识自己父母的人,我们都可以管他们叫娼妓之子。”(105,50:16-17)。也许,这句话记述了圈外世界对信徒——他们声称有看不见的天父和母亲——的嘲讽。天国的家庭无法与宗族的纽带相容,“耶稣说:‘门口站着许多人,可是只有孤独者才能进新房’”(75,46:11-12)。他对门徒们讲的最简洁的话是:“当过路人”(42,40:19)。若要得救,必

① 在四卷福音书中,《约翰福音》虽有与其他3本福音书类似的地方,但在内容、观点、侧重点、用词和风格等方面都在相当程度上自成一体。而在《马太福音》、《马可福音》和《路加福音》之间虽然存在细节、顺序、繁简、风格上的差异,但它们以类似的方式(包括用词、内容顺序等方面)讲述基本相同的故事,因此被称为对观福音。几代《新约》学者们从不同的角度、根据不同的理论对文本做了细致的分析,提出了不同的假设进行解释,其中影响最大的是两种来源论和四种来源论。前者假设:《马太福音》与《路加福音》成书晚于《马可福音》,而且它们的材料一部分来自《马可福音》,另一部分来自一个业已失传的文本和口头传说——以德语Quelle(来源)一词命名的Q文本。后者假设:《马太福音》的材料来自1,《马可福音》,2,Q文本,3,自己独特的来源M文本;而《路加福音》的材料来自1,《马可福音》,2,Q文本,3,自己独特的来源L文本。虽然迄今为止问题尚无定论,恐怕也不可能有定论,研究者至少揭示,正典福音书的形成是一个历史过程,不仅涉及当时、当地的社会、政治、文化环境,也涉及不同文献之间的相互作用。——译者注

须切断尘世关联。

在托马斯看来，身体是切换点：人在这里遭遇尘世，也在这里切断联系。在《托马斯福音》中，性的意象显得很负面。这里的问题与通常在古代道德说教里见到的不同，不是出在性导致享乐或情欲，因此损害了理性控制，而是出在它把我们与这世界联系到一起。它导致了依附。"那依存于身体的身体是不幸的，而那依存于这两个身体[①]的灵魂则为悲惨"（87，48：4-6；比较112，51：10-11）。本章开篇时用的引文的另一个变体是"任何人只要熟悉了尘世就是认识了*身体*[to sōma]，而认识了身体的人便不屑于尘世"（80，47：12-14，斜体为作者加）。因此，"更高一筹的孤独者有福了，因为你们将要找到天国"（49，41：27-29）。这里想象的好生活不是跟社会有紧密联系的生活。对观福音中耶稣的话实实在在就指摧毁耶路撒冷的神庙，在第四部福音书中则指的是耶稣之死以及复活。而《托马斯福音》里的耶稣说："我将推倒[这座]楼，谁也无法再盖"（71，45：34），他很可能指社会构架解体，然后尘世本身瓦解。

《托马斯使徒行传》——一个属于同一传统、但稍晚的文

① 第一个身体指物质世界、尘世、"这世界"，第二个指肉体。在此节后面的112节中托马斯让耶稣说"诅咒那依赖灵魂的肉体，诅咒那依赖肉体的灵魂"。像其他一些诺斯替派一样，托马斯派把灵魂挣脱肉体、尘世的束缚当做追求的目标。——译者注

本——以更虚构的方式体现了《托马斯福音》里耶稣的话表明的道德观。该叙述成于3世纪初的叙利亚，流传下来的有希腊语和古叙利亚语两种版本①。此书明确把犹大·托马斯定为耶稣的孪生兄弟（托马斯这一名字反映出阿拉姆语或古叙利亚语里“孪生”一词，犹大的希腊语名字是Didymos，意思是同一/同样之物），以希腊—罗马时期的流行故事或传奇的文体叙述他的一系列绝妙恶作剧。《托马斯使徒行传》里苦行、游走、孤独的生活似乎是拯救之路，在这些故事里，这种生活被表现为使徒托马斯被耶稣卖给一个旅行商人——给他当建筑师——后的种种冒险经历。这些故事发生的背景、意象颇有些奇异，但使徒的行为及其布道中的道德意义却往往很现实。故事反复渲染、最引人注意的是呼吁人们禁欲。不过使徒教导的要旨里也有比较世俗的成分，包括对奴隶和穷人的关注。以托马斯来到贡达弗罗斯国王的宫廷这一故事为例，它叙述了使徒如何从国王手中拿到一大笔钱给他盖一座豪华宫殿，结果却把钱都用在了“穷苦人”身上。国王得知自己公然被骗，下令活剥托马斯，然后再火焚。但是贡达弗罗斯刚刚死去的兄弟活了过来，报告说他在天堂看到一座

① Hennecke 1965里收了《托马斯行传》的英语译文和介绍（2:425-31），查找方便。它依据的是Bonnet编辑的标准希腊语本（Lipsius和Bonnet 1959，3:99-288），人们一般认为该文本比尚存的叙利亚语本更接近原本。A. F. J. Klijn把后者译成英语，并做了很有价值的评论（Klijn 1962）。

漂亮的宫殿,它属于国王!托马斯于是得救。

强调对穷苦人的关注是犹太道德风气的一个特点,源远流长,在《旧约》中颇有体现。这一特点从犹太传统及《旧约》进入早期基督教,扎下根来。但是,《托马斯使徒行传》里贡达弗罗斯一节以其夸张的效果却暗示了别的东西——彻底翻转的价值观。朱迪思·珀金斯(Judith Perkins)把次经中的诸使徒行传与流行传奇(二者有某种类似)进行比较,她指出,后者的美满结局重申社会上广为接受的价值("真正的爱情以及合法的婚姻"——卡里顿[Chariton]),而"《托马斯使徒行传》却严厉地反对社会,自始至终寻求社会阶层及关系解体。他们提出的超越人类社会的目标——死亡,实际上是对当时社会的一种否定"。①

获得真知之士逃离尘世

如果说托马斯外经中流传下来的部分确实能体现一种完整、协调的传统,那么这个部分未能向我们说明为什么撰写这些作品的基督徒们对"尘世"——主要指人类社会和文化网络——持如此强烈的否定态度。然而,具有更强的哲学倾向的其他群体在基督徒中间也同时成长起来,他们开始以精巧的神话和对

① Perkins 1985,213。

《创世记》的头几章的思辨性的阐释清楚地表达对世界的或多或少相似的看法，其中一个群体自称"诺斯替派"。这个独特的希腊语词 gnōstikoi 以前似乎只有柏拉图及其学派中人用过，但从来没有人这样自我称呼。它的意思大约是"走向了解[或认识]"，"认识能力的"，"增进知识"，或者"能知"①。诺斯替信徒们声称自己了解的事情之一是物质和人的世界出现的方式，以及它们为什么如此不完美。

诺斯替信徒们教导说，从前只有第一原则，即作为总体之父的纯精神。但是那唯一的原则开始向外、向下伸展，扩展成为一个精神宇宙的多重体，即总体。然后，出现了一个致命的错误：伸展过程中的一个生成物，通常叫做"智慧"的阴性原则要求独立，冲破总体的疆界，寻求建立自己的世界。由于智慧的鲁莽行动，一个有时被称做"Ialdabaoth"（希伯来圣经中"万军之主"的耶和华的讹误）的非精神存在物盗取了精神宇宙的一部分力量，创立了物质世界。众精神力量随之设法欺骗 Ialdabaoth，结果创造了人，其中有些人具有从上天盗取的力。总体之力最终将从天上派一位救世主下界。救世主有不同的名字，他将向得到特别眷顾的人宣告获救的消息，这些人就是诺斯替信徒。他们将与救世主一起回到天国，使物质世界丧失力量和理性，结果崩溃

① Smith 1981。

成为不存在。与此同时,一切理性力量将回归统一,享受万物之初的恬静①。

2世纪最有学问、最具想象力的基督教思想家之一是一个名叫瓦伦廷(Valentinus)的人。他生于埃及,在亚历山大受教育,在该地接触到犹太智者斐洛的圣经阐释,此类阐释后来在亚历山大其他的基督教导师——奥利金(Origen)②和克雷芒——的思考中起了重要作用。瓦伦廷约在2世纪中期之前移居罗马,像殉道者查斯丁和马西昂一样,在那里建立了一所学校。瓦伦廷接受了诺斯替派的经典神话,把它与托马斯传统的核心思想——依靠自知得救——相结合。与《托马斯福音》中的耶稣一样,瓦伦廷教导说,彻底了解内在的自我(即能够获得此类

① 这部分是我对雷顿书中(1987,12-13)关于古典诺斯替神话的概要的改编。雷顿在书中简明地勾画了 *Secret Book of John* 中叙述的故事情节。

② 亚历山大的奥利金(约185-约254)有良好的希腊哲学背景,熟悉《圣经》,是早期教会最重要的神学家和《圣经》学者。他18岁就从克雷芒手中接过亚历山大的教理学校校长之位,引导多名学生皈依基督教。他致力于新柏拉图主义、斯多葛哲学与基督教信仰及基督教的《圣经》阐释的融合,加强了这一信仰的智性因素并由此增强了它对知识水平较高者的吸引力。他第一个提出从寓意的途径理解《圣经》,他的《旧约六合本合参》是《圣经》的第一部批评性文本,其后1000年没有超越者。他阐述的问题包括圣父、圣子、圣灵的概念和关系,堕落与得救,自由意志等。虽然他的神学思想与后来的正统有差距,他的学识、纯正的品格为他赢得后世的高度尊敬。——译者注

知识的人的内在自我），就是了解那不可言喻的上帝。瓦伦廷的著述奥博、富有诗意，他鼓励弟子们建立自己的学校。借助著述和弟子，瓦伦廷对世界及基督教救赎的看法得以迅速、广泛地传播。由于各个弟子都引入新思维，他的思想产生了无数种变体[①]。

诺斯替派和瓦伦廷派的神话和评述显然表明，符合他们称颂的真理的生活，其目标是逃离世界，而不是拯救它。然而，这一看法导致了什么样的日常行为，我们无法作出详细的解释。日后成为正统教会的基督教派正缓慢地在罗马帝国的大多数地区取得优势地位，攻击诺斯替派和瓦伦廷派的就是该教会的辩护人，现存的描述他们的品行的古代资料都出自这些攻击者之手。这些文本不仅称“异端分子”犯了错误，还把他们描绘成邪恶、肆无忌惮、放荡之徒。鉴于古代辱骂话语的常规，我们对此并不感到惊讶。然而，有时连教会的辩论家也把某些瓦伦廷分子描述为苦行主义者，而非放荡分子。我们不清楚这些团体的社会形态，弄清他们的道德观的具体特征的工作因此变得更加

① 关于诺斯替派的历史以及瓦伦廷对其教义的改编，见 McGuire 1983 以及雷顿书中（1987，5-22，217-27）的概要。在相关的原始资料方面，雷顿也提供了最有用、最方便的英译集子。有关瓦伦廷在亚历山大的文本阐释传统中的地位，见 Dawson 1992。

困难。伊里奈乌斯(Irenaeus)[①]把瓦伦廷之前的诺斯替信徒称做hairesis,人们有时把该词理解为现代社会学意义上的"教派"。(约瑟夫斯在描述1世纪犹太教里的派别时提到法利赛派、赛都该派、爱赛尼派[hairesis]。)[②]然而,hairesis一词当时经常指哲学学派(罗马时期的哲学学派大多由一个教师加上跟随他的各个学生组成)。我们也知道瓦伦廷派的基督教主要靠这样的学派传播。(事实上,约瑟夫斯要求读者把他描述的"教派"看作哲学学派。)

从另一方面看,诸如《腓力福音》的瓦伦廷派文献表明,除别的基督徒也有的洗礼和圣餐外,他们还奉行若干额外的圣事。这些特别的仪式的确显示,有别于其他教会的独特群体已经形成。然而,我们讨论的文本描述的到底是实际的做法还是在天上的精神世界中的理想情形,或甚至是对基督徒的常见行为的深奥阐释,对此学者们存在意见分歧。我们知道,到4世纪末瓦伦廷派至少拥有一座自己的房子(被一些正统派修士烧毁,导致

① 伊里奈乌斯(约125-约202)继殉道的St. Pothinus任里昂的主教,基督教神学的奠基人之一,可能第一个以Catholic一词指称教会。他致力于批驳诺斯替学说,使它不再对主流教会构成威胁。他的主要著述《驳异端》为现代学者了解诺斯替派提供了重要信息。——译者注

② 见第3页注①。——译者注

瓦伦廷信徒们向皇帝控告①)。瓦伦廷派以及诺斯替派的社会结构极有可能因时、因地而异,在没有得到新的、未曾预见到的资料的情况下,我们也许无法确定他们有什么样的道德行为。生活在一个被认做由错误和欺骗创造的世界中,人们思考的结果很可能不是采取超脱一切诱惑的苦行道德——如同托马斯传统的信徒的抉择,就是抱着对一切都无所谓的态度寻欢作乐,而享乐的终极虚幻性质造成了这些人的漠然态度。

团结起来对抗这世界

瓦伦廷派以及诺斯替派神话描述世界的起源及性质,我们在试图认识其描述方式的道德意义时遇到了困难:对这些群体的生活方式,我们手头既没有外部人也没有内部成员做的说明,完全依靠他们著作中隐晦的意象进行推断。同样的情况也发生在《新约》里约翰的著述,在这批时间更早的文献中"尘世"起了一种很强但含混不清的作用。然而,研究约翰的著述时,我们得以从中对一些具有强烈自我意识的群体的历史经历有所了解,因此对文本的认识更扎实。这些群体何以采用如此的方式讲述耶稣的故事,使它包含了自己与其他犹太人的冲突,导致他们与

---

① Ambrose, *Letters* 40.16; 41.1。

有组织的犹太社会之间的敌意和疏离，直至最后被从中驱逐？过去二十年对第四福音书的研究帮助我们较为详细地了解这一问题。值得注意的是，约翰的著述将此段过程表现为上帝的道和神子与这世界(kosmos)——那个通过神子创造、得到上帝关爱的世界——之间发生的危机①。

《约翰福音》的序言中表现的矛盾在全篇反复出现。救世主来到这世界，然后他又回到原来之地。他是从"世界中"拣选人，从此，这些人便"不属世界"(15:19)。因此，正如这世界恨耶稣，它也恨那被拣选的(15:18)。我们在此清楚地看到，耶稣的故事以及基督教群体遭遇的来自同胞和犹太会堂的敌意都被转化为对宇宙的判断。拒斥耶稣的不仅有耶路撒冷的头头们，这*世界*也拒斥他。厌恶他的门徒的不仅有地方犹太会堂的头头脑脑，还有整个世界。

随着故事的进展，世界变得更阴暗、更险恶。尽管如此，《约翰福音》中矛盾的正面部分并未完全被遮盖。世界是通过现在已成肉身的道创造的，起初并不邪恶。道是世界的光和拯救者(4:42;12:47)，因为上帝爱世人(3:16)，他赐生命给世界(6:33)。但是，该福音给世人提供的希望充其量也是自相矛盾

---

① 见 Meeks，1972。在自 1972 以来出现的浩繁文献中，特别留心 Martyn 1979 和 Brown 1979。有关对近期的约翰研究的全面审视，见 Ashton 1991。

的。对耶稣被捕、受审以及钉十字架的陈述是书的高潮,在传统的叙事中空前地引进了反讽的成分。抓捕他的人马来到园中,他们听到耶稣的简短声明:"我就是[拿撒勒人耶稣]",就退后倒在地上。耶稣的无助当即转化,上帝之子出现在众人面前(18:6)。福音书的读者也知道,当耶稣在模糊的指控下受审判时,更确切地是他在审判世界。他面对的是代表罗马帝国的权力的司令官彼拉多,可是读者听到的却是:"这世界的王要被赶出去"(18:28-19:16;12:31)。耶稣显然被尘世的力量打败了,然而,他却让门徒和读者相信"我已经胜了世界"(16:33)。有人坚持"除了恺撒,我们没有王",但他们无法说服恺撒的代表抹掉"这是犹太人的王" 的声明(19:15,19:22)。转化为肉身的道就这样维护了自己对世界的所有权,他派来的圣灵将不仅是众门徒的导师,而且还将是"起诉世界"的检察官(16:8)。

在目前的讨论中,约翰对"宇宙"的执著思考中的矛盾看法有两点十分重要,值得我们注意。首先,约翰派的基督徒以某种相当矛盾的方式生活在一个纯粹的犹太圈子里。道来到"他自己的"世界,他正是来到"他自己的"子民——以色列——中间,他们拒斥他,就是"这世界"在拒斥他。约翰派群体在自己的城市中被逐出犹太人的组织——犹太会堂——时,实实在在地体验到的就是这种拒斥和与世界的疏离。可是他们仍然相信自己的基督也是犹太人的先知和国王,是撒马利亚人翘首期盼的世界修复者,他将实现整个以色列的希望。面对一个日益敌对的世界,他们怀抱信心和希望,努力搏斗。他们还把犹太圣经和犹太传统看作自己的东西,从根本上看,他们搏斗的目的就是通过改变这些东西达到重新拥有它们。

其次,我们必须在约翰派对世界的矛盾观点中看到,他们的疏离不是个人逃离世界。这群基督徒以一个团结的教派来对抗世界。《约翰福音》向其听众传递的核心道德律令是,一个人必须在"尘世"与信奉者的群体之间作出抉择。该福音故事中有几个人物表现了这种抉择。一方面有尼哥底母,他相信耶稣,但是暗中害怕犹太人,所以在夜里去见他。还有第五章中的瘫子,他被耶稣治愈,但是不知道他是谁,而且还怯懦地告发了他。另一方面有一个生来瞎眼的人,他勇敢地驳斥法利赛人,被赶出会堂,并由此成为一个信仰者。"信上帝所差来的,这就是做上帝的工"(6:29),而且,耶稣的一条戒律是"叫你们彼此相爱"(13:34;15:12)。在约翰对生活的看法中,信仰和爱把人与尘世隔开,而将他与其他信徒连接在一起。这是一种强烈的团体、派别观点。

我们从使徒约翰的信中窥到该派别的一些生活片断,因此,在一定程度上我们可以说,在早期基督教的约翰派里上述道德风气在逐渐演变。这是一种日趋内向的道德观,信中已看不到他们与其他犹太人的冲突。《约翰一书》的作者以怀疑眼光察看的“世界”已经不再是犹太世界，尽管约翰派矛盾的观点中有鼓舞作用的一面不时显现，这世界看上去却更含混、无序，更加邪恶，不可救药。例如，作者仍然会说耶稣“不是单为我们的罪，也是为普天下的人的罪”赎罪（《约翰一书》2∶2）。但是《约翰福音》16章33节里“你们可以放心，我已经胜了世界”的话充满自信，有了不同的变化。这里的“胜了世界”成为所有“从上帝而生”的人，即所有的信徒的任务，而且他们战胜世界所依靠的恰恰就是信仰（《约翰一书》5∶1-4）。看来这里的信仰指的是与作者反对的那些“离开了我们”的人相反的*真正的信仰*。根据该福音书的描述，与凶险的人世的搏斗，与其说是在会堂和法庭进行的公开冲突，毋宁说在一个首领的追随者与另一个首领的追随者之间进行，战斗的场所则是基督徒聚会的小房子。房子的主人是否殷勤招待变成了主要的武器（《约翰二书》和《约翰三书》）。从另一方面看，彼此相爱被强调为教派生活中的首要律令，其具体形式是：与穷乏的弟兄分享自己的财物（《约翰一书》3∶17）。

约翰派基督徒认为，上帝的爱——既是上帝爱他们也是他们爱上帝——体现的方式就是在自己的群体内切实、具体的相互关照。然而，虽然他们可能仍然认为上帝爱人世，却认为自己不能为了表明上帝爱这世界而热心满怀地投入世事。相反，“不要爱世界，和世界上的事”，他们的长老如是说。“人若爱世界，爱父的心就不在他里面了"(《约翰一书》2:15)。这一段还举例说明该作者认为什么是"世界上的事",那就是"肉体的情欲,眼目的情欲,并今生的骄傲"(同上16a)。但巧妙的词汇研究也基本上未能发现作者心里的邪恶到底指什么。他的目的是笼统、而非具体地谴责人们受到诱惑,从而关注带来短暂的享乐、招引嫉妒眼光的东西①。其实,希腊—罗马时期任何高尚的道德家都会说同样的话,并且赞成"这世界和其上的情欲都要过去"(同上17a)这样的看法。要抵挡肤浅的尘世,需要的不是高洁的理性,而是一种强烈而实际的宗派之爱,它只把本群体成员凝聚在一起,紧靠他们信仰的上帝。这就是约翰派视野中的新东西。

用十字架衡量的世界

使徒保罗和同伴建立的群体在周围的城市社会的经历似乎比约翰派的更广泛、更复杂。我们在保罗及其门徒写的信中看到的似乎并不是一个完全敌对的世界,其中一个原因也许就是他们有更广泛的经历。诚然,保罗也以相当负面的语言谈论"这世上","这个时代",特别是当他隐晦地提到对上帝的意图无知

① 比较 de Jonge 1968,95:"typerend,exemplarisch"。

无识而且抱敌视态度的“这世上有权有位的人”(《哥林多前书》2:6,8)、“这世界的神”(《哥林多后书》4:4)、或者“世俗小学”(《加拉太书》4:3)①的时候。然而,“这世界”对他的信中展示的景象的限制和威胁通常不像约翰派著述中的那么大。从地理角度看,保罗信中的世界很宽广。从社会角度看,读信的对象包括不同地位、财力、出身和种族的男男女女,范围相当宽。尽管保罗与约翰派长老一样,主要关心基督教群体的内部生活,但他信中必须涉及的议题中也出现了与基督徒实际参与广阔社会中日常事务相关的问题。

除约翰派外,保罗谈论“这世界”比任何其他《新约》作者都要多。对“世界”的讨论集中在致科林斯人的信中,我们主要是在这里看出在保罗及其追随者的道德话语中“这世上”是什么意思。例如,《哥林多前书》以“这世上”与“上帝”之间的一系列尖锐对比开始论证。一人眼中的愚拙在另一人眼中是智慧,一人眼中的弱点则为另一人眼中的长处,反之亦然。请注意在这里“宇宙”的诸同义词中包括“这世上”(houtos ho aiōn,1:20),而且包括“人”(同上25),或许还有“天使”(4:9)。因此,这里的

① 4:3节说:“我们为孩童的时候,受管于世俗小学之下,也是如此”。这是《圣经》中译本的译文,意思是:以前我们受制于犹太律法或多神教的偶像,(但基督来到后分别把犹太人从律法、非犹太人从偶像的束缚下解放出来,让我们面向上帝)。——译者注

“世界”指的不是物质的宇宙，而是社会，人的世界，或者也许可以说是“文化”。保罗列出的对比——特别是在第一章26至31节中这一修辞手法的高潮中——断言文化价值与上帝的行动的内含价值是对立的，因为上帝“拣选了”“世上愚拙的”，“世上软弱的”，“世上卑贱的”，以及“被人厌恶的”，为的是叫与他们相反的“羞愧”。这些词的意思与“通常被当做愚拙、软弱、卑贱、被人厌恶的人”的意思是一样的。保罗要说明的看法与道德哲学家们经常讲的相似：什么是真理，什么仅仅是一种看法(doxa)，明智之士应该能区分。也请注意，这里所有的类别都与社会地位有关，用罗马人的话讲，就是上帝挑选的是“无足轻重、无用之辈”(humiliores)。

运用修辞手段的目的显然是要叫科林斯的基督徒感到羞愧，虽然保罗的目的是说服其听众改变态度和行为，而让他们羞愧只是达到这一真正目的的附带性策略。因此，在信的这一部分结束时他说：“我写这话不是叫你们羞愧，乃是警诫你们”(4:14)。显然，他已认识到自己的话会让听者感到羞愧，而这恰恰就是他的意图所在。使他们羞愧的是他把他们的行为等同于“这世上”(兼指犹太人和非犹太人)与上帝的目的作对的典型态度。那么，保罗反对的究竟是什么样的行为呢？

答案在第四章神秘费解的6至13节中。保罗写这一段的目的是制止刚刚露头的、由争夺地位和荣誉(philotimia)——此类争夺为古代希腊、罗马社会的特征——而导致的宗派情绪①。保罗的论点包含一个双重嘲讽:他在一个层面上指责卑贱者故作高尚、非凡,他们宣称从各自喜欢的使徒——不管是亚波罗还是保罗——那里得到宗教“智慧”。按保罗讥讽的描绘,这种智慧使他们以为自己是完美的斯多葛式的智者,那唯一的王,他拥有一切,已经饱足了(4:8)。于是,他们的行为狂妄而可笑。他们比自身、比老师(4:6-7),结果自视过高。虽然微不足道,但做派却好似自己是重要人物。佩特罗尼乌斯和卢奇安这样的讽刺作家喜欢奚落罗马社会里出身低微但野心勃勃之徒的种种虚饰和炫耀,保罗讽刺的这些人也完全可能落到他们的笔下。然而,在保罗看来,嘲讽的第二个层面更重要。上帝的拣选使这些无足轻重之辈成为特殊人物。而现在,在基督徒的家中这一小天地里出现了以前为荣誉、地位的老一套竞争②,他们如果把福音用于此类竞争的目的,使有丧失一切的危险。他们已经把“这世上”的价值带入基督徒之间的兄弟关系,但是怎么可能不带进去呢?“这世界”就是他们自身的一部分,家则是这个世界体系中

① 见 Marshall 1987 以及前面第三章里的论述。

② 我对《哥林多前书》1-4 章的理解在很大程度上受益于 Fitzgerald 1988,117-48。

的组成部分。

如我们上面所见,对城市中的基督教的发展而言,家庭也是至关重要的。在保罗派首领的劝诫策略里,没有托马斯的福音、使徒行传中表现的反家庭的态度的容身之地。此外,保罗认为退出尘世的观念是荒唐的(《哥林多前书》5:10)。而且,对于外界对基督教群体的看法,保罗以及其后类似派别的基督教领袖们也都非常在意(例见《帖撒罗尼加前书》4:12;《哥林多前书》14:23-25)。保罗及其同伴企图把周围大世界里森严的等级秩序以及对荣誉的激烈但极其有序的竞争从皈依者的思想和行动中连根拔除,而同时却让他们密切参与该世界的日常生活。做到这一点需要极其精巧的平衡。他们的努力或许注定要失败。我们已经看到,约翰派"生活在世上,但不隶属于此"的观念退化为对世界日益加重的戒心和猜疑,随之而来的则是教派内部的纷争和分裂。只因为积极、"实在"地关爱留在日益缩小的宗派里的成员的理想持久不衰,这一颓势才得以缓解。

以保罗为榜样的后代基督徒的态度似乎并不一致。一方面,有的人在保罗的信里找到了让个人实践苦行主义、与尘世搏斗的根据,与我们在托马斯著述中看到的态度并无二致。另一方面,与保罗十分接近的门徒——《歌罗西书》及《以弗所书》的作者,以及与保罗关系较远,所谓神牧书信中的模仿者[1]的文字里,我们看到这些人努力维持保罗对尘世/非尘世二者的含混态度,不过越来越倾向采用切合实际的流行道德体系。

各派首领力图建立一套新的道德习惯,他们使用的策略我们在此后的章节中必须关注。然而,在结束对保罗关于尘世的特殊话语的探讨之前,还有一些新事物需要注意,它们将把我们引入后面的一些问题。这里最重要的一点是,在保罗的劝诫话语的中心,有一套在耶稣被钉十字架及其复活的故事与信徒应有的性情和行为之间可以扩展的类比,其中有些很明晰,而更多的则是含蓄的隐喻性语言。保罗眼中的基督教信仰的根本要旨被他转变为可变且多意的比喻辞藻,这也许是保罗对基督教语言和思想的最深刻、最持久的贡献。

表现"这世上"的生活的比喻辞藻有什么意义?保罗严厉斥

① 神牧书信指《提摩太前书》、《提摩太后书》和《提多书》。神牧书信的叫法始于19世纪(也有人称早在13世纪托马斯·阿奎那已经称《提摩太前书》为神牧书信了),与收信人及书信内容有关。前两封写给提摩太,后一封给提多,他们都与保罗一起传道,分别负责以弗所和克里特的地方教会。作者在这些信中关注的是教会的牧师的工作和作用:要求提摩太和提多为教会培养合格的牧师和俗界领导者;阐述牧师应该有什么样的品质,他们应该怎样管理教会、看顾会众;告诫他们传上帝的道,警惕错误的教义,而且自己的生活要符合上帝的要求。教会传统上称这3封信出自保罗之手,但学者们根据它们的语汇和风格、内容、使用的概念和相关早期文本的情况否认了这一点。——译者注

责加拉太的基督徒的话是最简洁的总结,他说:“但我断不以别的夸口,只夸我们主耶稣基督的十字架。因这十字架,就我而论,世界已经钉在十字架上。就世界而论,我已经钉在十字架上”(《加拉太书》6:14)①。禁欲主义者何以能在此话中找到把尘世(还有自己的身体)视为死尸的根据,我们一眼便可看出。但是,保罗提到钉十字架总是为了暗示复活,克尔恺郭尔式的“重复”的意思是,信仰在丢弃渴求之物的同时又将它——改变了的它——寻回,因此说这一概念有效地把握了保罗所关注的双重行动。然而,保罗远非在宣扬克尔恺郭尔的主观论和个人主义。恰恰相反,他信中的核心问题是群体的完整性。他对神学的关注同时也是对社会的关注,这一点在他的下一句话里解释得很清楚:“包皮是割去还是留着都不重要。重要的是有新创造”(同上,15)。把世界钉在十字架上和就世界而论把保罗钉在十字架上的比喻表明,行过割礼的人与没有行过割礼的人之间的社会、宗教分界线在犹太人眼里是根本性的,但在那已经被接纳、得以参与基督之死与复活的群体的成员中,此线却不再起划分的作用。

---

① 保罗在《加拉太书》11-18 中批评加拉太基督徒要求新皈依者行割礼的意图,强调唯有通过十字架才能获救。14 节后半部分的意思是:靠了十字架,我对尘世里一切能打动人的东西的兴趣早已消失,而尘世也丧失了对我的兴趣。——译者注

在给科林斯人的信中，保罗运用钉十字架的比喻弱化基督教群体内的社会划分，说明只有在“基督已被钉上十字架”被看成愚昧之辞的世界里才进行这样的划分。可是在同一封信里，保罗回答有关禁欲（指性）主义的坦率的问题时把基督教禁欲主义看作与尘世的价值一样仅有相对意义的东西。正因为“这世界的样子将要过去了”，基督徒，无论结了婚的还是没有结婚的，也无论是处女还是性活跃者，都要参与到这个世界之中，但他们的生活不能受其限定。保罗于是忠告：“那有妻子的要像没有妻子，哀哭的要像不哀哭，快乐的要像不快乐，置买的要像无有所得，用世物的要像不用世物”（《哥林多前书》7:29-31）。正如我们在第三章中所见，保罗在别处，以及在他之后的其他基督徒作者，均把两栖色彩的基督徒参与周围的文化生活与城市中外邦居民的经历相提并论。这些移民肯定参与了所在城市的日常生活，虽然他们自己的城邦（politeuma）似乎却是在天上（《腓立比书》3:20）。

第五章　描述责任的语言

本章应该考察早期基督徒彼此进行道德指教的一些具体方式。我们将探究他们表达道德责任的一些典型的语言模式。行为指南的完整清单将有助于对早期基督教道德的研究，但是这个工作超出了本书的范围，更为读者的耐心所不容。我们考察先简后繁，从早期基督徒与希腊—罗马社会的大文化共用的语言形式进而到犹太人和基督徒、或只有基督徒采用的语言变体以及诸种新模式。

美德与邪恶

2 世纪之初，比希尼亚和本都的罗马总督普林尼审讯几个曾经是基督徒的人。他从他们口中获悉，基督教的活动之一是黎明前的集会。届时，新入教者要宣誓规避一系列的罪恶：偷窃、抢劫、通奸、失信、贪污等等。普林尼的记载很平淡。审讯的思路说明罗马人怀疑存在某种阴谋组织，或某种危害公共道德的阴险的迷信[1]。事实是，普林尼未能发现什么出格的事情。基督教关于美德和邪恶的语言极普通，普通到人们有时无法理解攻击者和辩护者为何如此大动干戈。显然，一切都取决于当时的语境。

开列善恶一览表

我们很难设想比希尼亚的基督徒认为基督教道德的要素就是规避偷窃、抢劫、通奸、失信和贪污，或者一个要避免这些坏事的庄严的誓言便足以让人按基督教的标准生活。然而，早期基督教文献中充斥这样的罪恶一览表，以及对应的美德清单。这些善恶的目录，其形式、内容和语境五花八门，而且，在流行道德、甚至在古代的道德哲学的话语中此类清单比比皆是，因此，我们很难估量其分量和价值。研究早期基督教的学者对清单的研究大多集中在其来源上：基督徒是否从斯多葛派，犬儒派，犹太“智慧”，还是“启示论”那里借用了诸种美德清单？这个问题也许无法回答，也许并不那么值得关注。但是，我们如果能确切知道他们如何利用此类清单，便能更好地理解早期基督徒对罪

① Robert M. Grant 非常有说服力地提出，普林尼的调查受到李维对罗马的酒神崇拜者的描述（Grant 1967，55-56；最初于 1948 出版）的重大影响。Grant 于 1988 年回答了 A. N. Sherwin-White 的批评（29-31）。

恶与美德的认识①。

普林尼告诉我们一个具体的情况：在加入基督教群体之际可能要立誓，而立誓时可能用上这张罪恶清单。评注者大多认为，在普林尼笔下的被告描述的集会上，人们“如同向神一样向基督”唱颂歌，还有前面提到的宣誓。这种集会就是洗礼。几十年后，查斯丁说，洗礼的内容包括“承诺”生活上品行端正，他还把皈依基督教描绘成从邪恶向美德的彻底转变（1 *Apol*. 61. 1-3；14-17）。在《新约》书信的若干段中到处有影射洗礼的词语，如讲“治死”或“除去”邪恶并“穿上”美德（《歌罗西书》3：5-15；《以弗所书》4：20-32；《彼得前书》2：1）。一个关于邪恶和美德的普通隐喻在这里被用来解释洗礼仪式上皈依者脱衣与重新着衣的意义。注意，在这里，至少是在保罗的门徒的信中，旧人在洗礼中死去，“除去邪恶”与“脱去行为上的旧人”相配，而“穿上美德”与“穿上基督”，“穿上新人”相配②。

---

① 对诸清单进行开创性研究的有 Vogtle（1936），Wibbing（1959），以及 Kamlah（1964）。但是三人的研究都有过于图式化和主要忙于寻找清单的某种单一前身的缺陷。全面分析颂扬性质的铭刻——包括墓志铭、庇护者的自我赞美或别人对他们的称颂——中的语言，更有可能帮助我们理解好人做什么、规避什么。见 Lattimore 1942，Tod 1951，Alfoldy 1980，Danker 1982 中的范例，它们不够全面，但能阐明问题。

② Meeks 1983，150-57。

然而,在罗列邪恶与美德时,我们考察的文本通常并不明确地涉及基督。确切地说,劣行或是令人向往的品质独立存在,是错误或正确的生活之道的不言自明的标记。此类清单中的具体品质及其数量变换无穷,到底包括什么或包括多少取决于修辞效果,而不是逻辑推进。例如,希腊文的《罗马书》1:29-31 描述普遍邪恶的人性无法承认造物主,这里用了一连串优雅的半谐音:"peplērōmenous pasē adikia ponēria pleonexia kakia, mestous phthonou phonou eridos dolou, kakoētheias, psithyristas katalalous theostygeis hybristas hyperēphanous alazonas, epheuretas kakōn goneusin apeitheis, asynetous asynthetous astorgous aneleēmonas."(装满了各样不义、邪恶、贪婪、恶毒。满心是嫉妒、凶杀、争竞、诡诈、毒狠。又是谗毁的、背后说人的、怨恨上帝的、侮慢人的、狂傲的、自夸的、捏造恶事的、违背父母的、无知的、背约的、无亲情的、不怜悯人的。)

列举的罪恶中没有一条表明这是基督教特有的罪恶清单。其他清单的情况也大多如此,尽管它们有若干独特之处。下面是在《新约》各部分的 18 张清单中找到的诸种恶行。请注意,描述罪恶的词语组成不同,有抽象名词,形容词或界定作恶者类别的名词:

> 恶言,通奸,怒火,好自我吹嘘的,狂饮作乐,胆怯的,诡诈,纷争,醉酒的,毒恨,嫉妒,邪恶,宗派,背信弃义,伪证,

愚蠢，淫乱，仇恨上帝者，传播流言蜚语者，贪婪，狡诈，倨傲不逊，残忍，崇拜偶像的，不洁，虚情假意，侮慢人的，捏造恶事的，嫉妒，说谎者，放荡，作娈童的，恶意，捣乱者，凶杀，败坏分子，争吵，违背父母的，狂欢，破口辱骂者，强盗，冷酷的，蠢话，诽谤，鸡奸者，行邪术的，争斗，偷窃的，粗俗之言，恶毒①。

字根为 porn（组成与妓女、卖淫等相关词汇）的以及大体上与不端性行为有关的词语出现在基督教的罪恶清单中的次数多于社会上的一般情况，“偶像崇拜”在基督教与犹太教的清单中的位置则与亵渎神灵的罪恶在异教清单中的地位相当。同时代的基督教与犹太教的清单都表现了这两个特点。而在其他方面，基督教和犹太教的单子与当时其他道德说教者的可以互换使用。

总体而言，最早的基督教清单既不系统也不全面，其目的显然不是列举所有应该避免的罪恶，或者所有应该培养的优点，也不是要对各种美德或罪恶之间的联系提出解释。只是后来，才

① 摘自《加拉太书》5：19-21；《哥林多前书》5：9-10，11；6：9-10；《歌罗西书》3：5，8；《以弗所书》5：3-4，5；《彼得前书》2：1；4：3，15；《马可福音》4：19；7：21-22；《马太福音》15：19；《罗马书》1：29-31；《希伯来书》13：4；《启示录》21：8；22：15，所有的英语译文均出自《新修订标准本圣经》。

有哲学倾向较强的基督教作者开始利用斯多葛哲学概念中的四大美德一类的架构进行梳理。早期清单的逻辑与其句法颇为相像，语法家管它叫连词省略，即词语罗列，彼此没有关联。

边界与路径

清单往往列得很随意，却按一个明显的原则排列：邪恶为美德的对立面，因此往往用两张成对的清单来表述对人生的二分观点。《加拉太书》5：19-23 中“肉体的作用”在对抗“心灵的收获”（这分明是保罗派的言辞）；“旧人”的罪被“以造他的主的形象”重新打造的“新人”的美德所取代（《歌罗西书》3：5-15）。那些“已经洗净，成圣称义”（《哥林多前书》6：11）的人过去的生活特征是恶行。而根据我们在这些信中数次见到的模式，“行这样事的人必不能承受上帝的国”（《哥林多前书》6：9-10；《加拉太书》5：21；《以弗所书》5：3-5）。

把皈依之前的人生标为堕落的人生，皈依后的则标为道德高尚的人生，这一做法与把“圈外人”丑化为邪恶之辈，而把进入神圣群体的说成道德高尚之士的做法相差无几。在拔摩的约翰的末世论的看法中，那“得胜的”、并因此而获得神性的人与那些最终落到“火湖”里面、经历“第二次的死”的各类作恶者被区分开来（《启示录》21：8），纯洁之士可以去到天国的城市，而“城外有那些犬类、行邪术的、淫乱的、杀人的、拜偶像的，并一切喜好说谎言编造虚谎的。”(《启示录》22:15)。

二分式的清单不但标明已皈依者与未皈依者之间的界限，也通过对形式上的皈依者的警告彰显此类界限。在仅仅以善恶进行区分的社会里，圈内成员违规是危险的反常之举，必须惩治犯规者，不与之相交，或者将其赶出去(《哥林多前书》5;《马太福音》18:15-18)。正如这两段所设想的，公开驱逐是一出使人警醒的说教剧，提醒内部成员“他们”与“我们”之间的差别，同时，像我们有时所说的，往那些幸运之徒(其幸运在于仅仅在场观看该过程而不是充当驱逐对象)的心中注入对上帝的畏惧。

分叉的路这一古老的隐喻表面上颇具个人主义的色彩，但早期基督教社团或者艾赛尼派在库姆兰的一支[①]这样严格的群体轻而易举地将其改装，为本群体所用。“两条道路”是古代常见的隐喻，一条为罪恶之途，通向死或苦难；另一条为美德之路，通向生和成功。两条道路往往简单地分别由种类繁多的长串罪

① 库姆兰是死海西北岸边的荒凉之地，20世纪40年代后期在那里的山洞里发现的古代文献被称做“死海古卷”。许多学者认为生活在库姆兰、录写古卷的群体就是爱赛尼派。根据古卷上的记载以及约瑟夫斯和斐洛的著述，人们推测，爱赛尼派兴起于公元前160多年马加比反对叙利亚国王的起义后，在公元前152-前110年之间部分爱赛尼分子或者其领导层撤到库姆兰，直到公元前30-公元40年才离开。他们活动于耶路撒冷一带，在希律于公元前4年死后，至少又有部分成员回到库姆兰。爱赛尼派参与了公元66-70年反抗罗马的起义。关于爱赛尼派的情况也见第3页注①。——译者注

恶和美德描绘。其典型表述就是被归在普罗底库斯(Prodicus)[1]名下的一个寓言,说的是赫拉克勒斯在一个岔路口遇到两个女人。一个表面上很漂亮,像高等妓女一样穿着美艳,涂脂抹粉,她的名字叫罪恶,她召唤他走上一条坦途。另一个相貌普通,她把旅行者带到一条陡峭、多石的路上,她便是美德[2]。读犹太《圣经》,类似的表述可以在《耶利米书》21:8("耶和华如此说,看哪,我将生命的路,和死亡的路摆在你们面前,")以及《申命记》30:19("我将生死祸福陈明在你面前,所以你要选择生命,")这样的段落中找到。我们在第二章里讨论过的《西比斯之简》对人生之路的描述中看到这个寓言的变体:这里诸种意象强调的是,明智者在争取幸福的搏斗中每天都在罪恶与美德之间孤独地进行选择(这是隐含在关于赫拉克勒斯的寓言中的一种个人主义)。因此,哲人、特别是犬儒派哲人把赫拉克勒斯当做他们的英雄并非偶然[3]。然而,在一个在某种程度上依靠反对

① 普罗底库斯(约前460-前395)传授辩论、修辞技巧,收取高额学费,据说苏格拉底、欧里庇得斯等都听过他的课。他的著述已全部失传,但色诺芬在Memorabilia中复述了其中最著名的*赫拉克勒斯的选择*,这就是在岔路口遇见两个女人的故事的来源。——译者注

② Xenophon, *Memorabilia* 2.1.21-34。寓言的犹太改写版见斐洛的"The Sacrifices of Abel and Cain",20-42。

③ HÖistad 1948; Malherbe 1988。

占支配地位的文化和社会体系来界定自己的群体中，这一比喻内含的个人主义要被变形，或者至少其方向要有改变。在这样的群体的语境里，岔路口的正确选择就是成为该神圣团体中一名忠诚的成员。

岔路是一个相当明显的比喻，想到这一修辞手段的人不一定都念过《申命记》或普罗底库斯关于赫拉克勒斯的寓言。尽管如此，在我们研究的时期的犹太教和基督教实例中，《圣经》中的意象与常见的美德和邪恶的明细表同样重要。人们最为熟知的基督教实例分别见于《十二使徒遗训》、《巴拿巴书》和一份三世纪的叫做《十二使徒教义》的拉丁文本，只是稍有变异。《十二使徒遗训》开篇如下："有两条道路，一条为生之路，一条则为死之途；两条路有天壤之别。"这两条路在《巴拿巴书》与《十二使徒教义》里和艾赛尼派的《教规》里一样，都被称做"光明之路与黑暗之途"。对死亡/黑暗之途的描绘主要是串串罪恶："此乃邪恶之途，布满灾祸——凶杀、通奸、情欲、性犯罪、偷窃、偶像崇拜、魔咒、巫术、抢劫、伪证、虚情假意、欺诈、口是心非、诡计、倨傲不逊、怨恨、顽固不化、贪婪、下流的语言、嫉妒、厚颜无耻、傲慢、自吹自擂，"等等（《十二使徒遗训》5∶1；与《巴拿巴书》20∶1作比较）。另一方面，花样更多的勉励方式——主要是戒律和箴言——描绘出生命/光明之路："首先，你们要爱创造你们的上帝；其次，要爱人如己。""孩子，逃离所有的恶人，逃离所有像恶人的人。”此类训诫很多都以否定的方式表达，因此，实际上也就是对罪恶清单的阐述：“不要发怒，因为怒火导致凶杀，也不要嫉妒，或动辄吵架，或性情暴躁。”①

阐述美德和罪恶的形式还有小短文，它们给诸种特征下定义，或从文学经典、《旧约》、历史、寓言中引用例证。但是，在研究这些比较复杂的说教著述之前，我们有必要考察基督教群体从其身边的修辞、文学以及宗教文化中拾起的一两种简单形式。

箴言类话语

比邪恶和美德的种种清单略微详细的文献有格言警句、座右铭、巧妙的寓言以及经验法则的集锦，这些东西显然也是早期基督教道德话语中的主要成分。希腊人称用 gnōmai 一词表述此类话语，拉丁语的用词则是 sententiae。在希腊化时期，富于智慧的道德箴言集锦相当流行。它们有的从以前的各个诗人、哲人的作品中收集得来，有的则经过改编为某个思想流派服务。从喜剧诗人米南德（Menander）的作品中收集来的俏皮话（gnōmai monostichoi）有很多都流传下来了。流传下来的还有伊壁鸠鲁的

① 对《十二使徒遗训》中的两条道路的比较详细的分析见于 Meeks 1986，148-53。对其历史和形式的诸种运用的更为详尽的论述见于 Rordorf 1972。

"主要学说"(*kyriai doxai*),一本没有标题的伊壁鸠鲁格言集(收藏这一文本的梵蒂冈图书馆称其为梵蒂冈格言集),以及毕达哥拉斯的许多语录。根据扬布利科斯(Iamblichus)①的说法,希望加入毕达哥拉斯社团的人都必须将其熟记于心②。在古代近东地区,其他语言中也有类似的东西,犹太智慧文学里就充满此类例子。耶稣·本·西拉③的孙子将耶稣的智慧话语译成希腊语时没有想到自己采用了一种新的体裁。大约在时代交替之际,一个犹太作者用希腊语撰写了教诲诗形式的格言集。他与本·西拉不同,书上没有署自己的名字,而是署了古爱奥尼亚诗人福

① 扬布利科斯(约 250-325),新柏拉图主义哲人,他流传下来的著述有对毕达哥拉斯主义的比较通俗的全面介绍,但有以魔法取代神秘主义的倾向,被认为比较肤浅。——译者注

② Menander, *Sententiae*, Jaekel 编 1964。便于查阅的伊壁鸠鲁尚存的箴言见 Bailey 1970; Iamblichus, The Pythagorean Life 80-87, 比较 157, 161-62, 247 (Clark 1989 的英译本质量上乘);有关毕达哥拉斯的格言用于道德教训的情况,见伪普鲁塔克 *On the Education of Children* 17(= *Moralia* 12 D-F)。

③ 这个名字的意思是"西拉的儿子耶稣"。耶稣——Jesus——是希腊名字 Iesous 的拉丁文形式,而 Iesous 则来自希伯来名字 Jeshua 或 Joshua,意思是拯救。到希腊化时期它已经成为一个常用的名字。在公元前 200-前 175 年之间耶稣·本·西拉用希伯来语撰写了《本西拉智训》,内容包括道德训诫性质的格言警句、对以色列英雄和先祖的颂歌以及向上帝的祈祷。作者的孙子将书译成希腊语(晚于公元前 132 年),并撰写前言对书、作者和译者加以说明。此书收入了《七十子希腊文译本》和天主教的《旧约》。——译者注

赛利底斯(Phocylides)的名字。此外,按照研究该著作最重要的学者的说法,“在伪福赛利底斯格言集里,一半以上的诗句与希腊的格言文学有相似之处。”①

有鉴于此,基督徒的道德指南里起用格言的做法便不足为奇。典型的例证就是归在某个叫塞克斯都(Sextus)的人名下的一个格言集,有人认为他就是3世纪的教皇西斯图斯,但是这是个错误的观点,因为现在人们认为这是2世纪的作品。它里面有很多属于当时普通的道德观念,但蒙上了一些哲学色彩:“奢靡的生活导致毁灭,”“用理智指引行动,”“受激情左右者最悲惨,”“有几种激情就有几个主子,”“属于自己的唯有善,”②等等。这些格言很多都涉及虔诚,但只是偶尔听到明确的基督教话语在回荡,而且即使在此类事例中也绝少有惊人之言或冒犯非基督教信仰的东西,例如:“上帝不需要他人,而虔诚者只需要上帝。”(49)“行动之时要记住你称上帝为‘父’。”(59,222)“你若对穷困者置之不理,上帝便对你的祈祷充耳不闻。”(217)“你要明白,哪怕仅有通奸的念头,你就是一个通奸者。”(233)

上面最后一条塞克斯都格言提醒我们,在他之前,人们把这一类箴言当做耶稣的话加以收集、重复。现代学者认为《马太福

① Horst 1978,79。

② *Sent. Sexti* 73-75,80,Edwards 及 Wild 译,1981。

音》和《路加福音》中一些共有的话语出自一个我们称做“Q”文本的一批已经失传的原始资料①，这些话语就属于这种情况，《托马斯福音》以及我们在基督教古代文献中看到的许多未列入正典的耶稣语录也是同样。查斯丁的《第一护教文》的15—17章收集了以格言形式出现的基督的教诲，他在这部分的引言中强调其格言的形式：“他不是诡辩家，所以他的语言短小精悍。然而他的话就是上帝的伟力”(14.5，哈代译)②。

就在人们炮制耶稣箴言集的时期，以及在此之前，基督徒已经在使用相似的，有时甚至是同样的格言，但没有说它们出自耶稣。地中海文化圈中许多群落千百年以来培育出一种大众智慧，毫无疑问，这些格言很多来自这一共有资源。最近，关于早期基督教对格言的使用，由沃尔特·威尔逊(Walter Wilson)首次做了充分的研究，他表明，在那个时代，格言以及相关的形式得到极为广泛的运用。为了阐明基督徒改编格言的情况，威尔逊分析了保罗如何在给罗马人的信中一个关键问题上，构建一种“关于基督教伦理的智慧话语”(第12章)。保罗在信中揉进了数条格言，其中有后来被归在耶稣名下的一条。关于借助格言及类似的形式含蓄表达的道德思考，威尔逊做了一系列有趣

① 参见107页注①。——译者注

② Richardson 1953，250。

的论述。他说,一方面,“格言通常标榜自己体现了在人类共同经验里找到的永恒而且普遍正确的东西。它们是道德推论,依靠其文学性表述,能够在未来对人起到教诲、控制的作用。格言作为一种实践性的推论,它不言自明,在各种道德环境中由经验证实或否定。这样,它便可能在道德决策中充当原则,或者用作对人的行动及其后果进行分类的工具。一般而言,运用格言的目的就是力图创建思维及行为模式,用来指导并纠正使用者和遵循者的生活。”另一方面,“箴言集锦传递已经确立的思想,保存前辈们看重的道德问题及立场,在此意义上是保守的。虽然如此,它们同时也有自我生成、自我纠正的能力,因为它们提倡个人品格的转变和提高,而且不断地促进对事物的批评性再审视”。①

箴言集在学校的用途经过充分检验。孩子们学习读写的方式就是抄写、熟记从诗人作品中挑选出来的警句,人们期望,孩子在这个过程中理解、吸收格言所体现的审慎的道德观。不过,更高层次的教育也使用格言集锦,例如,据说斯多葛哲人克里西波斯(Chrysippus)编撰了一个箴言集,充实自己的讲课,便于学生使用。毕达哥拉斯和伊壁鸠鲁的语录很多都以警句形式出

---

① Wilson 1991。引文出自 pp. 148,19,80-81。Wilson 则引自 Crenshaw 1974,231。

现,分别用于对本派皈依者的教育。关于基督教最早时期的情况我们并没有具体的证据,虽然如此,还是有理由认为,基督徒也运用箴言教育新入教的信徒——有时称其为耶稣或某个其他人的话,有时则不提作者是谁①。

除了箴言,基督徒似乎还以同样的方式运用了一系列类似的形式。有时我们无法对它们做严格的区分②。这些形式中有两种——轶事和戒律——值得我们花一点工夫,因为他们大量散见于早期基督教文献。

轶事

在古代,如果归在智者名下的深刻且诙谐的语录或者富有象征意义的行为被置于一种简略的叙事之中,修辞教师便称其为轶事,将它们与表示"有用的" 希腊词联系起来③。轶事有若干种用法。名人传记的作者用撰写对象的轶事集锦来表现其特

---

① 见 Horst 1978,72-73,79-80,以及他进一步提到的文献。此外还应该加上 Bonner (1977,172-79),他描述了学童做练习的情况,提供了例子的照片。

② 关于早期基督教环境中常见的几种智慧话语形式,Wilson (1991,9-23) 提供了一个简明、实用的单子:箴言,谚语,轶事,警句,隽语,戒律,和神谕。他正确地提醒我们,古代的分类并不固定,不同形式之间的界限也不严格。

③ 例如,大概活跃于公元1世纪的诡辩派哲人 Theon of Alexandria 评论道:"它被称作'轶事'是因其特殊的长处,在生活中它在许多方面都比其他形式更为有用。" 原文与译文引自 Hock 及 O'Neil 1986,82f。

点。3世纪第欧根尼·拉尔修(Diogenes Laertius)的名著《杰出哲人之生平》提供了大量的例证,在对锡诺普的第欧根尼(Diogenes of Sinope)的记述里尤为如此。人们记得第欧根尼说话措辞巧妙尖刻,使他成为考察轶事艺术的适当对象。归在他名下的轶事有几十条,例如,"一次,贼偷了神庙库房里的一个钵子,望着祭司们把贼带走,第欧根尼说:'大盗们正在带走一个小贼'。"①从各种来源收集的轶事也用于修辞和道德这两种教育,而作此类用途时,人们可能喜欢教诲意义比较强的说法,如:"有人问哲人第欧根尼如何才能成名,他答道:'尽量少为声誉操心。'"②

无论在正典的诸福音书里,还是在《托马斯福音》之类的其他著述中,归在耶稣名下的大量言辞显然属于轶事一类,如"法利赛人问上帝的国几时来到,耶稣回答说,上帝的国来到,不是眼所能见的。人也不得说,看哪,在这里,看哪,在那里。因为上帝的国就在你们心里"(《路加福音》17:20-21)。

《福音书》的作者们将此类轶事作为生平资料使用,即用它们让读者感觉到耶稣的特征和身份。但是,在所有收入正典的

---

① Diogenes Laertius 6.45。

② 引自 Theon of Alexandria, Hock 及 O'Neil 译,1986,313。有关在文法学校的书本学习与修辞训练中更高级的作文之间转型阶段教育中轶事的应用,见 Hock 导论中对 progymnasmata 的论述。

福音书里,还有在更早的经外传说及其包含的集子中,被归在耶稣名下的轶事也说明了耶稣的追随者所应采取的道德态度。在初级修辞技巧训练中使用轶事,这一普通的教学用途自然不会引起最早的基督教教师的重大兴趣。即便如此,耶稣行传里流传下来的某些轶事,其种种形式与普通的教学练习颇为相像。例如,学生学习压缩以及扩展传统的轶事①。比较耶稣关于交纳赋税的两种说法:

他们给耶稣看一枚金币,并对他说:"恺撒的人来向我们收税。"他对他们说:"恺撒的物当归给恺撒,上帝的物当归给上帝,属于我的就归给我。"(《托马斯福音》,100)②

后来他们打发几个法利赛人和几个希律党的人到耶稣那里,要就着他的话陷害他。他们来了,就对他说,夫子,我们知道你是诚实的,什么人你都不徇情,因为你不看人的外貌,乃是诚诚实实传上帝的道。纳税给恺撒可以不可以?我们该纳不该纳?耶稣知道他们的假意,就对他们说,你们为什么试探我?拿一个银钱来给我看。他们就拿了来。耶稣说,这像和这号是谁的?他们说是恺撒的。耶稣说,恺撒的物当归给恺撒,上帝的物当归给上帝。他们就很希奇他。

① 见 Hock O'Neil,100-103 中 Theon 的评论。

② 49:27-31,1989,Thomas O. Lamdin 译,收于 Layton 1989,89。

(《马可福音》12:13-17)①

阐述、修改轶闻的传统方式给予传播归在耶稣名下的言论的基督教徒、导师和预言者以简便的改编手段,使这些言论适应早期基督徒群体生活中各种不同的情况。

戒律与命令

在早期基督徒群体使用的行动指南中,许多内容都用简明的规章、条例式语言表达:直截了当的命令或者与其相当的言辞,如用一连串分词表达应该做的或应该规避的事情,或者模仿希伯来《圣经》中毋庸置疑的风格使用直陈将来式:"你要/不可……" 例如,《十二使徒遗训》这样规定行为准则:"首先,要爱那创造你的上帝;其次,爱人如己——要己所不欲毋施于人。"类似的风格也是此后的章节的特色。《赫马牧人书》充满神示、忠告,内容杂乱铺陈,将近1世纪末(或者,按照有些学者的看法,还要晚半个世纪)在罗马写成。其中最重要的部分由一系列的

① Robbins 1988 中有对于耶稣传说里轶事的简略论述。较详细的讨论见 Robbins 及 Mack 1987,以及 Kloppenborg 1987。在这方面更早的研究中 Dibelius (n. d. German Orig. ed. 1919 152-64)值得我们特别关注。Robbins 1988 中有对于耶稣传说里轶事的简略论述。较详细的讨论见 Robbins 及 Mack 1987,以及 Kloppenborg 1987。在这方面更早的研究中 Dibelius(n. d. German Orig. ed. 1919 152-64)值得我们特别关注。

"戒律"组成(人们通常认为 entolai 一词来自拉丁语,意思是'命令')。赫马说这些戒律是身为"悔罪天使的"牧人交代给他的,诸如:"首先,相信上帝是太一,他创造并安排万物……;要做单纯、天真的人……;要热爱真理,让真理都从你口中流出……;我要求你……保持纯洁,不让自己心里动别人妻子的念头,或有任何淫行,或任何类似的邪恶行为";等等①。每个规则后面还有一番阐释。

从开始之时起,基督教运动这一新群体也用同样的语言教导皈依者。在现存最早的文献——给帖撒罗尼迦的基督徒的第一封信中,保罗提醒说他们已经知道"我们凭主耶稣传给你们什么命令"(《帖撒罗尼迦前书》4:2)。然后,他举例说:"上帝的旨意就是要你们成为圣洁,远避淫行。要你们个人晓得怎样用圣洁尊贵守着自己的身体,不放纵私欲的邪情,像那不认识上帝的外邦人"(《帖撒罗尼迦前书》4:3-5)。保罗明确地把这一点当做基督教传统,在《哥林多前书》7:2-3 中引用同样的戒律,作了充分改动以强调妻子和丈夫身上的同等责任。在相同的语境中,他谈到直接出自主(耶稣)的禁止离婚的戒律(7:10,这里使用的动词为 parangellein,意为不理会、不接受),但他也颇为肯定地对一件"没有主的命令"(7:25)的事作出规定。在约翰派里,

① 按传统的编码,这段引文在 Mandates 1-4。

耶稣的戒律——就是上帝的戒律——可以概括为“一条新命令，乃是叫你们彼此相爱”(《约翰福音》13:34；比较14:15-21；15:9-17；《约翰一书》4:11-21；《约翰二书》5)。巴摩的约翰眼中神圣、威严的耶稣给小亚细亚行省的教会下指示。这些指示靠的是威胁加允诺，尽管披上的文学形式遮蔽了戒律的本质。

此前列举的各式名词和动词表明，“戒律”是一个范围很宽的范畴。威尔逊称其为“实用性规则，告诉人们在典型的道德环境中应有的正确行为，”这是很恰当的界定[①]。罗马的斯多葛哲人、尼禄的老师塞内加与《新约》的作者们同时代，他写了两篇“道德书信”讨论戒律的用途，说戒律就是“哲学里希腊人称做劝诫、而我们罗马人称做‘指导性的’部分的基本工具。”[②]他刻意用哲学“学说”，“信条、原则”，或“被采纳的原则”(*Ep*. 95. 10)等词语，以澄清实用的经验法则与作为道德行为根据的理论性更强的东西之间的关系，而早期基督教文献却很少直接提到这一问题。更多的时候，无论文献间接通过语境表明，还是直接声明下命令的就是上帝或耶稣的声音，文本中显示的是个人命令的概念，而不是前面例子中隐含的理论上推导出的戒律。

---

① Wilson 1991，20。

② *Ep. Mor*. 95. 1，Richard M. Gummere 译，Loeb Classical Library。

例如,《十二使徒遗训》里关于生之路部分的引言和结尾表明,宣叙规则的命令之声就是上帝的声音。这里的一些戒律——包括十诫(《十二使徒遗训》2)——直接取自《旧约》,这一事实也印证了上述看法。但是,“我的孩子”的称呼方式是智慧的教师对其学生的称呼,也许我们应该把耶稣当做圣贤教师,也许他就是自始至终以上帝的十戒教导世人的基督。该书11世纪的抄本的副标题是这样表达的:“耶稣基督通过十二使徒对非犹太人的教导”。2世纪有人重新编订此书,他们中最晚的一位认为,生之路一节中的头两条戒律是耶稣的命令(《马太福音》22:37-39以及类似章节),他整理取自各处——主要是《马太福音》和《路加福音》——的基督的言论,进行对照编排,加入该节,以此说明自己对这两条戒律的理解(“这些箴言所教导的是……”1:3b-6)①。早期基督教说教者往往在神学或者说基督学的语境中放入形式普通而熟悉的训谕,他们在道德话语中发展出自己的特殊表达方式,这一倾向显然是一个重要因素,以后我们会更详细地研究这一点。

话题与俗语常言

在基督教产生的时代,哲人和演说家常常对其听众谈各种

① Layton 1968;比较 Meeks 1986,150-51。

熟悉的主题、话题。例如,我们见到的有“论友谊”,“论城市和谐”,“论家庭管理”,“论背井离乡”,“论性行为”,“论怒火”,“论兄弟情”的文章。运用小标题组成的提纲处理某个特定的传统主题已成为惯例,演讲人常常借用老生常谈、箴言、轶事、定义以及诸如此类的手段对提纲进行展开和阐述。然而,演讲人可以对传统的材料进行随意修改,以适应特定流派或个人观点之需。这一点我们也经常在早期基督教文献中见到,例如,保罗对帖撒罗尼迦人谈“兄弟情”时却讲起皈依者之家,而不是他们的血缘家庭(《帖撒罗尼迦前书》4:9-10)。在给腓立比人的信中,保罗再次利用了“论友谊”这一传统主题里的许多惯例、套语,不过他把友谊归入“为传福音而结成的合伙人关系”的特殊概念①。

塞内加用常见话题“论家庭管理”为例来说明“哲学中的规劝部分”:“丈夫应该如何对待妻子,父亲应该如何养育孩子,或

① 关于兄弟情的两个例子,比较普鲁塔克对此论题的讨论(*Moralia* 278A-492D)或 Hierocles, *On duties* 4. 27. 20(已由译为英语 1986,93-95,查阅方便)。关于《腓立比书》中的友谊,见 White 1990b;耶鲁大学的 Kenneth Berry 谈到以《腓立比书》中的友谊为题的论文已快做完。James Ware 正在撰写一篇论述保罗融合友谊方面的惯例与传教的术语的论文。Malherbe 1986,144-61 以希腊和罗马的原始资料中的例证对这些题目做了简略、大体的论述。

者主人应该如何管理奴隶。"[①]对这一话题,《新约》的读者相当熟悉:

> 你们作妻子的当顺服自己的丈夫,这在主里面是相宜的。你们作丈夫的要爱你们的妻子,不可苦待他们。
>
> 你们做儿女的,要凡事听从父母,因为这是主所喜悦的。你们作父亲的,不要惹儿女的气,恐怕他们失了志气。
>
> 你们作仆人的要凡事听从你们肉身的主人,不要只在眼前事奉,像是讨人喜欢的,总要存心诚实敬畏主。无论做什么,都要从心里作,像是给主作的,不是给人作的。因你们知道从主那里,必得着基业为赏赐,你们所事奉的乃是主基督。那行不义的必受不义的报应,主并不偏待人。
>
> 你们作主人的要公公平平的待仆人,因为知道你们也有一位主在天上。(《歌罗西书》3:18-4:1,)[②]

自柏拉图和亚里士多德的时代起直到《新约》之后的几个世纪

---

① *Ep*. 94.1,Richard M. Gummere,译,Loeb Classical Library。

② 也见《以弗所书》5:21-6:9;《彼得前书》2:13-3:7;Ignatius,*Polyc*. 4:3-6:2;《克雷芒前书》1:3,21:6-9;Polycarp,*Phil*. 4:2-6.1。

中，哲人和演说家经常探讨“论家庭管理”这一主题[①]。它频繁出现在希腊—罗马城市里早期基督徒群体——始自保罗派的第二代——的劝诫文献里，鉴于家是这些群体的基本单位和庇护地，这一点不足为怪[②]。2 世纪早期的牧信及“波利卡普致腓立比人书”一类的著述把家庭管理的主题加以改动，用来讨论本群体的责任和组织结构：“掌管人”（主教）、“助祭”、“长老”、“青年”、“年轻妇女”、“寡妇”等等取代了人们更为熟悉的家庭里面的等级体系。

上面引自《歌罗西书》的家庭规则清楚地说明了保存传统价值与为适应新形势进行革新、变动之间的矛盾。这一矛盾是劝诫类文字的特点。像犹太人或基督徒这样具有强烈自我意识的群体为适合己用而修改此类文字时，矛盾间或会变得更为尖锐。例如，利用“在主里面”这一短语调整了何为“相宜的”的说法中典型的斯多葛式的关注；引进了犹太人关于上帝不偏不倚的信条；提醒主人他们也有“一位主在天上”的话的限制性的含义，等等。此外，《歌罗西书》中的准则与大多数对家庭责任的探讨的不同之处在于，它直接对奴隶，实际上，对所有的下

① 在对新约中的例子的最新阐释方面，主要的著作是 Luhrmann 1980 和 Balch 1981。Balch 1988 对这方面研究的回顾非常有用，也提供了注释书目。

② 关于家庭的重要性，见 Malherbe 1983，60-91；Meeks 1983，75-77；Klauck 1981。

层群体说话。基督教对模式的调整有时比较遵循常规，有时则颇具革新精神，至于它们在实践中引起的差异有多大，仍是争论中的问题①。

篇幅较长的劝诫类著述

我们已经看到，流行的道德话语的基本形式往往围绕着某些起组织、结构作用的意象、模式出现，如“两条道路”，或者用于一些经常探讨的话题之中，如“论家庭管理”。此外，基督教预言者和使徒与同时代的异教徒及犹太人一样，也搞长篇演讲、布道、书信以及文章，指导日益壮大的群体的行为。限于篇幅，这里只能讨论几种。

摘要

我们在前面沃尔特·威尔逊的分析中看到，保罗如何构建“格言集锦”，让罗马人了解自己信中的告诫部分。实际上，这一集锦（《罗马书》12）是保罗的道德学说的摘要或节略。摘要之

---

① 基督教调整所谓的家规，有关调整的性质和程度，见 Balch 1988 以及他考察的其他文献。关于斯多葛哲学对恰当行为的看法的知识大环境，见 Engberg-Pedersen 1990。关于神的不偏不倚，见 Bassler 1979。关于在调整家庭模式中出现的冲突，见 Fiorenza1983，251-84。

后是说明该教导的一系列例子,其中有几个是对保罗在科林斯的近期经历进行归纳而成。所有这些材料都是信的组成部分,以哲学性规劝言辞的风格,向他尚未组建或接触的基督教群体推荐其整体的"福音"[①]。摘要在古代广泛应用于向学生或行外人介绍各种话题,包括特定流派或教师的哲学、科学、或伦理方面的教导,或者篇幅更长的著述[②]。《马太福音》(5-7 章)和《路加福音》(6:20-49)把耶稣的话串起来,形成其教导的梗概,Q 文本中的格言集锦也许就已经是为了类似目的编排的[③]。我们也许可以认为整体而言,福音书都是以格言的风格写就的摘要,瓦伦廷派的基督徒读的《托马斯福音》、或者更为费解的《腓力福音》即为实例。这些作品看来不如典型的哲学格言系统:里面的箴言、轶事、寓言、训喻等不是分析型的,而是用来说明所提倡的整体的生活之道,或作为其例证,这些东西若要起作用需要有人直接教诲指导。

书信

早期基督徒使用的文学体裁中,书信在许多方面都是最重

---

① 关于《罗马书》中的规劝部分和风格,见 Stowers 1981,和 Aune 1991。

② 有关论述如,Marherbe 1986,85-104。

③ Malherbe 1986,85;Betz 1985,1-16,不过还要注意 Stanton 1987 的批评;Kloppenborg 1987,289-316,322-25。

要、最灵活、使用方式最多样的一种。使书信成为这一新团体中理想的交流方式的因素有若干个:以家庭为基础的小群体快速分布到通向地中海盆地诸城市的商途上;罗马帝国统治下旅行相对便捷;在众多的巡游使徒领导下逐步形成的传道策略;以及皈依者由《旧约》以及以色列的群体情感训练而成,怀有"上帝唯一的子民"的特殊身份感。不过,还有一个或许更为关键的因素导致书信后来在基督教文献中占据中心的位置:早期传道者中有一位使徒保罗,其书信绝顶地丰富多彩,修辞技巧无与伦比①。

保罗的书信流传下来,其中第一封已经在本书中频频出现,这并非偶然。《帖撒罗尼迦前书》大量运用希腊—罗马道德忠告里的准则和格言,对其进行修改以适应新皈依者的特殊情况,是一部典型的规劝类作品②。在保罗全部的书信中,相当大的篇幅都是劝诫和道德忠告,给科林斯人的信中此类语言的数量和种

---

① 关于基督徒书信撰写者,见 Stowers1986。关于保罗的影响,见 Babcock 1990,特别是 Gamble 的文章,265-80,该文提出,保罗书信使用的手抄本版式可能由此得以流行。进一步的研究及书目见 Dahl 1976; Aune 1987,158-225; White 1988。

② Malherbe 在一篇论文中论证了《帖撒洛尼迦前书》的劝诫特色,尽管私下传阅 20 年后才于 1992 年发表,该文具有广泛的影响。Malherbe 1987 及 1989,46-66 中概述了他的诸多洞见。他对写给帖撒洛尼迦人的书信的评论将要出版。

类尤为丰富。我们在这些信中看到，古代修辞所提供的策略是何等的灵活，而对于希腊—罗马的诸种准则、犹太人的戒条以及基督徒特殊的新习俗和语言形式等资源，保罗的使用又是何等丰富多彩[①]。

撰写《歌罗西书》的保罗的那位弟子效仿保罗，但写信的风格显然不同于保罗，信中风格各异的规劝话语掺杂，开创了把保罗变成楷模的进程。当然，保罗在其本人撰写的书信中已经运用以"你们该效法我，像效法基督一样。"(《哥林多前书》11:1，比较该书 4:16 以及《帖撒罗尼迦前书》1:6)之类的话把自己当成了楷模。用具体的人当范例是劝诫话语的一个常规特征。出自无名氏之手的牧函《提摩太前书》、《提摩太后书》和《提多书》时间稍晚，可能著于 2 世纪早期。它们把保罗这一榜样发展成一幅虚构的画像，可以说这是留给下一代、起规劝作用的一种遗产。在基督教发端之时，有人，特别是犬儒派信徒大量编写并广为传播诸如苏格拉底、安提西尼(Antisthenes)[②]、第欧根尼以及

---

① 主要参阅 Fitzgerald 1988，Fiore 1986，Meeks 1988，Stowers 1990，Malherbe 1989，1992；最后的一篇还考察了更早的文献。

② 安提西尼(公元前约 455-约 360)，是最忠于苏格拉底的追随者之一。历史上被看做犬儒派哲学的奠基人，很可能影响了第欧根尼的学说，对斯多葛哲学也有影响。他认为快乐基于美德，而美德基于知识，因此是可以传授的。——译者注

底比斯的克雷茨(Crates)[①]这样故往的伟大哲人的书信,牧信的风格与此类虚构的书信十分相似[②]。

人们发现,保罗的书信在教导生活于基督教群体之外的信徒以及遇到信中处理过的情况时颇能派上用场,于是至晚在2世纪早期的某个时候就有人对其进行收集和传播。牧信显示,最初的信函可能就是为此类通用目的而撰,也可能出自其他重要人物之手。在收入《新约》的书信中,《雅各书》与《彼得前书》两封信首先说明为谁而写,在形式上展现出其通用目的(我们或许可以把《犹大书》和《彼得后书》也放入这一类别,《希伯来书》则是特例,下面很快会谈到)。《雅各书》与《彼得前书》将基督教会等同于大流散中的以色列人,均采用了向他们喊话的程式。《彼得前书》进而说明此信就是写给小亚细亚西部罗马行省内由非犹太皈依者组成的基督徒群体。《雅各书》并未进一步指明是为"大流散中的十二个部落"而著,它针对的显然是所有可能读到此信的基督徒。《彼得前书》提醒其听众他们已经受洗皈依,

---

① 底比斯的克雷茨(公元前4世纪)据说是犬儒派哲人第欧根尼的学生,他对斯多葛派创始者芝诺(Zeno of Citium)有重大的影响,在犬儒哲学与斯多葛哲学之间起了连接作用。他散尽家财,以追寻美德为目标,实行禁欲式的自律。他著有一些哲学书信,但已失传,放在他名下的是后世的伪作。——译者注

② 见 Fiore 1986。关于虚构的犬儒派书信的文本及翻译,见 Malherbe 1977。

在此基础上进行训诫;把教诲的话语(修辞手册称此类风格"辞藻丰富")与直截了当的训诫相互交织;而且,整封书信自始至终表现为一个统一的整体。这些特点说明,此信与保罗派的书信颇为相似。雅各则将材料组成结构松散、大体上呈现格言风格的小短文。与大多数早期基督教文献相比,雅各与彼得的希腊语风格优于一般水平,而且能巧妙地把模仿《圣经》和犹太戒条的东西或者直接从中取出的引语与希腊化世界的道德话语中的套话、俗语和准则结合在一起①。

《希伯来书》则是一种更为精致、复杂,甚至是精美的文章。写信者称其为"劝勉之辞"(*logos tēs paraklēseōs*,13∶22),而它的确展示了最初两个世纪的基督教文献中最精美的修辞。此信的目的并非引进新的行为规则,它与《彼得前书》和《雅各书》一样,要求基督徒听众(在种族或语言学的意义上他们当然不是"希伯来人")聆听犹太圣经中的伟大篇章,把它们当做针对自己的道理和教训。最后部分的一连串戒律(13∶1-17)基本上仅

① 关于《彼得前书》,特别要读 Balch 1981。在近期的评论中,Best 1971 和 Brox 1979 提供了很好的概述,以及对范围更宽的文献做了介绍。在对《雅各书》的研究中,Dibelius 1976 对劝诫风格的描述方式多年来有决定性的影响。近年 Luke Timothy Johnson 的一系列短篇研究揭示了雅各书作者比较细微的特点,因此改变了 Dibelius 笔下箴言随意堆集的情景。我们热切期待 Johnson 的评论发表。在见到之前,读 Johnson 1982,1983,1988。

仅是一张惯用概念的清单——“兄弟情谊”,“殷勤好客”,关照囚犯,婚姻,金钱,服从领导,规避异端等等,与其说这些是准则,不如说是实例。在该书大部分篇幅中占主导地位的主题——耶稣崇高的牧师身份,他的自我牺牲——在此简短再现。确切地说,《希伯来书》整篇都是激励第二代基督徒的士气的精美演讲。在其作者看来,他们有丧失热情的危险,为制止这一危险,以《圣经》为根据的训诫围绕两大系列对照展开:一方面是时间的、有末世的,另一方面则是空间的、本体性的。也就是说,一个系列运用众多早期基督教群体中常见的一个主题,宣称,基督徒宣告已经发生的那些事件开启了“终结”的时段。在上帝规划的历史中,这些事件的意义更为重大,因为以往的事件及预言只不过预示它们将要发生。另一个系列则接受此前犹太著述家运用中期柏拉图主义①里常见的形式来阐释《旧约》章节的构想,认为天堂里的东西是真实的,其尘世的对应物仅仅为“摹本”、“影像”。

① 公元前1世纪到公元2世纪之间的柏拉图主义受到亚里士多德的学说、新毕达哥拉斯主义、斯多葛哲学、犹太文化、诺斯替学说的影响,带有明显的宗教因素,被称做中期柏拉图主义或前新柏拉图主义。上帝的心智被提到至高无上、绝对超验的高度,柏拉图主义中的形式和理念变成了神的心智里面的思想,逻各斯成了上帝与尘世之间的中介,再加上灵魂高于肉体的二元论,中期柏拉图主义就这样成为“理解、捍卫《圣经》和基督教传统最好的工具”。重要的中期柏拉图主义者有斐洛、普鲁塔克、亚历山大的克雷芒、殉道者查斯丁、奥里金等。——译者注

《希伯来书》的作者的第一句话宣告其末世论主题(用希腊语读起来铿锵有力,气势非凡):“上帝既在古时藉着众先知,多次多方的晓喻列祖,就在这末世,藉着他儿子晓喻我们,又早已立他为承受万有的,也曾藉着他创造诸世界。”(1:1-2)运用对照的目的是激励众人。信开始不久,一个复杂而带威胁口气的修辞性疑问句就陈述了这一目的:“那藉着天使所传的话,既是确定的,凡干犯悖逆的,都受了该受的报应。我们若忽略这么大的救恩,怎能逃罪呢。这救恩起先是主亲自讲的,后来是听见的人给我们证实了。上帝又按自己的旨意,用神迹奇事和百般的异能,并圣灵的恩赐,同他们作见证。”(2:2-4)①

再举一例便足以说明忠告和激励的书信使用的环境很宽泛,即通常以人们认作其作者的名字命名的《克雷芒前书》。该信是“以外邦人的身份生活在罗马的上帝的教会写给以外邦人的身份生活在科林斯的教会”。从信对听众的指称,我们马上看

---

① Lectures 中的评论。关于《希伯来书》的修辞特点的详尽论述,见 Attridge 1989 年的精彩评论,他还就更早的批评文献提供了详细的书目。关于作为“激励性讲话”的劝诫言辞,见 Worley 1989。他注意到了。比较法是《希伯来书》中主要的修辞模式,这一点我是从 C. F. Evans 在哥伦比亚大学的新约研讨会上宣读(1975 年 3 月 21 日)的未发表论文中首次了解到的,虽然他提到在他之前 Günther Zunz 在 Schweich《希伯来书》与希腊、罗马历史著作家放入战斗前夜对部队演说的将军口中的言辞之间的相似之处(就像莎士比亚在阿金库尔之战前夜给予亨利第五的演说辞[4.3.18-67])。

到，基督徒的“伪外邦人”（我在第二章中用这个词称呼他们）的形象是其身份中的一个重要因素。然而，颇具讽刺意味的是，训诫的主题却正与反文化的行为相反。如果拿掉具体的基督教和犹太信仰的实例，此类书信与哲人、演说家在希腊城市的集会上作的关于“公民和谐”的说教演讲别无二致。此类演讲中最著名的是普鲁萨的狄奥对塔苏斯城发表的第2次演说（稍晚于克雷芒书信的时间）[①]。演说提到的重大危险是市民骚乱或叛乱。科林斯的教会团体中年轻的一派夺走了一些年长主教的位子，至少在罗马的基督徒眼里，骚乱已经出现。克雷芒运用大多取自《旧约》的例子警告众人嫉妒、艳羡、争斗的危险性，说明信仰、殷勤好客、谦卑以及服从的价值，敦促不顺从者记取范例，谦卑做人：“人各守其本分，”则教会便能恢复“和平与和谐”。[②]

遗嘱

古代人普遍认为——这一看法甚至今天也还未完全消失，

---

① Dio Chrysostom, *Or*. 34。

② 鉴于罗马的基督教会在头两个世纪中的分裂状况，《克雷芒前书》把起城邦作用的统一的教会视为理想，这或许是一种讽刺。Maier 1991 及 Jeffers 1991 均试图从社会学角度在对《克雷芒前书》与罗马基督教团体的其他早期文献的比较中进行解读。

一个重要人物在辞世之际向他（“她”则比较罕见）的后代和朋友讲的话至关重要。因此，遗嘱这一文学体裁成为传递被视为先辈的智慧的常见手段，诸如对未来的预言，有关恰当行为的告诫等等。希伯来《圣经》里雅各（《创世纪》49）和摩西（《申命记》，特别是31-33）的临终之言即为生动的例证，耶稣在对观福音（《马可福音》13 以及其他两部福音中与之平行的章节）中的末世论话语也属于这一模式，还有组成《第四福音》14-17 章的一批颇为不同的说教和祈祷。《提摩太后书》自称为保罗的遗嘱（特别要注意 1:6-14），《使徒行传》20:18-35 中保罗的一席话同样如此[①]；而《彼得后书》则被当做使徒彼得告诫众人、并作预言的遗嘱。不过，我们见到的道德遗嘱里最复杂的实例却是《12族长的遗嘱》。该文本于 2 世纪晚期被基督教采用，直至中世纪一直颇为流行。在目前研究中我们对它感兴趣的是，雅各的每个儿子在临终之际都对聚在他床前的子孙就一两种美德或恶行发表一番议论的方式：“流便谈思想”，“西缅谈嫉妒”，“利未谈牧师身份与傲慢”，“犹大谈勇气与贪图钱财及罪恶”，“以萨迦谈单纯”，“泽比伦谈同情与慈悲”，“丹谈愤怒与说谎”，“拿弗他利谈天赋之善”，“迦得谈仇恨”，“亚设谈邪恶与美德

① 《使徒行传》20:18-35 的修辞特征以前在很大程度上被忽视。不过，在耶鲁大学，Kenneth Cukrowski 正在撰写一篇以此为题的论文。

的两个面目"，"约瑟谈贞操"，"便雅悯谈纯洁之心"。[①] 在此，我们再一次看到《旧约》中的事例、犹太教和基督教的神学以及希腊—罗马哲学和修辞中道德方面的老生常谈融合成了一体。

差别

在对早期基督教道德话语中一些最常用的形式的探讨中，我们的主要发现是：该道德在形式和内容两方面都极为普通。然而，基督徒显然认为自己的生活之道里有某种相当特殊的东西，而外界也似乎有同感，否则，当人们刚开始了解他们时，基督徒就不至于遭到如此重大的怀疑。正如我在本章开始时所提到的，造成差别的肯定主要是语境。基督徒的整套社会实践是其特殊语境中的一个重要方面，其行为指南即植根于此，我们将在下一章里更系统地研究这一问题。但是，我们已经在几个地方都注意到，我们探究的诸种语言形式，它们的构思及修辞语境也有若干特质，其中最重要的可以归入 3 个类别之中。虽然后面的章节将更详尽地讨论，现在需要作一点简略的处理。这 3 个

① 英译标题取自 Hollander 及 De Jonge 1985 的评论，认真研究十二使徒遗训，该评论是必读之篇，De Jonge et al 编辑的批评文本也同样。

类别分别是以上帝为参照,以基督为参照,以及以《旧约》为参照。

上帝的旨意

"遵照上帝的旨意",这是《圣经》里常见的说法,早期基督徒经常以此概括其生活目标①。的确,在《约翰福音》里,这就是对耶稣一生的概括。耶稣说:"因为我从天上降下来,不是要按自己的意思行,乃是要按那差我来者的意思行。"(6∶38,比较5∶30)他教导众门徒祷告:"愿你的意旨成全"。在《马太福音》中耶稣在客西马尼重复这一祈祷(《马太福音》6∶10;26∶42)。异教道德家设置自己的生活时遵循的是理性或自然,拒斥追寻享乐、顺从情欲的生活。而《彼得前书》4∶2以及《约翰一书》2∶17则教导说,欲望的对立面是"上帝的旨意"。

然而,人怎么知道"上帝的旨意"是什么呢?用弗洛伊德的话问就是:上帝要求什么?回答这一问题需要洞察力,借用保罗在《罗马书》里的名言,基督徒需要某种"质变",需要"更新"自己的思维方式,才会有洞察力(《罗马书》12∶2)。保罗还给帖撒罗尼迦的信徒写信,说他们已经"蒙了上帝的教训",彼此相爱(《帖撒罗尼迦前书》4∶9)。上帝是怎样具体教训他们的?我们

① 后面第九章有进一步的论述。

只能推断或猜测。不过这里的上下文以及其他地方有一些提示,我们在多处发现定义性的语句:《帖撒罗尼迦前书》4:3 在提出关于婚姻和性的戒律时说,"上帝的旨意就是要你们成为圣洁",这句话出现在保罗提醒众人他先前曾告知新皈依者的"某些戒律"的话里。在《彼得前书》2:15 里,类似的话把上帝的旨意界定为"要你们行善,可以堵住那糊涂无知人的口",在这里,它出现在引用传统的行为规则的语境之中。看来,基督教的头头们使用了一切可用的道德训导手段,向新皈依者仔细说明"上帝的旨意"。

《帖撒罗尼迦前书》第 4 章里同样的语境显示,第一批基督徒的道德话语引进了又一种极其普通的谈论上帝的方式:"因为这一类的事主必报应。"(4:6)上帝是整个世界的终极裁判,他最终将奖赏好人,惩罚邪恶,纠错雪冤。这是早期基督徒与同时代许多犹太教支派共同的信念。当然,异教里没有上帝惩罚邪恶的概念。按照普鲁塔克的说法,在这一点上柏拉图主义者与斯多葛派之间有争论。他指责克利西普斯(Chrysippus)[①]缺乏一致性,因为他一面攻击柏拉图的《理想国》中的思想,一面自己却

---

① 克利西普斯(公元前约 280-前 207)是重要的斯多葛哲人。他师从 Cleanthes,后继他成为斯多葛派之首。他毕生著述,阐述斯多葛主义。——译者注

在别处表达这种思想(*Stoic. Rep.* 16,1040C;35,1050 E) 不过,他们争论的决不是基督徒的末世审判的观念。德尔图良说人们"嘲笑基督徒是因为他们宣称上帝将要裁判"(*Apol.* 47.12,T. R. Glover 译,Loeb Classical Library)。

在德尔图良(Tertullian)①的时代,他相信的那种世界审判也遭到有些基督徒嘲笑。基督徒的末世信仰多种多样,重建一个由创世者管理的正义世界的目标与有些人、特别是现代学者统括在诺斯替教派名下的各类群体的期待正好相反。但是,由创始者改造世界的预言性思想已经、或正在取得支配地位,这场基督教的道德戏剧最终将对西方文化中情感的塑造起巨大的作用,而决定戏剧最后一个篇章的就是该预言。这一话题我们将在第十章里讨论。

基督教著作家惯常把古代社会里盛行的对荣誉及耻辱的奖惩实践转移至上帝的审判的场景之中。在古代地中海世界里,人们喜欢公开颂扬,他们的坦率超过了我们的教育所容许的程度,我们有理由相信当时的基督徒也不例外。然而,他们受到的教育是,真正重要的荣誉是诚信的仆人在世界末日从

① 德尔图良(约160-225)生活在北非迦太基,受过精良的法律训练,皈依后致力于阐述、宣传基督教。他用希腊语和拉丁语著述,在创建基督教的拉丁语语汇方面他的贡献至关重要。他也最早提出三位一体的教义。——译者注

上帝得到的赞许和"荣耀"。此外,面对罪恶的时代,他们也许不得不以尘世的耻辱来换取将来的荣耀[1]。在这样的语境中,"谦卑"变成一种美德,一种在大多数希腊、罗马人眼中颇为离奇的观念[2]。

十字方式

基督教关于正确的谦卑观念看起来肯定很古怪,因为它决定于该运动早期的一个震惊世人的事件——耶稣被钉十字架,而基督教道德家们迅速将这一事件转化为一个多重用途的比喻。马丁·亨格尔(Martin Hengel)和其他一些学者提醒我们,耶稣死于当时人们眼中最耻辱的行刑方式,而基督徒不仅乐意谈论此事,甚至还为之唱赞歌,可谓古怪之极[3]。为了兴起基督教运动,他们必须搞清中心人物的意义:按《希伯来书》的说法,耶稣"轻看羞辱,忍受十字架的苦难"(12:2)。一些人相信上帝让救世主耶稣从死里复生,并成为天上的王,从而战胜了对他的

---

① 见前面第三章。

② Dihle 1957。Rehrl 1961 试图降低强调基督教观念的独特性的调门,正确地指出悠久的希腊道德传统崇尚谨慎、适度。但是,正如 Dihle 所表明的,此类谨慎、适度与基督徒倡导、奥古斯丁做出经典界定的 tapeinophrosynē 并非真正相同的概念。

③ Hengel 1977。

儿子的终极羞辱。在这些人眼里,需要重新考虑关于耻辱和荣耀的一般观念。

保罗是否是将耶稣钉十字架以及其后的复活纳入传教布道的第一人,我们不得而知。可能不是,因为他说自己领受了这一"福音",又将它传给别人(《哥林多前书》15:1-8)。可是,将这一传闻转化为足以构建道德话语的复杂隐喻的人却最有可能是保罗,而不是别人。最熟知的例子是他致腓立比的基督徒的信。为了更有力地呼吁众人用团结、爱他人、谦卑取代"虚浮的荣耀",保罗要求读信者专心思考基督的范式——他虽然"本有上帝的形象","却脱出其中,以奴隶之形出现。"① 早期教会的诗歌——就像保罗引用的"基督赞歌"②——最生动地表现了基督蒙受的耻辱和荣升这一对对立的概念。基督生涯里的两极被保罗及其模仿者用散文的书信塑

① 见 Meeks 1991a。

② "基督赞歌"指《腓立比书》2:5-11 和《歌罗西书》1:9-20 或 1:15-20。这几节赞歌以及《使徒行传》2 和 3 的相关内容说明,在早期基督徒的崇拜活动中,歌唱、赞美是表达、说明信仰重要的方式,后来才强调对它的思考。《腓立比书》2:5-11 赞美基督谦卑虚己,以人的面目来到这世界,上帝将他升为至高,赐他万名之上的名。这几节保罗可能取自早期礼拜仪式,改动后放入给腓立比基督徒的信中。在《歌罗西书》1:11-14 中保罗要求歌罗西的基督徒为基督带来的恩典感谢上帝,15-20 则是对基督至高无上的地位和救赎世界的使命的颂歌。——译者注

造成基督徒生活的楷模。

当然,他们采用的不仅是书信。《约翰福音》以另一首对偶诗歌开篇,以此展开的宇宙舞台全面围绕对耶稣生涯的叙述,通过耶稣自己的话将这一舞台拉到福音的听众的眼前。他的这些话,还有故事人物中的怀疑者、甚至许多信仰者的反应说明了基督徒视为"谦卑"的品质中的一个要点。在基督教圈外人眼中,这种"谦卑"像似其反面,耶稣因此被指责犯了最严重的傲慢自大和亵渎神灵罪:把自己与上帝对等,把自己当成了上帝。对于该书的隐含听众,即熟知这一故事的人,此类指控揭示出贯穿整个故事的深刻反讽,因为实际上耶稣就是谦卑地服从了那差他的父才从天上降临。看见面前的众基督徒拒绝放弃信仰时,普林尼意识到他们绝非谦卑之辈。他给图拉真的信说,他相信光凭其"不肯妥协的固执",这些人就应该受到惩罚。他们不是"谦恭",恰恰相反,在这位总督看来——他本人刚刚凭借继承、过继和勤奋跃升进入元老院议员阶层,他们的举止无畏而放肆,完全与其实际低下的地位和境遇不相称。

基督徒关于耶稣的行为以及上帝通过他所做的事情的特殊信念在若干个方面影响了他们的道德话语。例如,尼尔斯·达尔(Nils Dahl)描述过几种完全可以被称作道德训诫的"早期基督教布道"模式,其中有"救世神学的对比方式",其例子我们在第 2 章研究早期基督教的皈依概念时已经讨论过。比如:"你们中间也有人从前是这样[淫乱的、拜偶像的、奸淫的、做娈童的、亲男色的、偷窃的、贪婪的、醉酒的、辱骂的、勒索的]。但如今你们奉主耶稣基督的名,并藉着我们上帝的灵,已经洗净,成圣称义了。"(《哥林多前书 6:10-22》) 另一种是所谓"目的论"的模式,阐明基督的行为对于信仰者的影响。例如,"他替众人死,是叫那活着的人不再为自己活,乃为替他们死而复活的主活。"(《哥林多后书》5:15) 还有,"你们知道我们主耶稣基督的恩典。他本来富足,却为你们成了贫穷,叫你们因他的贫穷可以成为富足。"(《哥林多后书》8:9) 在两段话里使徒都总结了耶稣的行为对基督徒行为的影响,后一段话的意思是科林斯的基督徒应该与耶路撒冷的穷苦基督徒分享*自己的*财富。这一模拟或类比的道德思考方式可以用达尔指出的第 3 种模式——顺从模式——简洁地说明:"倘若这人与那人有嫌隙,总要彼此包容,彼此饶恕。主怎样饶恕了你们,你们也要怎样饶恕人。"(《歌罗西书》3:13)或者,"主为我们舍命,我们从此就知道何为爱。我们也当为弟兄舍命。"(《约翰一书》3:16) 这同一位作者用这一模式又说"亲爱的兄弟阿,上帝既是这样爱我们,我们也当彼此相爱。"(《约翰一书》4:11,比较《以弗所书》5:2)以此说明了许多人眼中的早期基督教道德的主旨①。

① Dahl 1976c。

在生和死两方面都效仿基督的榜样的基督徒往往投身于可称之为战斗性的苦难之中。《约翰启示录》中的各种异象煞费苦心,极其生动地鼓吹这种蔑视罗马强权的战斗性罹难。安提阿的伊那爵(Ignatius of Antioch)①在信中规划、阐释他本人的殉道之途,这位主教谈论战斗精神和谦卑的美德时的口吻充满强烈的个人色彩,令人吃惊。不久,基督教文库里就增添了一种全新的文学——殉道者行传。此类故事表现为了信仰而执著地经历苦难。在基督教道德于2、3世纪的形成历程中,殉道文学到底起了什么样的作用?这一点很难确定。不过,我们可以猜想,其主要的影响并非在那些冲上法庭,要求殉道的少数人身上,而是体现在这些故事像启示录一样教给听众的宇宙之战的总体意象中。当魔鬼阴谋摧毁信仰,以主流社会为支柱,对上帝的子民发起最后、也必然是枉费心机的进攻时,最朴素的美德——性纯洁、平静的生活、按时参加本群体的仪式、服从首领等——变成了英勇而崇高的品质。

---

① 伊那爵于公元50年生于叙利亚,98-117年之间在罗马殉难。罗马皇帝图密善、图拉真迫害基督徒时他任安提阿的主教,由于抵制崇拜罗马诸神的命令,他受到审判,被送至罗马斗兽场处死。他沿途做宣传工作,得到众多基督徒的关心和爱戴。他写的7封信教导基督徒的信(6封分别给6地的会众,1封给波利卡普)流传至今。——译者注

《旧约》的教育作用

在早期基督教关于责任的话语中,不时还听到另一种声音,尽管它并不一成不变。这就是《旧约》的声音,我们已经在前面举的例证中多次听到。最早的基督徒是犹太人。像我们所了解的那个时期以及后来很长一段时间的其他犹太人一样,他们认为,关于上帝及其旨意,人能够并且需要认识的均只由以色列的《圣经》传递。甚至当形势改变,大多数基督徒都是皈依的非犹太人时,训导他们的还是同样的经书。罗马的教会此时已经以非犹太人为主,他们在给起初即以非犹太人为主的科林斯教会的信中说:"你们有领会力,对《圣经》有很好的了解,亲爱的教友,你们研读了上帝的启示。"(《克雷芒前书》53:1,雷克译)还没有人对《旧约》向最早的基督徒传授道德话语的所有方式进行系统的整理、分类。这应该是很有价值的工作,只是对本书而言,它的分量太大。仅举数例说明其样式。

首先,《旧约》提供规则。《摩西五经》里满是规则,《旧约圣经》中所有的篇章里都有可当规则使用的命令句。再则,里面还有无数的陈述可充当规则的理由,或者是可以推演出规则的原则。《旧约圣经》促进了基督教道德观的形成,在这些方面表现最为明显。保罗的教导使其教派成员懂得,弥赛亚到来之时,他们无法凭借摩西律法做到上帝要求的义。尽管如此,他们的道德训诫中还是用上了摩西戒条。在我们叫做《以弗所书》的广为传播的信中,保罗的门徒引用了“要孝敬父母”的话。在《马可福音》10:2-9中耶稣的话里,我们看到他引用《旧约》里的章节作为准则,由此推演出新的规则:“上帝造人是造男造女。因此人要离开父母与妻子连合,二人成为一体。”注意,对《旧约》中即使很简明的规则的运用却并不一定简单。规则可用于对付别的规则,也可以成为支持别的规则的理由,还可以被吸纳进源自其他文化领域的规则之中。这些情况并不令人惊奇,我们在古代犹太教的许多派别里也看到过类似的现象。

运用《旧约圣经》来塑造道德的另一种简单而熟悉的方法是借用人物作范例,这方面的典范就是罗马教会写给科林斯教会的信中列举的嫉妒和殷勤好客。更广为人知的是《希伯来书》11章里关于信仰的例证。《12长老的遗嘱》将《旧约》和圣传里讲述的祖先、族长的传记片段变成美德与邪恶的范式。正如我们在《哥林多前书》10:1-22保罗的布道中清楚看到的,不仅是信仰史中的个人,而且作为整体的以色列都可以充当好和坏的例证①。《旧约》叙述中的范式性事件被用来彰显美德或邪恶,或充当警世故事。《旧约》里《申命记》的记事者早已把以色列与

① Meeks 1982a。

犹大两个王国的兴衰[1]变成用于说教的历史，而《历代志》的作者步其后尘，只不过方式不同。约瑟夫斯（Josephus）也做了同样的工作[2]。我们将在11章看到，最终伊利内乌斯以及同时代不知名的其他基督徒把儆戒性的以色列历史融入普世性叙述之中，而这一叙述为正在形成的基督教《圣经》提供了阅读模式。

在《新约》的诸多地方我们可以看到这一阅读模式已经产生了有限的作用。我们还看到正在生成的《圣经》诠释的一些技巧（我们用从众拉比处借用的米德拉西一词指称这种诠释[3]），还

① 以色列王所罗门于公元前920年左右死后，权力争夺导致分裂，出现了北部的以色列和南部的犹大王国。面对亚述人的扩张，以色列与犹大之间的权力争夺依然继续，并未联手抗击。公元前722年亚述军队占领以色列首都撒马利亚后放逐大批以色列人，外族人迁入，这些部分地接受犹太教的外来民族后来在《圣经》里被称作撒马利亚人。被放逐的以色列人流散各地，与当地人融合，接受他们的宗教，变成所谓的失散的以色列支族。南部的犹大先沦为亚述的保护国，在巴比伦崛起后于公元前586年落入巴比伦之手：耶路撒冷被占领，神庙被毁，大批犹太人被放逐巴比伦（所谓的巴比伦囚禁）。犹太教与基督教都用犹太人违背上帝的旨意、信仰动摇来解释这段历史劫难。——译者注

② Attridge1976对约瑟夫斯的道德史学做了详尽、富有启迪的论述。

③ 米德拉西一词的希伯来文原意是阐释、评注，它可以指：1. 阅读、理解《圣经》的一种特定的方式，即按照特定群体制定的一套阐释原则寻找上帝的声音、“永恒”的文本的完整、丰富的蕴涵。不同群体、不同时代有不同的原则，因此产生不同的阐释；2. 集结成多册的米德拉西式阐释、评注，它们给《托拉》中往往相当简略的叙述添加细节、详情，如 Midrash Rabbah，Midrash Tanchuma；3.《圣经》的某一章节以及对它的评注。关于《托拉》见87页注①。——译者注

有一些更灵活的再阐释的实例,其中包括异教哲人以及亚历山大的犹太人已经运用过的隐喻。这些阐释模式有时可以服务于正在兴起的主流道德对世界和人性的叙述。不过,此类技巧也可为发出不同声音的其他叙述所用。因此,瓦伦廷从伊利内阿斯称之为“诺斯替教派”那里学到的阅读创世故事的方法就把伊利内阿斯在同样的故事中看到的意义完全颠倒过来。由此可见基督教道德世界的观念的确立过程不可能没有剧烈的冲突。

这一看法把我们带回社会语境的问题。第一批基督徒使用的道德语言显然是许多声音和传统的混合体,这一语言形态多样,可塑性强。因此我们就更有必要追问:在什么样的社会实践中基督教讨论责任的语言用得最为自如?这便是我们下一章研究的题目。

第六章　基督教实践的语法

阿拉斯德尔·麦金太尔(Alasdair MacIntyre)试图恢复美德的概念在道德论述中的中心位置,他首先需要在特定的意义上把社会实践的概念界定为"为诸种美德提供表现的舞台,并且作为依据使它们得到基本、即使并不完全的界定。"[①]麦金太尔举出富有说服力的理由使人相信,美德置身于社会实践之中,它们指向通往内在于实践的善的途径。这一观点与我们对早期基督教道德进行观察的视角不谋而合,也在我们迄今考察的案例中得到证实。

麦金太尔对"实践"一词的界定非常细致,但我们眼下不需要这么复杂的东西,因为我们关注的是一种具体的历史发展,而不是笼统的释义。一种符合常识的定义便足以让我们展开讨论,在前进的过程中,相关种类的实践范围自会逐渐清晰起来。我们想了解什么样的实践塑造、增强早期基督徒的道德情感,并赋予其意义。在此,我们再一次深切地体会到证据是多么残缺

---

① MacIntyre 1984,187。

不全。我们仅仅间或瞥见肯定起过作用的诸种实践，但不知道所看到的东西在当时的流行程度到底有多广。至于它们如何随着时间发展，我们也常常无法确切追溯。不过，重要的是，我们将尽力描述。

仪式

我们的论述从仪式这一实践形式开始，这一顺序是恰当的，因为在一个运转着的宗教群体里面，仪式实为范式性的实践。称仪式为社会实践是否令人惊讶？我们的社会是观者社会，我们自己参与的任何常规的、程式化的活动都变得如此平庸，以致仪式一词听起来都不甚相称。我们叫做“仪式”的东西是别人——特别是远方某个奇异的部落——在遥远的地方做的什么事情，是我们在电视上见到或在文化人类学课上学到的，但离自己作为其中一分子的任何团体都十分遥远。然而，在人类社会的广阔历史中，把自己仅仅当做观者的情况肯定属于例外。在仪式仍然鲜活的地方，它本质上都是社会性的。当然，这是某种二阶社会实践，意思是，它的恰当功能与其他种类的社会实践，即该群体的普通实践有关，并在其中获得意义。仪式是浓缩的行为，目的是将意义集中、聚焦，致使在此神圣的时刻和处所的所作所为层层发散到此前及此后的活动中去，发散到人们在“世俗的”或者说外部世界中做的事情上，让种种可能的阐释在平常事务中回响。当仪式发生作用时，它帮助我们弄懂自己所做的其他事情的意义，一种特殊的意义。

洗礼与行为

基督教运动最早的文献中最频繁提到的仪式就是洗礼，而且在劝诫性的语境中使用得最多。换言之，当作者想要鼓励某些行为时，他们便提醒听众洗礼这一仪式①。洗礼到底在多大的程度上改变了受洗者的行为，这一点我们并不了解。我们不可能采访洗礼之前、之后的这些人，而且，这一时期的基督徒没有一个留下自传。我们见到的都是对洗礼的道德效果的理想化描述，就像第一章和第二章里引用的阿里斯提斯和查斯丁写的东西，以及诸首领描述其应有效果的劝诫性文字。如果我们寻找的是实际发生之事的客观标志，此类证据便显然不能令人满意。但是它至少帮助我们理解洗礼所建立的期望范围。

《新约》中归在使徒彼得名下的第一封信中到处都是对皈依和洗礼的影射，导致一些学者认为这封信原来是洗礼仪式中的、

---

① Kamlah 1964 已经看到了在洗礼与我们第五章中考察的道德话语里的诸多定型的模式之间的紧密联系，虽然他认为基本的劝诫只有一种模式，只用于一种情况的看法是错误的。对新约书信中要“牢记洗礼”告诫的作用，认识最为清楚的是 Nils Dahl：Dahl 1976a。

或是对新皈依者的布道的一部分[1]。最好将其理解为“对洗礼的一种回想”,或者用尼尔斯·达尔的话,对洗礼的提示。这是在小亚细亚西部的基督教群体中广为传播的一种劝诫性书信,呼吁他们在日常行为中实现其皈依的意义。例如,第 2 章开头把洗礼提作“重生”,还有叫他们“脱去”邪恶(如同在洗礼前脱去衣服)的典型劝诫:“除去一切的恶毒、诡诈、并假善、嫉妒、和一切毁谤的话,就要爱慕那纯净的灵奶,像才生的婴孩爱慕奶一样,叫你们因此渐长,以致得救,如果你们尝过主恩的滋味,就必如此。”

接下来是比喻,说皈依者“像活石”一样被建造成基督的“房角石”上的“灵宫”。基督同时也是那不信的人的“绊脚的石头”。这一比喻有《旧约》的引文作支撑,通过对原来指称以色列的《旧约》章节的效仿和引用更确定“灵宫”一词的意思:

> 唯有你们是被拣选的族类,是有君尊的祭司,是圣洁的国度,是属于上帝的子民,要叫你们宣扬那召你们出黑暗入奇妙光明者的美德。你们从前不算子民,现在却做了上帝的子民。从前未曾蒙怜恤,现在却蒙了怜恤。
>
> 亲爱的弟兄阿,你们是客旅,是寄居的。我劝你们要禁

[1] 关于这一点 Cross 1954 的论述最为详尽。有关对一系列类似论点的评论和批评,见 Best 1971,20-27; Balch 1981,10-15;以及 Brox 1979,16-24。

戒肉体的私欲，这私欲是与灵魂争战的。你们在外邦人中，应当品行端正，叫那些毁谤你们是作恶的，因看见你们的好行为，便在鉴察的日子，归荣耀给上帝。(《彼得前书》2：1-2，9-10)

我们在此又一次看到在早期基督徒的劝诫中曾多次见过的张力：一方面，皈依者断然脱离过去的生活以及城市中更广阔的社会；另一方面，他们悄然接受该社会信奉的道德价值——他们终究还是期望社会承认基督徒"高贵的道德表现"。因此，身为上帝在尘世的独一无二的子民，收信者应该把自己当做"客旅、寄居的"，但是他们却需要"顺服" 上起君王及其臣宰的"人的一切制度"(2：13-17)，必须通过妻子尽责地顺服丈夫、仆人顺服主人来维持家庭的良好秩序(2：18-3：7)。总体而言，他们的表现应当让所有的人都看到，他们是不做坏事。倘若仍然罹难，就说明他们正在跟随耶稣的脚踪——世界也曾不公正地让他受难(3：13-23)。①

① 究竟"教派"论还是"同化"论模式更切合《彼得前书》的作者眼中的形势，John Elliott 与 David Balch 两方在争论中提出了截然相反的意见(见他们被 Talbert 1986 收入的文章)。Balch 在争论中占了优势。Elliott 对 Bryan Wilson 的教派类型的运用经不起推敲，而且他未能在社会现实与劝诫话语中的比喻之间作足够的区分。不过 Balch 有时过于强调《彼得前书》的话语中主张同化和辩护的声音。事实上，该文献，以及众多的早期基督教(和其他教派)文献的特点正是疏离与归属之间的张力。

《歌罗西书》和《以弗所书》是被归在保罗名下的两封信，表现出类似《彼得前书》中的特点。它们提醒听众上帝与基督为引导他们皈依、受洗都做了什么，并把这一点作为劝诫的根据，要他们遵循已经教给他们的信仰和行为标准。正如我们在《帖撒罗尼迦前书》中所见，这一训诫模式深深扎根于保罗本人的训诫方式，而且，看来在保罗派中它已经相当成型。

对洗礼的道德意义最详尽的论述之一出现在保罗给罗马人的信的第 6 章里。保罗还没有与罗马的基督徒众团体见过面，他希望不久能去那里。他推出一套极其复杂的论证，目的是把“福音”传递给他们，这一章就是该论证的关键部分，因此相当难。保罗在此终于谈到了他在第 3 章中已经意识到的反对意见——任何认真读信的人都一定会提出的反对意见。如果现在在犹太人和外邦人之间已经没有区别，二者平等地站在上帝不偏不倚的裁决面前；如果这一平等地位仅仅源自上帝彰显于律法之外的公义；如果现在认为，律法夸大人的罪行的目的仅仅是让上帝给犹太人和外邦人的恩典都同样充沛；那么，基督教信仰岂非完全与道德无涉？如果戒律的体系不再规定实行上帝的公义的方式，那么，道德生活岂非完全没有了规范？正如保罗在该章的几个关键之处所言：“那么，我们是否可以继续犯罪，让上帝赐给更多的恩典和宽恕呢？”（6∶1-2）“我们得救是依靠上帝的恩典，而不是依靠遵守律法，这就意味着我们可以犯罪么？绝对不是。”(6∶15)①不过,他知道这么讲还不够。

保罗在这一章中编织了一张绝佳的隐喻之网,但详尽的解释会让我们偏离主题。我们只需把注意力放到一个事实上:如果保罗的论证要起作用,听众必须已经具备被基督教团体吸纳入门的经历,而且该经历的方式至少能够让保罗做象征化的处理。保罗提醒已经受洗者他们共同的新起点,并利用它增强训诫的力度。他说:“岂不知我们这受洗归入耶稣的人,是受洗归入他的死么。所以我们藉着洗礼归入死,和他一同埋葬,原是叫我们一举一动有新生的样式,像基督藉着父的荣耀,从死里复活一样。”(6∶3-4)洗礼代表一种死亡与复活,而复活意味着新生。入门的仪式尽其可能浓墨重彩地表现旧与新、皈依者脱离的世界与他或她此刻进入的世界以及“旧人”与新人之间的断裂。

然而仪式中并未清楚说明新生活的形态,它是开放的。早期基督教作者在提醒的文字里以各种不同的方式将生命与仪式挂上钩。以保罗使用“行走/一举一动”(pcripatcin)一词的几种

① 保罗的意思是人靠上帝的恩典得救,而不是靠遵循犹太律法。但是受洗、得救并非一劳永逸。他在2∶17-29中说,犹太人得到了上帝的律法,但如果仅仅懂得律法,拿它们去教导别人,自己却不遵守,他们便不可能保持自己在上帝眼里的特殊地位。同样的道理,基督徒得到上帝的恩典,洗清了罪恶。但上帝的恩典绝不是他们作恶的特许证,相反,他们的行为应该符合已经受洗“成圣”的新身份。——译者注

方式为例:洗礼中我们的过去死了,我们与基督一起从死里复活,保罗说其作用应该是我们"一举一动有新生的样式"。这是他讲道德行为时常用的隐喻,也是同时代及后来的其他犹太作者所常用的。后来,这一隐喻凝固成一套规则的常规名称,属于《密西拿》或《托塞夫塔》中的《哈拉卡》①一类,而这不是保罗所指的意思。这样比较并不是说,与保罗相比,拉比们规范行为的方式本质上不够灵活,而是说他们在某些具体的戒条范围内应用以及进行再阐释的过程中取得了适应性。《帖撒罗尼迦前书》2:12 表现了保罗的典型做法,他在该节中提醒新皈依者他训导、告诫他们的过程,他的目的是"要叫你们行事对得起那召你们进他国得他荣耀的上帝"。这又是一个模糊的表达方式,但并非完全没有轮廓。上帝有品质,皈依者已经就此受过训导。"皈依"实际上明确地是"离弃偶像","归向上帝,服事那又真又活的上帝"。(《帖撒罗尼迦前书》1:10)不辱没这个上帝的行为是

① 《密西那》汇集了所有的犹太口头律法及诠释,最终于公元 200 年左右由拉比犹大 · 哈 · 纳西编订而成。它有 6 卷(Seeds, Festivals, Women, Injuries, Holy Things, Purifications),每卷中有若干篇专论,每篇专论由若干章组成,共有 63 篇专论,523 章。《托塞夫塔》是对《密西那》的增补,结构与《密西那》几乎完全一样,由回目、专论组成,由拉比希亚和拉比奥沙阿编订而成。哈拉卡一般指包括在《密西那》和《托塞夫塔》里规范犹太人生活的全部口头律法、规章。——译者注

指符合他的品质，而且符合他召唤——也就是洗礼这一仪式赞美的——的行为。

此外，没有哈拉卡并不等于基督徒的行为就没有规则可循，在上一章里我们见到众多的例子说明了这一点。实际上，保罗在《帖撒罗尼迦前书》里提醒皈依者受洗时学到的具体戒律（4:1-2），不过，这些戒律以及其他信里的戒律都包含在对洗礼的提示性话语里了。每一条此类告诫都让人回想起该经历的状态，以及洗礼强调要学习的东西。它要求众人行动总要符合那种状态，但至于具体怎么符合却有一定的开放性。

对洗礼的提醒不仅存在于书信和告诫文字中，每一次洗礼都向所有在场的信徒再次展现他们自己当初的经历，重现从死亡到新生的历程，提醒他们在庄严的情景中承诺的责任。希波吕托斯（Hippolytus）的《使徒之传统》①告诉我们，在2世纪末罗马教会里已经形成了怎样一种精致而复杂的接纳新皈依者的做法：在训诫阶段之初，引导人把候选者引见给教会，并负推荐的责任。然后，教会对候选者的职业和社会地位进行盘问。慕道

① 希波吕托斯（？-约236）罗马教会的长老，死于流放地撒丁岛，被尊为殉道者。他担心教会急于革新，于是撰写《使徒之传统》以保存2世纪教会的传统。他以希腊语著述，论述神学问题，阐释《圣经》。但在罗马希腊语已不再通行，人们对他的著述失去兴趣，因此希腊语原著均已失传。流传下来的作品大多不完整，而且是罗马帝国东部的语言和斯拉夫语的译本，多有讹误。——译者注

友阶段结束之时,要审查候选人的"生平"(第15-16节,20节)[①]。种种审查,以及夹在其间的训导不仅让慕道友铭记教会对受洗入教者的生活有什么样的要求,也在这一点上给引导人和整个群体留下深刻的印象[②]。

圣餐与凝聚群体

增强早期基督徒的特殊身份感的另一种重要仪式就是主耶稣的晚餐,或圣餐(意为"感恩")。由于举行圣餐远比洗礼更为经常,它提供了更多的机会让基督徒的特殊身份对于恰当的行为模式的意义铭刻在仪式参加者的思想里。正如《哥林多前书》11:24,25中"为的是纪念我"所示,圣餐与洗礼一样,也是一种回忆它所象征的神圣经历的机会。

哥德·泰森(Gerd Theiβen)说明,为了打消科林斯的基督徒根据自己的社会地位产生的期望,保罗在《哥林多前书》11:17-34中提到主耶稣的晚餐。在平常社会里,任何不同社会阶层的人一起吃饭的场合都可能变成体现他们之间的距离的机会。例如,小普利尼在一封信中向朋友描述,他应邀赴

---

① 这里指的是Botte 1963的版本。该版本各节的编号与Dix 1968的英语版有一定的差别。

② 关于洗礼如何在罗马诸教会的身份形成中起作用,Finn 1989做了有趣的分析。

宴，主人与相同社会地位的人斜靠在桌前，桌上有若干道美食佳肴，伴以一系列美酒。而自由民——即解放的奴隶——却被隔开招待，上的是普通的饭菜和几乎无法下咽的葡萄酒。普利尼不赞成这一做法（“我请客是为了让大家吃饭，而不是要区分阶级”），但他描述的事情却很普遍。[①] 在科林斯，“教会聚会时，各人自行吃自己的饭，甚至这个饥饿，那个酒醉”[②]，显然，很少有人认为这是什么值得注意的事情。然而，保罗坚持认为，此类表现就是“蔑视上帝的教会，羞辱没有财产的人”。这一行为源自“又吃又喝，却不认识肉体”，疾病与死亡将是其悲惨的后果。[③]

一本叫做《十二使徒遗训》的2世纪教会手册命令说，“为了不让你们的圣餐礼遭到亵渎，”任何基督徒与人吵架后必须先和好，才能来领圣餐。《遗训》为圣餐仪式规定的祷词强调仪式的

---

① Pliny，*Ep*. 2.6，Radice 译，1963，63。

② 在这里，保罗心里的纪念耶稣最后的晚餐的仪式性圣餐显然是全体会众出席的一顿正餐，他担心比较穷的教徒被排除在活动之外，或分到的食物比比较富的教徒少。不过教会后来把仪式性圣餐与不包含礼拜仪式的信徒聚餐分开。圣餐（Eucharist）一词出自希腊语“感恩”。信徒聚餐叫 Agape，这是一个意思是“爱”的希腊词。保留这种兄弟般的聚餐的部分目的是创造一个与穷弟兄共享的机会，当然身份高低贵贱的差别实际上往往导致聚餐中发生歧视现象。——译者注

③ Theiβen 1982，145-74；也见 Meeks 1983，157-62。

融合作用,只是主要从地域和末世、而不是从社会的角度。它说:“正如掰开的面包撒在诸座山头,却又被敛聚在一起(比较《约翰福音》6:12-13),成为一个整体,也要让你的教会从世界的各个角落聚集到你的国度……主啊,请不要忘记你的教会,把她从罪恶中拯救出来,使她在你的爱里变得完美。把神圣的教会从四面八方聚集到你为她准备的国度。”(《十二使徒遗训》,9:4;10:5,雷克译)

诚然,仪式的意义——所有仪式的意义——都带有某种含混,它可以有多种阐释。科林斯的家庭教会里的有钱人显然看不见保罗看到的意义,保罗的理解也不一定导致社会变革。“有些人家里有吃有喝”,而其他人则没有,大家把这种情况视为理所当然。在保罗眼里,重要的是,有钱的和没钱的“聚集在一起”的时候不能让后者受羞辱。当“主耶稣的晚餐”被办成“某人自己的晚餐”,办成有钱人家里举行的又一个“吃喝”活动,而不是纪念主耶稣之死的场合,羞辱穷人的情况就发生了。就在同一封信靠前的地方,保罗提到耶稣之死,责备那些依仗宗教知识自诩比某些其他的基督徒更高一筹的人说:“因此,基督为他死的那软弱弟兄,也就因你的知识沉沦了。”(《哥林多前书》8:11)《哥林多前书》11:17-34暗示了类似的道德推理之链:圣餐象征基督为全人类而死,这意味着参加圣餐的人应该把彼此的需求和感情放在本人的荣耀之前,而科林斯的基督徒显然没有看到这二者之间的关联。仪式提供一种戏剧性的架构,可以在其中及其上建立一种道德推理的模式,于是在仪式与普通的生活经历之间便出现了一种相互阐释的关系。

当不准参加仪式变成惩罚性的制裁时,仪式与行为之间就有了直接的联系。我们在上面看到罗马教会如何形成一种惯例,对申请受洗者进行筛选,排除那些坚持从事不正当的行当或参与渎神活动的分子。保罗给科林斯人的第一封信现已经佚失,他在信中警告基督徒不可与自称为弟兄、却做了他列举的恶事的人交往,“就是与他吃饭都不可”(《哥林多前书》5:11)。在保存下来的《哥林多前书》里,他下令将一个道德败坏、公然不顾廉耻的家伙正式驱除出教会(5:1-13)。《帖撒罗尼迦后书》3:14-15 规定大家不能与“不按规矩而行”的人交往,但做事要有限度,以使受罚者“受到警告”,“自觉羞愧”,不过不要以他为“仇人”。不许跟大家共餐是此类制裁中最显而易见的做法。

次要的仪式

塑造道德情操,在其中起作用的不仅是正在演化为关键的圣礼的仪式。次要的、甚至是私人的活动、或重大仪式中反复举行的小规模活动与习俗也可能有累积性的作用。例如,马丁·亨格尔(Martin Hengel)提请我们注意早期基督教圣歌在教会群体本身及其基督论的形成中同时起的重要作用。[①]《歌罗西书》提到在“彼此教导、互相劝诫”的情景中使用“诗章、颂词、灵歌”(3:16-17)。形式主义批评家已经发现若干程式化的文字融入了基督教书信中,它们很可能就是当时仪式中使用的诗歌实例。其中最确定的是保罗在《腓立比书》2:6-11 中引用的“圣歌”,另一个例子是保罗的门徒在《歌罗西书》1:15-20 中引用的一段。两个例子都清楚显示,书信中引用诗歌作为道德劝诫的根据。《腓立比书》中基督“自己卑微,存心顺服”,这是教会里“谦卑”和关心、热爱他人的行为的根据,也是榜样。《歌罗西书》中天上的基督使众人和好,这种和好应该体现在教会群体的和平与和谐之中,而不是作者所反对的神秘教派里的苦行。[②]

关于仪式性话语塑造行为的潜在价值,《歌罗西书》3:17 中又有一个提示:“无论做什么,或说话或行事,都要奉主耶稣的名,藉着他感谢父上帝”。这就是把仪式中唤起的意识推进到日常生活之中的手段。我们在《使徒传》里看到 2 世纪的罗马教会如何规定始于黎明的固定祈祷时间:“早晨,当虔诚的男女从睡眠中起身,让他们在做活之前先要洗手,祈祷上帝,经过这样的

① Hengel 1983,78-96; nn. 188-90。

② 对《腓立比书》中情况的进一步论述见 Meeks 1991a;关于《歌罗西书》,见 Meeks 1997。

准备再去干活。”(第41节)随后,在一天中的第3小时,无论身在何处,都应该“祈祷并感谢上帝”,因为“基督在此时辰被钉十字架”。在第6小时,又要回想降临在十字架上的“巨大黑暗”。在第9小时,回想从基督肋旁流出的血与水。到了就寝时间还要祈祷。更令人惊讶的规定是半夜还要起身,净手,再次祈祷——如果妻子也是信徒,则与她一同祈祷。“长老们将这一传统教给我们,他们说,此时,一切被创造的——星星、树木、流水以及全体服役的天使等,都休息片刻与义人同来颂扬上帝”(第41节)。这里提到“服役天使”[①],让我们想起在《死海古卷》里发现的“安息日献祭歌”[②],这表明库姆兰派的成员认为自己的行为和祈祷与天使崇拜上帝是联系在一起的。[③] 倘若教会当真

---

① 《圣经》和其他典籍里的天使各司其职,有赞美上帝的、负责打仗的、报信的等等。《希伯来书》1:14说:“天使岂不都是服役的灵,奉差遣为那将要承受救恩的人效力么?”服役天使为忠于上帝的人效力,其具体任务是教育、指导、保护他们,帮助他们满足上帝认可的衣食住行方面的需要。——译者注

② “安息日献祭歌”即“天使礼拜歌”(Angelic Liturgy)的内容是天上的神庙里天使礼拜、赞美上帝的情形,由13个独立部分组成,分别用于一年头13个安息日的礼拜仪式。学者们从古文字学的途径推测“安息日献祭歌”作于哈斯蒙家族统治末期和希律家族统治早期,不会晚于公元前75-前50年。多个库姆兰古卷中载有“安息日献祭歌”,这说明在犹太教神秘教派的仪式中,吟诵此歌是制造礼拜者与天使沟通的心理效果的主要手段。——译者注

③ Newsom 1985。

能够说动众多普通成员半夜起床这样祈祷，则会帮助他们明白自己日常生活常规的语境非同一般。

禁食往往与祈祷相提并论。在特定情况下节食是古代普遍的宗教行为，其他的禁欲方式也被当做接近神灵前的恰当准备，保罗在《哥林多前书》7:5 中就提出在祈祷期间夫妇可以两厢情愿，暂时分房。在异教关于进入神殿的规定中经常提到各式各样的回避。① 《十二使徒遗训》把星期三和星期五定为基督徒禁食的日子，好让他们与“伪善者”（指犹太人）区别开来（8:1）。它还具体规定准备受洗者与施洗者均应与“其他任何能够”禁食的人一起禁食（7:4）。禁食往往是接受神启前的一种准备工作，例如，赫马就经常提到自己禁食（6.1[*Vis*. 2.2.1]；9.2[*Vis*. 3.1.2]；54.1[*Sim*. 5.1.2]）。现代阐释者常常会考虑禁欲的生理后果，它也许会使人比较容易入定。但向赫马现身的“古代女子”却把禁食当做谦卑的表现：“提任何请求都需要谦卑：因此你要禁食，这样你就能得到祈求上帝赐给的东西”（18.6[*Vis*. 3.10.6]，雷克译）。此外，牧人还把赫马以前的禁食斥为“徒劳”，“毫无意义”，从道德的角度提出对禁食的新解释：“为上帝禁食要这样做：生活中不要作恶，而是以纯洁之心侍奉上帝；遵循他

① Sokolowski 1955 和 1962 中有许多例证：见“purete,”“purifications”等条目。

的戒律,行走在他的律令之中,不要让心里生出邪恶的欲望。相信主,只要你做到这些,敬畏他,规避所有的恶行,你就能符合上帝的要求;如果做到这一点,你就是完成了一种了不起的禁食,一种能够被上帝接受的禁食”(54.4.-5[*Sim.* 5.1.4-5],雷克译)。

牧羊人对赫马讲了一则寓言,说的是一个仆人干了远远多于主人吩咐的活计,然后与其他奴隶分享其奖赏。讲完后,他就禁食问题给赫马一些具体的指导:“你先按照上面的规定做,然后在禁食之日除面包和水外不许碰任何东西,你要计算那日你原本会吃掉的食物的价钱,要把这钱给寡妇或孤儿,或某个穷困者。这样你就是谦卑了”(56.7[*Sim.* 5.3.7],雷克译)。

当然,禁食只是早期基督徒实践禁欲克己的诸种方式之一。一些群体把禁欲当做界定基督徒生活方式的规则,我们已经在第四章托马斯派文献中看到一些实例。到了第八章我们将更详尽地探讨基督徒的信仰与行为中体现的对身体的种种看法。

神赐异能

我们必须牢记仪式从属的奇迹文化,否则便无法理解早期基督教群体的仪式活动所编织的象征之网。基督徒讲述的关于耶稣及其使徒的故事中充满奇迹;此外,这些团体的实际聚会中也充溢着对异乎寻常的事情的期待。以痴言醉语为例，科林斯的一些基督徒如此看重蒙圣灵感应时发出的痴迷之辞，导致保罗在信中颇费了一番苦心，以克服其过火之处以及它所造成的分歧(《哥林多前书》14∶1-33)。在说理的过程中，他提到其他几种信徒陷入痴迷状态的现象："你们聚会的时候，各人或有诗歌，或有教训，或有启示，或有方言，或有翻出来的话"(14∶26)①。由此可见，科林斯家庭教会聚会时的气氛不可能阴郁沉闷。在同一封信稍前的地方，保罗也是在敦促难于驾驭的教会团结起来的语境中提到有"行异能的，得恩赐医病的"，和"说方言的"(12∶28-30)。《雅各书》里则有这样的指示："你们中间有受苦的呢，他就该祷告。有喜乐的呢，他就该歌颂。你们中间有病了的呢，他就该请教会的长老来，他们可以奉主的名用油抹他，为他祷告。出于信心的祈祷，要救那病人，主必叫他起来。他若犯了罪，也必蒙赦免"(《雅各书》5∶13-15)。

雅各治病的处方不同于实验医学推荐的办法，而寄希望于奇迹的做法会影响群体的道德盘算。人们在计算自己行为的后果时必须把上帝的干涉考虑进去，例如，"有罪"的可能性介入了对疾病及其治疗的讨论。这不是一个简单的信念被加入实践的问题，而是信念解读实践，同时实践增强信念。从理论上看，很

① 见97页注①。——译者注

容易认为仪式的繁文缛节与自发的超凡能力是对立的东西。可是,我们要是细察有神迷癫狂特征的群体的行为,比如现代的五旬节派教会,便会在他们的言语和举止中看到明显的规律。超凡能力的"自然"喷发是对特定词语、节奏、音乐、身体动作等暗示的反应,在可预见的时间触发。[①] 经验有力地强化了制造经验的行为,增强解释经验的信念。假如一个人参加仪式化的活动,看到周围的人进入迷狂,受神启而发话;假如整拨人都加入有节奏的吟唱,同时另一些人则开始说话迷狂,无法听懂;假如老人把手放在病人头上,宣布他们已被治愈;假如关于其他奇迹的故事被反复吟诵;那么,除非一个人拥有古代卢奇安或现代学者的怀疑主义用作防卫手段,他的道德观念以及想象能力都极其可能受到影响。

警告与制裁

自死海古卷发现以来,犹太教的爱赛尼派与后来成长为基督教的派别之间的种种相似之处给许多人留下了深刻的印象。

---

① 就我所知,对神授异能及其社会环境的最有用的描述见于 Goodman 1972。降灵节的习俗如何与纷乱的普通世界交叉、重合,Romulu Linney 的剧 *Holy Ghosts* 展现了一幅出人意料的图画,它挖苦,滑稽,却又敏感、和谐,令人赞叹。

尽管相似点有时被夸大，但它们确实存在。其中一个事实就是，两个小团体似乎都把监督自身成员的行为看作自己的责任。古卷中的“教派规则”和所谓的《大马士革规章》[①]均为群体生活立下了颇为具体的规定以及执行办法。在早期基督教的文献中我们没有找到类似的东西，不过有充足的证据说明，早期基督教的基本活动中包括了相互警告、批评与制裁，目的是减少偏离的现象。

警告和批评的做法在早期基督徒写的书信里最引人注目。正如斯坦利·斯托尔（Stanley Stowers）所指出的，基督教是书信撰写者的运动，而他们绝大多数信件的作用——或整体、或部分——都是劝诫，[②]敦促群体或个人做人做事要符合撰写者对基督教的看法。不仅于此，它们还敦促收信人互相警告、批评，或

① 1896年犹太学者所罗门·谢克特于在开罗老城区的犹太会堂储藏室里发现了“大马士革规章”，库姆兰古卷之一的“教派规则”发现于1947年，两种古卷的时期大致在公元前125-前70年。“大马士革规章”主要有3部分内容：1，训诫；2，律法；3，宗派教规。这两种古卷之间有许多类似之处，如词语、律法传统等。据推测，“教派规则”可能产生于一个准修道院式的禁欲群体，而“大马士革规章”则可能出自与其同时期但不如其严格的团体；另一种推测是遵循“大马士革规章”的团体演变成为使用“教派规则”的团体；更有一种看法是，“大马士革规章”出自一个真实存在的团体，而“教派规则”却只是反映想象中社会的乌托邦文件的抄本。——译者注

② Stowers 1986，15 及其他各处。

者叫他们听从首领的教导。

我们在上一章里已经看到，基督教的劝诫和道德忠告的形式和语言与圈外大世界中的哲学家、演说家使用的往往难以区别。基督教撰信人，大概还有当地的预言者和教师随心改编希腊、拉丁社会的一个久远的传统——psychagōgia（引导灵魂）——的话题和方法。当时哲学被普遍地当做医治灵魂疾病的一种疗法，与使用希腊语的犹太著述者们一样，后来的基督教作者们也接过了这一传统。

不过，在教授哲学的学校里，是由教师对其学生施行这一疗法。演说家说教时操起类似的话语—也许是在一个公共剧场，面对成千上万的听众，传递的信息实际上却仍然针对个人。灵魂罹病的原因是自私、欲望、激情，以及对何为本质、何为理性无法控制之物混淆不清，但它最终必须治愈自己。伊壁鸠鲁派（如果我们对新毕达哥拉斯派有更多的了解，也许会把它也加上）除外，哲学并不提供"集体治疗"。古代宗教也不负责医治灵魂。我们几乎可以同意爱德温·加奇（Edwin Judge）的看法：同时代的非基督教教派的活动中没有此类道德劝诫，因此在人们眼里，基督教群体不像个宗教团体。[1] 职业演说家公开演讲，给扈从或

① Judge 1980；不过请参阅 Meeks 1983，140 中我的评论。

朋友写信,穿着古怪的犬儒派哲人在市场或店铺里侃侃而谈。然而,通常只从这些受过良好教育的精英口中才能听到的诸种话题,却出现在寻常基督徒家庭里的议论之中。塞尔苏斯(Celsus)抱怨,基督徒的做派好像"最蠢、最没文化的乡巴佬"都能学会道德哲学。奥利金说塞尔苏斯说对了,而且认为正是这一点给基督教增光添彩。①

基督教道德家不仅利用演说家与哲人使用的道德话语传统,而且利用学校、特别是家庭对儿童的道德教育。洗礼把皈依者带进一个新家庭,这一编造之词毕竟深植于他们的常用语言之中:他们互称兄弟姐妹,父子。而且,我们已经看到,家庭是城市基督教的基本单位。在这样的家庭"会议"上进行道德训练,给予忠告和批评,就像在自然家庭里一样,并无任何不妥之处。然而,在这类家庭里,教导已经成人的"孩子"、监督其行为的不仅是家长或他雇用的教师。家长自己——无论是男子或妇女(看来早期基督教保护人中相当一大部分是妇女),都在与各种有神赐异能的教师和首领们(预言者和女预言者、有特异功能之徒、巡游的使徒等)争夺道德权威。我们从书信中窥见的基督徒聚会表明他们的群体实行互相批评。举《巴

① Origin, *Contra Celsum* 6.1-2。

拿巴书》[1]为例,它敦促收信人要"当彼此的立法者,忠实的指导者,去掉自己身上的一切虚伪之处"(21.4,雷克译)。

基督徒的此类聚会的参加者不仅互相批评,若有人不听批评,他们还要通过制裁进行管教。耶稣在《马太福音》里立下了纠正错误的规则:"倘若你的弟兄得罪你,你就去乘着只有他和你在一处的时候,指出他的错来。他若听你你便得了你的弟兄。他若不听,你就另外带一两个人同去,要凭两三个人的口作证,句句都可定准。若是不听他们,就告诉教会。若是不听教会,就看他像外邦人和税吏一样"(《马太福音》18:15-18)

在更早的文献《哥林多前书》里有我们熟知的东西:保罗要求严正驱除一个与继母同居的人,并将其"交给撒旦,败坏他的肉体"(《哥林多前书》5:5)。我们在前面看到,保罗提起早些时候的一封信,他在信中指示科林斯人不要与自称为"弟兄"的邪恶之徒相交(5:9-11)。我们在《帖撒罗尼迦后书》3:14 里也听

① 《巴拿巴书》是《新约》的外经(虽然曾经被克雷芒、奥利金、哲罗姆等视为正典),成书的时期应该在公元70 年耶路撒冷的神庙被毁与132-135 年发生的第2 次犹太人起义之间。作者巴拿巴虽然名字与保罗的传教伙伴巴拿巴同名,但不是同一人,而且究竟是谁不清楚。《巴拿巴书》的内容包括两部分:1. 在世界末日、最后的审判即将到来之时,基督徒应该摆脱犹太仪式性戒律的约束,专注于美德,规避罪恶;2. 要求读者以新的方式理解《旧约》,看出里面对基督、受难、他的教会的种种预示,把其中的戒律看作讽喻的手段,目的是理解基督教体制和美德。——译者注

到了同样的规避要求。在构成早期基督教教会的关系紧密的群体内,这是一种强有力的制裁。我们也知道,即使在现代社会,那些继承了宗教改革的左翼衣钵的诸教派(例如门诺派和严紧派①)对偏离分子采取的正式回避措施是何等有效。该行动的真正威力也许并不在于成功地使受指控者回头,即使他弃教而去,这一清除对留下的人也是一个生动的教训。

殷勤待客与控制

在中东地区殷勤好客过去是、现在仍然是人们珍视的美德。俄底修斯是希腊传说中漫游者的范例,他做客时的不同遭遇说明了殷勤好客的美德以及虐待异乡人的邪恶。在荷马史诗里对德墨忒耳的颂歌里,女神乔装打扮成游荡的异乡人,哀恸被劫持

① 门诺派出自16世纪宗教改革时期的再洗礼派(Anabaptists),在教义上既与天主教有冲突,也与新教有分歧。由于受到宗教和政治方面的压制,他们逐渐分散至欧洲和北美洲各地,其中移民到北美从事农业的大多出自瑞士和德国南部的分支。19世纪以来的传道活动使这一派别成为跨民族、跨文化的宗教,分布到世界各地,总人数超过一百万。严紧派(Amish)是门诺派(Mennonites)中的一个主张改革的支派,17世纪时因认定门诺派风纪不够严谨而分离出来。门诺派和严紧派强调和平、正义、集体、互助,有严格的纪律约束,认为纪律是心灵之旅的路标和指南,对各种违反纪律的行为有包括开除出教派的明确严厉的惩罚措施。——译者注

的玻尔塞福涅，而宙斯则经常被称作异乡人的保护者。对于由巡游者传播的基督教运动，殷勤好客具有更为特殊的意义。在《马太福音》关于绵羊和山羊的寓言中，人子对他右边的人说："我作客旅，你们留我住"。又对别人说："我作客旅，你们不留我住"。他接下去解释说他遭遇的就是弟兄中"一个最小的"命运，而在马太福音里"最小的"特指巡游的福音传道者，他们的情况可以从第10章中12门徒身上看出。此外，它可能还指基督教运动里其他的边缘分子（《马太福音》25:34-46）。

殷勤好客在基督教美德的清单里占据了重要位置，《赫马牧人书》38.10（*Mand* 8.10）即为一例。关于12座山冗长乏味的寓言是书中第9个"寓言"，里面称来自第10座山的模范信徒就是"主教及殷勤好客之士"。由于主教们"总是自己动手，给穷人和寡妇以庇护之所，从不间断"，殷勤好客之士便"总是乐意欢迎上帝的仆人来到自己家中，而且从不张扬。"（《赫马牧人书》104.2[*Sim*. 9.27.2]）再看《希伯来书》，它的终结训诫首先敦促人们要弟兄相爱，紧接着便命令："不可忘记用爱心接待客旅。因为曾有接待客旅的不知不觉就接待了天使。"（《希伯来书》13:2）。毫无疑问，这里指的是亚伯拉罕（《创世纪》18）和罗得（《创世纪》19）的故事。关于"信仰与好客"，或者说"好客与宗教虔诚"，罗马教会在给科林斯教会的信中列举的头两个榜样就是亚伯拉罕和罗得。第3个是"好客的拉哈"，她与以色列的祖先一样,由于信仰和待客殷勤而得救(《克雷芒前书》10:37;11:1;12:13)。在争吵发生前,科林斯的基督徒也因信仰和好客而受到赞扬:"在你们那里住过的有谁没有为你们坚定崇高的信仰作证?谁没有仰慕你们基督徒富于沉思的虔诚?谁没有四处宣扬你们宽广无边的好客精神?"(1:2,理查逊译)①

我们在前面指出,这封信的开头说明写信与收信的教会都是"住在城里的外邦人"。殷勤待客的习俗提醒基督徒,如同《希伯来书》所言:"我们在这里本没有常存的城,乃是寻求那将来的城"(《希伯来书》13:14)。查斯丁在其《护教文》中把"住在城里的外邦人"放在每个星期天募捐救助的穷苦人的名单上(*Apol.* 67.6)。对那些实际上以及法律上的"外邦人"的照应可以提醒教会记住自己是尘世的"外邦人"这一象征性身份。

关于殷勤待客对基督教运动发展的重要性,保罗的书信提供了具体的事例。保罗为奴隶阿尼西母写信给腓利门以及在腓利门和亚腓亚家的教会,信中他请求主人"还要给我预备住处"(《腓利门书》22)。保罗在《罗马书》中提到的科林斯人中有一个是"那接待我也接待全教会的"该犹(《罗马书》16:23),他还要求收信人接待持信者非比——一个"素来帮助许多人也帮助了我"的坚革哩教会的女执事(《罗马书》16:1-2)。保罗派遣诸

① Richardson 1953。

如提摩太(《哥林多前书》4:17;16:10-11;《腓利门书》2:19-23)、提多(《哥林多后书》8:16-24)这样的同工去到他建立的教会时,也提出或暗示了类似的要求。他的要求中也可能包括为使徒去下一站"送行",即为他们准备旅途之需。(《罗马书》15:24;《哥林多前书》16:6,11;《哥林多后书》1:16)①腓立比的基督教团体在经济上提供保罗及其同工的需求,甚至当他们在别的行省传道时也一样。这种"为传播福音建立的合作关系"是保罗教会的独特之处(《哥林多后书》11:8-9《腓立比书》1:5;4:10-20 以及其他多处)。②

殷勤好客就是这样在早期基督教运动里起着象征以及实际的作用。向到访的预言者和使徒提供住宿和饮食不仅使他们可以开展工作,也提醒主人,基督教运动以侨居尘世的"外邦人"自居,作为"上帝的子民",全世界的基督徒为一体。最经常表现好客精神的是能够接待旅途上的使徒的户主。但是,如查斯丁所示,集体仓库在初期就为接待工作准备了所需之物。2 世纪产生了单一主教制,即每个教区一个主教,后来则是每个城市一个主教。接待工作随之逐渐地由主教主要负责,由他承担先前富裕

① "送行"(propempein)是一个表达提供旅行开支的技术性名称,关于这一点见 Malherbe 1983,68。

② 关于腓立比的教会这一特例,见 Sampley 1980,以及耶鲁大学的 James Ware 即将完成的论文。

的户主履行的种种职责。①

然而，使徒不是总能得到殷勤的接待。对观福音中耶稣对12门徒的教导中也包括应付冷淡、不友好的主人的办法："你们无论到了何处，进了人的家，就住在那里，直到离开那地方。何处的人不接待你们，不听你们，你们离开那里的时候，就把脚上的尘土跺下去，对他们作见证"(《马可福音》6:10-11；比较《马太福音》10:11-15;《路加福音》10:5-12)。

对客人不友好可能还不止出于吝啬或对生客的恐惧，在实践中它有可能成为比正确的信念和高尚的行为更为强大的武器。一个清楚而且略带讽刺意味的例子出自归在"长老"约翰名下的两封短信。《约翰二书》写给一群基督徒("蒙拣选的太太和她的儿女"，指的是女户主及她家里的教会，或者，它更可能仅仅是指称"教会"的一个华丽的词藻，就像赫马在神赐异象中见到的象征教会的端庄女子——Lady Church)。信中告诫他们要警惕有人宣传未得长老认可的信条："若有人到你们那里，不是传这教训，不要接他到家里，也不要问他的安"(《约翰二书》10)。长老在《约翰三书》中对他的朋友该犹抱怨说，某个叫丢特腓德的人采用了类似的规则，但是把它歪曲了，结果长老自己

① Cyprian 提供了3世纪的一个极为明确的例证，见 Bobertz 1988。关于这一体制早期的情况，见 Maier 1991 及 Countryman 1980。

的人被拒之门外(《约翰三书》10)。[1] 教会于2世纪开始制定接待巡游传道者的规矩,比如《十二使徒遗训》中有:"必须像接待主耶稣一样接待每一个到访的使徒。但是他的逗留时间不能超过一天——如果必要,再留一天;倘若逗留了三天,他便是假冒预言者。除了够吃到下一站的面包外,使徒离去时不应该带走任何东西。倘若要钱,他就是冒牌预言者。"(11:4-6)

施舍

基督徒在早期就无疑按照耶稣的榜样确立了向教会里的穷苦人施舍的做法。上面我们已经提到殉道者查斯丁描述的每个周日圣餐时募捐的情形,现在不妨全文引述——哈迪(E. R. Hardy)的译文:

> 祈祷结束后,端上了面包、葡萄酒和水。主持人又进行祈祷,竭尽全力地感恩,众人说阿门表示赞同。然后分发已经祝圣的面包和酒,每人都得到一份。缺席的则由助祭送去。生活富裕的以及愿意奉献的人按自己决定的数目捐献。募捐所得存放在主持人处,由他来关照孤儿寡妇、由于病痛或其他原因而身陷贫困者、奴隶以及一些外来户。简

① 见 Malherbe 1983,92-112。

而言之,他是困乏者的保护人。(1 *Apol*. 1 67. 5-6)①

这一做法在教会日后的制度化进程以及与周围社会的相互影响中将引起广泛的反响。罗马皇帝尤里安把大祭司派往加拉提亚去重振希腊文化——即传统上对希腊—罗马诸神的崇拜,这位叛教皇帝于4 世纪末写给祭司的信大家很熟悉,而且特别重要。皇帝写道有必要为外乡人修建招待所,兴建救济穷苦人的机构,因为基督徒就是靠这样的办法取得了他们目前的支配地位②。

基督徒的捐助行为是如何制度化的?在基督教运动最早的文献中,保罗为“耶路撒冷圣徒中的穷人”③募集资金的长期努力为这一问题提供了最清楚的例证。以募捐为题的文章数量巨大,还有几部专著。但是它们大多只关心挖掘保罗的动机,他的工作背后的神学思想,或者里面牵涉的教会政治。对我们的研究针对性更强的问题是:对于参与者而言,募捐有什么样的意义?

在流传下来的保罗写给科林斯基督徒的第一封信中,他的

① 英译见 Richardson 1953,287。

② Loeb Classical Library 本中的 *Ep*. 22,429D-431B;比较 *Misopogon* 363A,B。

③ 这个引语取自《罗马书》15:25-26,“圣徒”一词指的是普通基督徒,不是后来罗马天主教正式册封的“圣徒”。——译者注

指示包含了重要的线索:“每逢七日的第一日,各人要照自己的进项抽出来留着,免得我来的时候现凑。”(16:2)。至少在由非犹太人皈依而来的基督徒眼里,这里面有新鲜的观念:没有多少钱的普通人应该从每周的收入里拿出钱来,不是一次性的大手笔,而是把一点一滴、有计划地积攒可以挤出的钱送到远方,送给那些被称作“弟兄、基督徒”、但从未谋面的人。我们不妨多考虑一下保罗为推动大家出力而使用的意象和概念,特别是《哥林多后书》8-9 里的:他关注教会之间的“公平”(isotēs),他强调非犹太人基督徒对犹太人应负的责任,他认为最重要的是基督的榜样:“他本来富足,却为你们成了贫穷,叫你们因他的贫穷,可以成为富足”(《哥林多后书》8:9)。然而思想准备、筹钱奉献的过程本身也同样重要。每星期日把辛辛苦苦挣来的钱投进罐子,焉知这一行动本身不会影响教会成员今后对财富与贫困的道德意义的思考方式?

人们通常认为罗马教会给科林斯人的信写于公元 95 年左右,该信向科林斯人展示了自我牺牲以帮助穷人的更加极端的例子。克雷芒说:“我们知道,我们中间有人为了替他人赎身把自己卖身为奴”(《克雷芒前书》55:2)。[①] 毫无疑问,自己囊中无钱,却采取如此英勇之举救助境遇更糟的人是罕见的例外。

---

① 见 Lampe 1987,68-69 对此段的论述。

不同的是,赫马感到有必要劝诱罗马教会里的有钱人帮助穷人,二者形成鲜明的对比。[①] 尽管如此,施舍的习俗却并没有从罗马城消失,上面引用的查斯丁的选段证明了这一点。根据优西比乌斯(Eusebius)引用的科林斯的狄奥尼西写给罗马的信,罗马基督徒的慈善活动甚至延伸到了其他地方,"延伸至每个城市的许多教会"(优西比乌斯,*EH* 4.23.10)。

希波吕托斯的《使徒之传统》为1世纪末的罗马教会制定规则,提到了给穷人和寡妇捐赠,采用了"穷人的面包"这一词语(第24节)。此时,爱心聚餐已经与圣餐区分开来:在《使徒之传统》中此类聚餐时使用的是赞美主的祷词,而不是圣餐仪式的祷词。它像保罗当时对圣餐的要求(25-28),真正给穷人提供了吃饭的机会。有能力的还提供专门给寡妇吃的饭,叫做寡妇餐。到3世纪中期,康内利乌斯主教(Bishop Cornelius)[②]声称,罗马

① 见 Osiek 1983,Lampe 1987,71-78。人们通常认为《赫马牧人书》作于2世纪中叶,这一点有助于以时光流逝及基督教团体进一步的文化适应解释二者的差别,但是有些校勘家把《赫马牧人书》8.4 (*Vis*. 2.4.3) 中的克雷芒与《克雷芒前书》的作者当做同一人,认为这两部作品属于同一时代。

② 康内利乌斯于251-253年继殉道的圣法比安任罗马主教。在迫害基督教的浪潮中,他遭流放,一种说法是他死于流放地的恶劣环境,另一种是他因信仰被斩首。在早期基督教会中罗马的牧首与其他地区的牧首地位平等,都称做主教。后来,教皇(Pater)的特殊地位得益于罗马城的中心地位以及罗马的牧首逐步建立了自己的最高权威。——译者注

主教区机构的工作包括负担“1500 多个寡妇和其他穷人”的生活(*EH*6.43.11,Oulton 译)。至此,施舍已经成为基督徒的一种常规的、占据中心位置的行为。彼得·兰普(Peter Lampe)推测,实际上正是有必要协调慈善工作以及与其他城市的教会的关系,才导致罗马城里分裂的家庭教会团体转变为一个集中的组织。① 如果这一推测正确,那么,施舍行为就是推动教会制度化的一个因素,而互相帮助的责任则被植入该体制的结构之中。

矛盾的实践

在早期基督徒的行为中有一个方面我们很容易忘记,原因是它显而易见。一方面,基督教运动的领袖们也许很喜欢用我们已经考察过的几种独特的行为来界定所有皈依者的生活。而另一方面,基督徒却不断地要为塑造他们周围社会的结构的无数事务分心。根据对《哥林多前书》11:21,33 的一种解释,要是教会的贫苦成员圣餐时迟到没有吃上饭,很可能因为他们是别家的奴隶、雇工,或者是工匠无法早些离开作坊;巡游的使徒必须应付在地中海或爱琴海上航行的事务,或者陆路旅行的安全以及肮脏的客栈。阿尼西母可能变成腓利门的“亲爱的兄弟”,

① Lampe 1987,334-45。

同时也是奴仆，但是这是否意味着他现在要获得自由呢？一张实践之网把基督徒的一切独特行为与他们所在的世界连接在一起，然而正如保罗所言，这个世界正在消亡①。

如何解释4世纪以及其后发生的声势浩大的隐修运动②？一种看法是，该运动试图通过尽可能弃绝"这世界"里的种种事务以便解决它们与基督教群体的生活之间的矛盾。然而，对大多数基督徒而言，遁世绝俗并打一场禁欲之战并非现实的选项。在大多数情况下，基督徒的生活是一种两栖式生活，就是同时生活于日渐消逝的旧世界和正在出现的新世界。用我们在若干地方遇到的语言表达，就是在尘世过世外人的生活。但是请注意，穿行于两套社会实践的做法本身就是极其特殊的行为。两栖生活对早期基督徒的道德情操的形成起了促进作用。

---

① 原文是"……这世界的样子将要过去了"（《哥林多前书》7:31），意思是：腐败的希腊、罗马世界正在消亡，而上帝之国即将来临。——译者注

② 这个运动遍及罗马帝国各地，主要有两种形式：一种是个人孤立隐修，代表人物是4世纪时底比斯的圣保罗（St. Paul of Thebes）和圣安东尼（St. Anthony）；另一种是加入修道院隐修，这种方式的创始人是4世纪的Pachomius。在4世纪隐修体制的发展中起了重大作用的还有圣巴西勒（他在确立帝国东部修道院的基本架构和精神，以及教会与修道院之间的关系方面起了决定性的作用）和圣哲罗姆（他的贡献是把隐修运动与学识和服务结合为一体）。在这些代表人物背后的是千千万万投入隐修运动的普通人，是一种蕴涵了巨大社会力量的退出俗世的反文化运动。——译者注

熟能生巧的说法并非永远正确，但是看来实践的确造就道德规范。实践培育了在早期基督徒看来属于自己信仰独有的道德情操，观察他们的行为，我们看到两个原因。第一，基督徒的行为是习惯性的。我们看到的情况证明了古代哲人的老生常谈："习惯造就品格"。前面讨论皈依时我曾提出，人们在最初的社会化过程中获得群体中一分子的身份感，而道德品性的养成即是该过程的一部分。同样道理，通过再社会化加入一个像早期基督教那样反正统文化或曰亚文化运动的过程也同时造就了一种新的身份和新的道德感。重复特殊行为就是灌输"我们是谁"的观念，因为这是*我们的*行为。此类行为的建构提醒我们说：我们做的事不同于*他们*做的事。比如，基督教婚姻不能"像不认识上帝的外邦人的［婚姻］"（《帖撒罗尼迦前书》4∶5）。即使在某些情况下客观的局外观察者无法察觉其中的重大差别，强调此类差别对于身份塑造依然具有重要意义。最初起决定作用的正是实践者本人如何感知这些行为。

然而这一看法立即显示，我们无法将行为与思想或信念分隔开来。行为能够培育基督教道德品性的第 2 个原因是，行为具有交流性，这也是我为什么管本章叫"基督教行为的语法"的原因。我们探究的行为不仅是"做一些事情"，它们也是陈述事情的方式。就像一种自然语言，这些行为在一种特定的社会环境里才"有意义"。它们有很高的稳定性，包含一定的组织程度，朝着制度化的方向挺进。从根本上讲,这些行为是群体性的,即使个人在家里的私人空间采取的行为——比如希波吕托斯的《使徒之传统》里规定的定时祈祷时间——也是群体行为的延伸。实际上它们是一种提醒的手段,提醒个人(即使在独处之中),他们自己不仅是基督教上帝的虔诚信徒,而且是上帝的子民、基督身体的一部分。其他教派更容易适应罗马世界通常对"宗教"的期望和要求,而这就是基督教运动最明显地区别于它们的地方。基督教行为并不局限于神圣的场合和场所——神殿、献祭、列队行进等,而是以一种特殊的自我意识溶入了群体的结构之中。

第七章　认识邪恶

道德地貌——即在有意识的思考层面之下的现实状况，塑造我们的道德体制。描述道德地貌需要亮色，也需要暗色。在我们认定的善和正当的反面是什么？对此我们应该有一定程度的意识和了解。在我们的意愿中出现的冲突不时妨碍对善的判断，我们需要对它做出解释，需要构建某种神话使它看起来生动明了而且合乎道理。因此，我们必须认识邪恶。

早期基督徒描述邪恶的起因和机制的方式是他们的道德世界的地图的重要部分。神学家讨论邪恶时产生的经典问题就是神正论的问题：在一个由据信是全能、至善的上帝管理的世界，邪恶如何得以出现？早期基督徒与所有的有神论者一样不得不面对这一问题。只是在我们考察的时代还没有对它的系统论述，因此这一点对我们的工作并不重要。我们也不必解决早期基督徒使用的概念的系谱问题，即他们关于邪恶的概念的根源及其传递的文化路线。某个具体概念或象征模式究竟出自古巴比伦的神话，还是古代波斯的宗教，还是希腊前古典时期的奥菲士派，这是个有趣而且重要的问题，但是不在我们直接关注的范围内。幸运的是，对它的权威性回答——即使能够找到——并不重要，而且可能无助于我们理解某些特定的概念在罗马帝国盛期这一文化大熔炉里对人的思想和生活的作用。我们目前的任务仅仅是大致勾画出早期基督徒想象与善对峙的力量的诸种途径。

分裂的宇宙

设想我们生活在1或2世纪一个罗马行省的城市、是正在皈依基督教的普通人，那么，基督徒谈话中的某些东西会立即引起我们的注意。他们不断地谈邪恶，讲的直接而明确，花样繁多，而且他们的描绘比外部大文化里常见的更为系统。在一幅包罗比较全面的图画里，邪恶绝对不是人类状况的全貌，甚至连最重要的部分都算不上。但是自基督教运动发端，基督徒便似乎生活在充满魔鬼的世界中，保罗的旅行计划改变时，他的解释是："撒旦阻挡了我们"（《帖撒罗尼迦前书》2∶18），脱口而出的程度与我们说"我的车胎瘪了"不相上下。

权力与魔法

关于撒旦的传闻以及魔鬼的故事充斥早期基督教的传说和

文献。耶稣四处对抗并降伏“魔鬼”或“污鬼”。故事的叙述方式往往决定,此类故事的中心问题就是权力:难以察觉的魔鬼的邪恶力量对抗耶稣更高一筹的伟力。这一点甚至可能以颇为幽默的方式体现,比如耶稣在格拉森人的地方遇到一个被“一群”污鬼附着的人的故事(马可福音 5:1-17)。在这个故事流传的过程中,不免在某个环节给众污鬼蒙上讽刺意味的政治色彩:他们再三请求耶稣“不要叫他们离开那地方”,结果自己被骗进入猪身体里,然后闯下山崖,投在海里死了。按犹太人的观点,这样的安排既恰当又滑稽。但是在马可的故事里这两种弦外之音都未能得到响应。马可讲述的中心是耶稣与污鬼的直接冲突,而众污鬼不仅知道耶稣隐匿的身份,因此可能制服他,而且甚至以上帝的名义恳求他!这样他们可耻的失败便揭示了耶稣的力量是何等广大,以至于周边地区的人感到害怕,央求耶稣离开他们的地界(5:17)。

此类故事不仅有讲耶稣的,也有讲他的追随者的。在《使徒行传》里,驱鬼术以及驱鬼比赛和神迹比赛都表明,与冒牌货——邪恶、反面力量的代理人——相反,真正的使徒更有力量。这一点在产生于2世纪的外经《使徒行传》里表现得更为突出。例如,《使徒行传》8:14-24 中彼得与巫师西门之间的较量,或者《彼得行传》里同样两人后来在罗马的更复杂的对抗。故事的高潮是西门利用巫术从空中遁去,但彼得一声喊叫便造成他从空中摔下的下场。[1] 圣人与魔鬼及其代理的较量也充斥于后来出现的圣徒传和修道士生平中。拉姆齐·麦克穆伦(Ramsy MacMullen)的《罗马帝国的基督教化》使众多研究早期教会的学者难堪、恼怒,因为它提醒他们,以驱鬼或行奇迹的基督徒与魔鬼之间的较量来"阐明"皈依的种种故事在当时是何等的流行。而莫顿·史密斯(Morton Smith)的《巫师耶稣》说明福音故事与巫术世界是何等相似,结果激怒了更多的人。[2] 福音书坦诚记述,耶稣的反对者认为他是个巫师,有强大的魔鬼附体,或掌控着一个强大的魔鬼"别西卜,鬼王",不然就是被害的施洗约翰的灵在他身上复活了(《马可福音》3:22;6:14-16)。在古代巫术施行者及其主顾的眼里,此类附身或掌控就是巫术的核心机制。

我们心目中的基督教皈依者不大会觉得魔鬼的传闻有什么新奇之处。独特的怀疑论者萨摩萨塔的卢奇安对此类信念的戏仿说明它们相当普遍。他在滑稽短剧《谎言爱好者》中展示了一场说大话比赛,其间故事大王们讲的驱鬼故事一个比一个神奇,顶级的故事出自一个亲眼目睹赶鬼的人之口。他称只知赶鬼的是"巴勒斯坦来的叙利亚人",其他不详:"真的,我确实看见一

---

① 《彼得行传》31-32,Hennecke 1965,314-36。

② MacMullen 1984; Smith 1978。

个鬼冒出来,黑颜色,冒着烟”。[1] 这方面的证据并不难找,古代巫术诀窍流传下来的有一大批,大多数写在从古埃及的垃圾堆里找到的纸草片上。[2] 记载巫术的纸草片上写满符咒,有的保人免受魔鬼骚扰,其他的教人怎样利用魔鬼杀手达到自己的邪恶目的。实际上,我们读这些符咒时得到的一个深刻印象就是,施用巫术的世界完全是非不分。与人为善的魔法保证帮人免被狗咬,不得痛风、不头疼,不发烧、不中毒,帮人抓贼,取出卡在喉咙里的骨头,或者让一头犟驴往前走。但同时也有一连串的咒语叫人生病、昏迷、或者死掉,从而报仇雪恨。使坏的符咒后面紧接着解药,以防备敌人有办法转败为胜。(*PDM*14. 675-94,711-15;解药:706-10;在同片纸草上还有整串叫人昏睡不醒的咒语)。此类不算可爱的咒语的例子还包括该钉在墙上或埋在地下的铅简,刻上咒语的陶罐,目的都是给对头或敌人造成不可弥补的伤害。[3] 最多见的一种魔法是爱情符咒,一般是求神让爱慕

① Lucian, *The Lover of Lies* 16 ;A. M. Harmon 译,Loeb Classical Library。

② 最重要的希腊资料集是 Preisendanz 1973-74,此后以 *PGM* 表示。一个材料丰富——大多取自 *PDM*,但也有其他来源——的集子现在已有英译本(Betz 1986),查阅方便。在此后的篇幅中 *PDM* 指 Betz 本中收集的通俗语言的魔咒(埃及)的译文。在以下的论述中,我使用的都是 Betz 团队的译文。

③ 收集希腊化时期的刻有咒语的简、碑最为齐全的仍然是 Audollent 1904,Betz1987 中有相关的简介。一部收集了大量此类咒语的英译本即将出版(Gager 1992),但撰写本书之时尚不可得。

的对象变得疯疯癫癫，或者遭受身体伤痛，除非、或者直到她或他奔向施魔法者的床榻。

魔法的世界不仅没有道德观念，其神学——假如我们能够称其为神学——也是一堆杂乱无章的东西。诸种手册向购买者许诺调动所需的力量完成选定的目标。它们经常信心百倍地使用一种把自己等同于神灵的魔法套语：“你是我，我是你——我说什么，什么就出现”（*PGM*13.795）。从最高到最低，无神不召，这些手册就是这样上气不接下气地召唤了一堆神灵。

我们一定不要以为成为基督徒就意味着自动与魔法世界划清界限。犹太教和基督教固然有明确区分“魔法”与“宗教”的强大传统，但实际上这一区分充其量也往往不甚分明。纸草上的符咒里经常出现犹太神灵和天使的名字，特别是还有《所罗门的遗嘱》以及《秘诀》之类的犹太魔法手册，这些都证明以色列的一神论在古代就未能阻止一些犹太人成为施行魔法的行家里手①。许多基督徒或差不多称得上基督徒的人肯定认出“耶稣”

---

① 现存的《所罗门的遗嘱》及《秘诀》大概均晚于我们研究的时期，但是书中的咒语和施行魔法的故事却可能取自于早先的传说。Mordecai Margalioth 重整若干原始资料，于 1966 年出版了《秘诀》(Sefer ha-Razim)；其英译文本见 Morgan 1983。英译《所罗门的遗嘱》及注释见 Charlesworth 1983 1∶935-87。有关犹太魔法的简介，见 Alexander 1986 及 Schafer 1990。

是咒语里召唤的名字，添加到常规的神灵、魔鬼名单里毫无问题。《马可福音》9：38-39 和《使徒行传》19：13-16 显示，在 1 世纪这个问题已经存在。在前一段中，约翰向耶稣报告说众门徒截住了一个盗用耶稣名义赶鬼的人，“因为他不跟从我们”。然而耶稣却不禁止。不过在《使徒行传》里士基瓦的七个儿子的故事中，犹太驱鬼法师企图以“奉保罗所传的耶稣”的名义招摇时结果就不太妙（而且颇为滑稽）：恶鬼喊道，“耶稣我认识，保罗我也知道，你们却是谁呢？”恶鬼所附的人就把这几个来赶鬼的犹太人痛打一顿。记载魔法的纸草也显示出对基督教传统的某些了解。有一种女同性恋的求爱魔法称其召唤的魔鬼“福音传道者”，我们无法认定这里是否有基督教的影响。还有一种生孩子用的符咒，是冲胎儿叫喊：“从你的坟墓里出来吧，基督在召唤你呢！”（*PGM* 123a. 50）基督教在这个例子中的影响当是确凿无疑了。①

邪恶帝国

自基督教运动的初期，诸首领就竭力把充满种种无形力

---

① 除此而外，具有更加明显的基督教色彩的咒语数量众多（意思是，指相对于与其他魔法共用的诸神的名字及别的表述方式，基督教语言、而且往往还有礼拜仪式的名称占了优势。）。见 Preisendanz 1973 2. 209-35 中另外编号的纸草及陶片资料。

量、纷乱的日常世界划分为主要在道德意义上对立的两极:一边是上帝和他的"信使"或"天使",另一边则是撒旦及其"魔鬼"。Daimōn 是一个普通的希腊词,其语意通常为中性,指任何神,在希腊化和罗马时期则越来越多地指在地位和职责方面低于奥林匹斯山上的众神的神灵以及其他地方与其地位对等的神灵。基督徒与犹太人一样把负面价值加在这个词上。他们刻意利用晚期希腊文化中带贬损地运用指小词的时尚,把缠人的鬼魅称作"小神"①,或者用犹太表达方式称其为"污鬼"。

在耶稣的追随者们明确地作为一个教派出现时,看待心灵世界的二元对立方式——不管从根本上受什么驱动——已经在犹太教的一些教派中深深扎根,而耶稣的追随者们全心全意地接过这一观点。在我们已经引用的福音书故事中——马可福音3:22-27,有人指责耶稣"是被别西卜附着,是靠着鬼王赶鬼。"耶稣回敬道:"撒旦怎能赶出撒旦呢。若一国自相分争,那国就站立不住。若撒旦自相攻打分争,他就站立不住,必要灭亡。"(23-25)

---

① 我参阅了 Victor Bers 在一篇未发表的论文中对指小词的贬抑运用的评论,特此致谢。

另外两部对观福音在这里恰当地加上了取自另一个共用母本[①]的一句话："我若靠着上帝的能力赶鬼，这就是上帝的国临到你们了。"（《路加福音》11：20，《马太福音》12：28）而撒旦现在有了一个"国"，这个国与上帝的国对抗。

神灵、鬼魅充斥，形体含混，不以道德是非衡量的世界就这样变成一个等级分明的地方。撒旦的国与上帝的国这一双重体系与普鲁塔克一类的思想家试图把众多无形的神祇置入其中的单一体系有根本的差异。[②] 由于自己的犹太传统，早期基督徒接受了古代先知对"偶像崇拜"的鄙视，生活在希腊化世界的犹太作者抨击多神论文化时这种鄙视的态度变得更为激烈。抨击的方式可以是一种理性的蔑视，对崇拜用石头或木头制成的物件或动物这样的愚行的蔑视："哪怕做成动物也不好看"（《智慧书》15：19），《所罗门智慧书》的亚历山大的佚名作者则写道，思想如此混乱的人肯定也会走上道德邪路（13-15章）。持类似态度的作者很多，《罗马书》1：18-32里的保罗即为一例。此外，他在《加拉太书》4：8中把由他转化为基督徒的人先前的崇拜对象

① 关于对观福音见107页注①。——译者注

② 特别参阅普鲁塔克的 *On Isis and Osiris* 25-26（*Moralia* 360D-361C）及 *On the Decline of Oracles* 10（*Moralia* 415A-B），并参阅 Soury 1942 及 MacMullen1981 73-94 的论述。人们普遍相信有"恶鬼"，有关普鲁塔克对此的看法以及他的思想体系中的二元论的因素，见 Soury 1942，45-65。

称作“实质上不是神的”东西。他赞同科林斯“有知识的”基督徒的逻辑，他们说：“我们知道世上的偶像本非神灵，也知道神只有一位”(《哥林多前书》8∶4)。然而，他接下来表示，此类并非神的东西却多多少少是存在的：它们实际上是魔鬼(同上，10∶19-22)。在早期基督徒中间，这变成了普遍的看法。罗宾·雷恩·福克斯(Robin Lane Fox)对它作了精彩的描述：“就像异教徒一样，基督徒能够感知从种种神灵背后透出的不祥威力，通过一种并不费力的观点变换，他们把异教的‘小神’变成了恶‘鬼’，撒旦的转义词。鬼魅最凶险之际就是它们看似真实可信之时，藏匿在雕像之下，制造仿佛出自偶像所代表的神灵之手的种种奇迹和异象。”①

在对神灵世界的二元对立式描绘中——我们可以称其为对末日的预示性描绘，决定其秩序或架构的最重要因素就是对立。撒旦之国及其众“污鬼”与上帝之国及其正义之师对峙，直至最终一方消灭另一方。两个国度之间的冲突成为对观福音的结构性的主题，因此，耶稣驱鬼的故事在全书叙事中起的决定性作用远远超过故事的数量所示。在这一方面，把《马可福音》中驱鬼故事的中心地位与两个世纪后的腓罗斯特拉图斯(Philostratus)

---

① Fox 1987，137。

的《阿波罗尼乌斯传》[①]中相对顺带的叙述进行比较便能说明问题。耶稣在《马可福音》里被描绘为上帝的斗士，秘密而坚决地打响了上帝之国与撒旦之国的最后之战。

《路加福音》—《使徒行传》的作者拓展这幅图画，用它描述耶稣复活之后使徒的传道活动。撒旦的同盟——众魔鬼及魔法师——不断蒙羞受辱，暴露了他“垮台”的下场。巫师西门和士基瓦不幸的儿子的故事前面已经提过。还有一个例子：保罗对巫师以吕马的诅咒大展奇效，使他再能也不在总督士求保罗[②]那里对抗传道活动了（《使徒行传》13：4-12）。此外，保罗在腓立比把巫鬼从一个使女身上赶跑（结果砸了她的主人的算命生意，16：16-21）。最后一个例子是，被保罗转变的巫师们主动焚烧自己的巫书（价值50000银元！19：18-19）。[③]

---

① 《阿波罗尼乌斯传》出自公元3世纪雅典的一个诡辩派哲人之手，讲述1世纪一个毕达哥拉斯派哲人兼奇迹施行者的生平，杜撰成分很强。书中涉及罗马帝国里希腊行省城市中的生活、社会关系，希腊人对罗马统治的态度，后古典时期的希腊哲学，帝国早期希腊语叙事艺术的演变等等，受到各种学者的关注。——译者注

② 士求保罗历史上确有其人。根据在塞浦路斯和罗马发现的碑文，他任塞浦路斯总督3年，然后于公元47年受命管理台伯河的堤岸和航道，回到罗马。《使徒行传》13：4-12讲述了保罗、巴拿巴等来到塞浦路斯的帕弗、击败巫师、使士求保罗皈依的戏剧性故事。——译者注

③ 详见Garrett 1989。

路加在赶鬼故事的结尾处加了一句话:“不与我相合的,就是敌我的。不同我收聚的,就是分散的。”(《路加福音》11:23)从而在对别西卜的故事的阐释中加入了重要的意义:与神灵世界里两个对立的阵营相对应的是人类世界中鲜明的分隔。分裂的、行将经历大动乱的宇宙在这里开始向我们显示其道德意义:人们所做的选择、他们做了或未能做的事情都有可能使他们落到邪恶的一方,他们可能发现自己与正在垮台的撒旦结盟,而没有站在上帝的国内。保罗派教会以戏剧化的方式把这场宇宙大战的意象放进关于有序的家庭生活的日常告诫里,我们在名叫《以弗所书》的广为流传的信中看到他们是怎样把二者联系在一起。保罗用二十余节的篇幅说明妻子与丈夫之间、儿女与父母之间、主人与奴仆之间的相互职责,然后紧接着说:“我还有未了的话,你们要靠着主,依赖他的大能大力,作刚强的人。要穿戴上帝所赐的全副军装,就能抵挡魔鬼的诡计。因我们并不是与属血气的争战,乃是与那些执政的、掌权的、管辖这幽暗世界的以及天空属灵气的恶魔争战。”(《以弗所书》6:10-12)

选择立场

在保罗的门徒眼里,这场战争的敌人也许并不是“人”,但是一旦这种二元对立的世界观在思想中扎根,敌对的人显然就会被看成“天空属灵气的恶魔”的工具。实际上,无论什么冲突都可以用魔鬼的抵抗来解释，它也是划分圈内、圈外，光明之子与黑暗之子的分界线的工具。在库姆兰发现的《教派规则》使用类似的语言，在光明之王（在该教派其他的文献中也被称作“正义之王”①）治理下的人与受黑暗之王或黑暗之神（在其他地方被称作邪恶之王）统治的人之间画出一道鲜明的分界线。新成员必需起誓热爱光明之子，痛恨黑暗之子。同一洞穴里发现的一个卷轴上有怎样进行“光明之子与黑暗之子之战”的详尽方案。②

在第四福音书里，不在耶稣的信徒范围内的人被归为魔鬼的子孙，本质上“是从下头来的”，无法理解“上头来的”的人（《约翰福音》8:31-47）。③ 在《约翰启示录》里，罗马的权力和经济被看成上帝的第一死敌——大魔鬼——的工具。对于2世纪的护教士查斯丁而言，一切反对基督教运动的行为——无论是帝国的迫害，犹太人拒绝接受基督徒对《旧约圣经》的新阐释，异教教派、神话中与基督教的故事和圣事的相似之处，还是马西昂这样的异端分子的出现——统统出自魔鬼的大阴谋，它们正在

---

① 参见134页注①及291页注①。——译者注

② 关于人类的划分见1QS 3.13-4.26。关于正义之王见11QM elch。关于二者之战见：1QM。Vermes 1987中的英语译文查阅方便。

③ 第44节可能在流传中有讹误，意思费解。诸手抄本中的不同文本表明许多古代抄写者在此感到困惑。详见Dahl 1964。

作拼死挣扎,妄图推迟其王国的覆灭。

群体内的偏离很容易被看成好人阵营遭到邪恶势力的危险入侵。假如有人严重地破坏了教会的准则,从而玷污了团体的纯洁,例如科林斯城那个与继母同居的人,此人就必须被“赶出去”,“交给撒旦”。(《哥林多前书》5)“犯罪的是属魔鬼,”(《约翰一书》3:8)“撒旦的长子”成为人们喜欢加在被看做异端的人身上的别号(Polycarp 7:1; Irenaeus, *Adv. haer.* 3.3.4)[①]。

预示大灾变的二元论就这样为早期基督教提供了丰富的意象,让人们可以想象,世界被分成了少数上帝的选民和反对他们的巨大的邪恶势力。基督徒的经历和环境,以及团体的特殊传统也是产生自身的生存受到威胁的各种各样不祥感觉的源泉。首先,早期基督教口头传统中留下了关于耶稣自身经历中的冲突的故事,尤其是他被耻辱地钉在十字架上的故事。基督徒面临敌对态度时,这些故事会起到证明和安慰的作用:“世人若恨你们,你们知道恨你们以先,已经恨我了。你们若属世界,世界必爱属自己的。只因你们不属世界,乃是我从世界中拣选了你们,所以世界就恨你们。你们要纪念我从前对你们所说的话,仆人不能大于主人。他们若逼迫了我,也要逼迫你们,若遵守了我的话,也要遵守你们的话。”(《约翰福音》15:18-20)

---

① Dahl 1964。

但是从另一方面看，对耶稣的命运的集体记忆也可能对日益松懈的成员起警告作用："论到那些已经蒙了光照，尝过天恩的滋味，又与圣灵有分，并尝过上帝善道的滋味，觉悟来世权能的人，若是离弃道理，就不能叫他们从新懊悔了，因为他们把上帝的儿子重钉十字架，明明的羞辱他。"(《希伯来书》6:4-6，爱特里奇译)①

其次，早期皈依者经历了来自亲戚、原来的朋友以及满腹狐疑的圈外人的反对，使他们感到自己信仰的一切都遭到"全世界"的反对："因为往日随从外邦人的心意，行邪淫恶欲，醉酒荒宴、群饮，并可恶拜偶像的事，时候已经过了。他们在这些事上见你们不与他们同奔那放荡无度的路，就以为怪，毁谤你们。他们必在那将要审判活人死人的主面前交账。"(《彼得前书》4:3-5)

此外，古代的修辞术提供了丰富的辱骂之词，可用以表达并增强对来自反对者——其中既有人，也有超人——的威胁的意识。这是律师武器库里的东西，西塞罗的法庭演说里满是有趣的例子。能言善辩之辈经常用它们对付任何或者所有的敌手。毫无疑问，文化差些的人模仿自己在辩论会场或剧场听到的辱骂之词并在其中加进比较土气的传统骂人话。很快，基督徒们就有了自己的辱骂之辞。骂圈外人的话有："你们这假冒伪善的

① Attridge 1989，166。并见下面对本段的进一步评论。

文士和法利赛人有祸了,因为你们洗净杯盘的外面,里面却盛满了勒索和放荡。你这瞎眼的法利赛人,先洗净杯盘的里面,好叫外面也干净了。”(《马太福音》23:25-26)或者骂别的基督徒的话——听听保罗怎样骂新近在加拉太传道的人:“搅扰你们的无论是谁,必担当他的罪名。……恨不得那搅乱你们的人把自己割绝了。”(《加拉太书》5:10,12)或者骂那个在他之后去科林斯的“超级使徒”:“那等人是假使徒,行事诡诈,装作基督使徒的模样。这也不足为怪,因为连撒旦也装作光明的天使。所以他的差役若装作仁义的差役,也不算稀奇。他们的结局必然照着他们的行为。”(《哥林多后书》11:13-15)①

结果基督徒搞出了一套流畅的话语来指责、辱骂圈外人以及偏离的成员。这个以黑暗与光明、善与恶的意象观看世界的团体,其道德逻辑造成压力,使成员后撤、脱离大社会,守住自己的边界,并以怀疑的眼光注视内部的异类。

然而,严厉的辱骂并非形势的全貌。在这个传统里也有另外一些主题起了抵消上述激烈态度的作用。例如,那被交给撒旦以求“败坏他的肉体”的人的灵魂“在主耶稣的日子可以得

① 有关辱骂话语的传统及《哥林多前书》、《哥林多后书》中保罗的辞令,见 Marshall 1987。有关这一传统对福音书中反犹言论的影响,见 Johnson 1989。此外,关于4世纪的情况,见 Wilken 1983,chap. 4。

救。”(《哥林多前书》5:5)出了问题的人不一定没有出路,保罗就曾主张赦免另一个侮辱过使徒并受到教会申斥的科林斯人(《哥林多后书》1-7)。“你们不要论断人,免得你们被论断”(《马太福音》7:1;《路加福音》6:37)是大家都记住的箴言,耶稣关于自己眼中有梁木,却想去掉弟兄眼中的刺的夸张的箴言(《马太福音》7:3-5;《路加福音》6:41-42)也同样被铭记于心。对前一条,《雅各书》有详述:“弟兄们,你们不可彼此批评。人若批评弟兄,就是批评律法,论断律法。你若论断律法,就不是遵行律法,乃是判断人的。设立律法和判断人的,只有一位,就是那能救人也能灭人的。你是谁,竟敢论断别人呢。”(《雅各书》4:11-12)

在《罗马书》中抨击论断别人的伪善者的关键之处,呼语法也得到有效的利用。该信的靠前部分有一个长长的清单,列数偶像崇拜社会里种种典型的犹太人、基督徒堕落方式(这一点上面已经提到)。接下来,保罗突然转到第二人称:“你这论断人的,无论你是谁,也无可推诿。你在什么事上论断人,就在什么事上定自己的罪,因你这论断人的,自己所行却和别人一样。”(《罗马书》2:1)保罗在信的结尾回溯发生在科林斯有关祭偶像之物的争论,把这一事件变成基督教教会内部如何对待争论的范例。这里他再一次运用呼语法引入主题:“你是谁,竟论断别人的仆人呢。他或站住,或跌倒,自有他的主人在,而且他也必要站住,因为主能使他站住。”(同上 14:4)稍后,他又用呼语法,但所说的话已作了相当的调整,明确地支持前面的态度:“你这个人,为什么论断弟兄呢,又为什么轻看弟兄呢。因我们都要站在上帝的台前!”(同上 14:10)。他紧接着直接告诫说:“所以我们不可再彼此论断,宁可定意谁也不给弟兄放下绊脚跌人之物。”(同上 14:13①)基督教劝诫就是这样运用关于判断、指责的观念来遏制分歧和过度的独立倾向。

基督徒记住了耶稣要爱自己的仇敌的命令(《马太福音》5:43-48,《路加福音》6:27-29),深感其伟大,做了一些评注。阿特纳哥拉斯(Athenagoras)是基督教最能干的辩护士之一,他在 176 或 177 年引用这一命令时说“我们就是在这一上帝教导的”戒律下“成长的”。他把历来咒骂诡辩派的言辞用来抨击异教哲学的影响,将其与基督徒的生活进行对比:

> 他们有谁把自己的心灵净化到爱自己的仇敌,而不是仇恨他们;为那先羞辱自己的人(当然一般都是他们首先辱骂基督徒)祈神赐福,而不是训斥他们;有谁为那些对自己耍阴谋的人祈祷?与基督徒正相反,他们永远在钻研诡辩术中邪恶的谜团,永远想搞破坏,用修辞技巧而不是行动来

① 有关对《罗马书》14-15 的更多论述,见 Meeks 1987。有关审判语言在这里以及在《哥林多前书》、《哥林多后书》中的作用,见 Kuck 1992。

证明自己的目的。与他们相反,在我们中间有不识字的,手艺人,老太太,他们虽然不会用言词表达我们所教的东西的优越性,却用行动证明了自己的信条的价值。他们从不操练言词,但用可敬的行为作证明。他们挨打不还手;遭到抢劫不告状;他们给予别人想要的东西,爱邻人如己。(11.2-3,理查逊译)①

早期基督教传道士效仿希腊-罗马哲学中常见的治疗灵魂(psychogōgia)的做法,敦促教徒在指责别人之前先要自省。一个颇具说服力的例子出自二世纪瓦伦廷派的《腓力福音》:"至于我们自己,则各人都要深挖自身的邪恶之根,从内心将它拔除。我们若能识别,就能拔除它,但是倘若不能识别,它就在我们心里扎根、结果。它将控制我们,把我们变成它的奴隶。我们被它俘获,结果就做原本不想做的事,而原本想做的事却不做了。它变得强大的原因就是我们没有认出其真面目。"(83.18-29,裴吉尔译)②

耶稣本人不加抵抗地接受苦难,这一榜样被引为道德典范。例如《彼得前书》这样对奴仆讲解家规:"你们若因犯罪受责打

① Richardson 1953,310。也见《罗马书》12:20;《克雷芒后书》13.4;Aristides 15.5;吉斯丁的 Apol. 39.3,Dial. 85.7。

② Pagels 1991,452。Pagels 在此文中的看法不同于已经确立的观点,他认为,瓦伦廷派伦理观的二元色彩不如 2 世纪更具"统一教会"特征的派别强烈。

能忍耐,有什么可夸的呢。但你们若因行善受苦,能忍耐,这在上帝看是可喜爱的。你们蒙召原是为此。因基督也为你们受过苦,给你们留下榜样,叫你们跟随他的脚踪行。"(2:20-22)

很明显,作者在这里指的不仅是奴仆,再过几段就是对整个教会的告诫:"亲爱的弟兄阿,有火炼的试验临到你们,不要以为奇怪(似乎是遭遇非常的事),倒是要欢喜。因为你们是与基督一起受苦,使你们在他荣耀显现的时候也可以欢喜快乐。……所以,那照上帝旨意受苦的人,要一心为善,将自己灵魂交与那信实的造化之主。"(4:12-13,19)

罪孽

对于他们在这世界以及自身里面见到的邪恶,基督徒并没有单一的对策,倒是有一个至关重要的道德范畴让人认识其中的种种麻烦,这就是罪孽感。如果说关于无形的邪恶力量的宇宙神话往往将道德错误的根源置于我们自身之外的话,罪的概念则毫不含糊地把问题的核心置于人的历程之中。至少犹太人对罪孽的特殊认识是这样,而在那些后来取得支配地位的早期基督教群体中这一认识颇为盛行。当然,并非只有基督徒和其他犹太人才认为在人所犯的错误中,有一些很特殊,是宗教性的。有些罪行、事故或过错可能使人成为宗教意义上的"肮脏分子”,并因此使本人、家庭及其所属的群体遭受失去神的保护的危险。这一看法犹太人、希腊人和罗马人都有,而且大多数前工业社会都这样看。[①] 这类污损可能带有、也可能不带道德意义,但以色列的一神论却引入一种质的差别:罪就是抗命那创造一切、而且一切都要对其负责的上帝,是对一种关系的破坏,是一种违约行为,背叛一个庄严的契约。

在一种二元对立的世界观里,对控制人类生命的黑暗势力的不祥预感可能与一种极度的罪孽感相结合——这种罪孽感的内容取决于界限分明的群体,但同时又有强烈的个人色彩,我们在库姆教派的圣歌里清清楚楚地看到了这一点。

在你令人敬畏的创造中,
那由妇人所生的又算什么?
他不过是泥土堆砌,
再加水揉搓而成。
他出自有罪的探究,
他的初始是可耻的赤裸,
又是不洁的源泉,
支配他的则是那使人迷离的规则。

① 见 Parker 1990 中对希腊文化里关于玷污、败坏的概念的论述;Neusner 1973 对犹太教里关于洁净的观念做了简洁但富于启发的介绍。

他若有罪,便将成为永久的标记,
让人类代代惊异,
也将使所有的人恐惧。
使人称义的唯有你的仁慈。

你将人类分为良善与邪恶,
依照的就是他们的命运之灵。
(1 QH 13:14-17;14:11-12)[①]

在古代《申命记》的历史观里,上帝直截了当地奖赏遵守其规定的人民,当他们违背时则加以惩罚。这一观点在圣歌里变得更为激烈,同时也更带个人色彩。被我们称作《以斯拉四书》的启示录约公元 100 年成文[②],它思考耶路撒冷被毁的骇人事

① Vermes 译,1987。

② 以斯拉是公元前 5 世纪犹太宗教领袖,以娴熟摩西律法著称,其事迹见于正典《旧约》的《以斯拉记》和《尼希米记》。归在以斯拉名下的还有一些经外篇章。现在人们叫做《以斯拉四书》的文献就是《通俗拉丁文新约》附录里的《以斯拉二书》中的 3-14 章。在新教的英语《圣经》中它被称做《以斯拉二书》,位于《外经》之列。它的希腊语原本业已佚失,流传下来的是拉丁语、叙利亚语、阿拉伯语、埃塞俄比亚语和亚美尼亚语本。现代学者经常称其为《以斯拉启示录》。虽然《以斯拉四书》中声称,以斯拉于波斯人捣毁耶路撒冷 30 年后在巴比伦写成此书,学者们认为它是对罗马人摧毁耶路撒冷的回应,成书时间显然在公元 90-100 年之间,地点则可能是巴勒斯坦。——译者注

件，表达了类似的情感。杜撰的先知及叙述者抱怨说，上帝把路弄得太窄，普通人谁也无法通过。对此，天使解释说：

> 你不是比上帝更高明的裁判，也不比那至高无上的更智慧。与其让上帝放 在他们面前的律法受到轻蔑，不如让这许多活着的人灭亡！任何人来到这个世界之时，上帝都给了他们清楚的指示，告诉他们怎样获得生命，怎样避免惩罚。但是那不敬神的不肯服从，他们以欺骗和邪恶为目标，徒劳地玩弄伎俩。他们不承认那至高无上的存在，对他的意愿置之不理。……因此，以斯拉，把虚空给那虚空的，而让丰富的得到充足。(7∶19-25)

"把虚空给那虚空的，让丰富的得到充足"，这是对最后的普世审判的信念，它支持了犹太人以上帝为中心的罪孽的概念，也是从它出发得到的必然结论。以斯拉的天使又说："那至高无上的创造世界以及亚当和他的子孙时，他首先规划的就是*审判*，以及相应的事。"(7∶70，斜体作者加)

令人瞩目的是，对大审判的信念能在早期基督徒——其中有非犹太人也有犹太人——中流行起来。这一点在最早的基督教文献——保罗写给帖撒罗尼迦人的信里就有。在给罗马教会的信中保罗说："我们都要站在上帝的台前，"(《罗马书》14∶10)把它当做一条公理。虽然很难确定罗马时代它们在流行信念中分布的广泛程度,但在除犹太之外的其他地中海文化圈里都肯定有关于人死后的审判的神话,例如奥菲士—柏拉图派的故事,古埃及的丧葬思想等。基督教辩护士提起柏拉图派的神话,试图以此帮助大家理解其审判的观念。例如查斯丁说:"同样,柏拉图说过,拉达曼堤斯和弥诺斯会惩罚站在他们面前的邪恶分子。我们说,这样的事将要发生,发生在他们说的恶人身上,不过是由基督来审判。它们将与其灵魂会和,注定要受永久的惩罚——而不是柏拉图说的仅仅五百年。"(1 *Apol*. 8.4。理查逊译)①

查斯丁指出了基督教的预期与大家记忆中的柏拉图的神话之间的差别。但还有别的差别,其中一些我们将在第十章讨论。目前,我们只需要看到,罪恶以及个人和群体的责任都是以上帝为中心的观念,对于在全能的神面前举行大审判的期待,有力地支持了这种观念。因此原因,我们在对基督徒的道德训诫以及旨在显示基督徒的诚实行为的辩护词中经常见到此类观念。

个人被加上了忏悔的责任,对最后的审判的信念必然导致这样的主观结果。保罗对雅典的哲人和首领讲话时简洁地概括了其中的关联,《使徒行传》的作者放入他口中最要紧的话是:

---

① 比较 Athenagoras, *Supp*. 12.1; Tatian, *Or*. 6.1 25.2。柏拉图中的相关段落是 *Gorg*. 523E-524A, *Resp*. 10.615A, *Phaedr*. 249A。

“世人蒙昧无知的时候,上帝并不监察。如今却吩咐各处的人都要悔改。因为他已经定了日子,要藉着他所设立的人,按公义审判天下,并且叫他从死里复活,给万人做可信的凭据。”(《使徒行传》17:30-31)

根据《希伯来书》,“懊悔死行”与“信靠上帝、各样洗礼、按手之礼、死人复活以及永远审判”同属“根基”的教导。(《希伯来书》6:1-2)紧接的一段宣称,“那些已经蒙了光照又於神灵有分”的人则不可能“重新懊悔了”。(同上,4-6)基督教教义史根据这一段话往往断言,人无法为受洗之后犯的重罪悔过这一点是早期基督教的常规信条。依据这一观点,《赫马牧人书》给予已受洗者一次悔过机会的做法便是特例了。但是这样描述基督教信仰太简略,因为它过多受到3世纪对于德西乌斯时期因遭迫害而背离信仰的教徒回归问题的争议的影响,而宗教改革时期有关中世纪涉及悔罪的教义以及实践的争议对此描述的影响甚至更深。早期基督教的训诫里不乏叫人悔罪的呼吁,以审判进行威胁也是常事。典型的例子是罗马教会写给科林斯教会的信,敦促那里的青年反叛分子交还从诸长老手中夺过的职位:“我们要重温《圣经》记载的以色列的世世代代,认识到一代又一代,上帝都让愿意回到他身边的人悔罪。”(《克雷芒前书》7:5)

《赫马牧人书》可能与《克雷芒前书》同时代——虽然有些人认为它成书更晚,是了解罗马基督徒生活的其他方面的重要文献。悔罪是它关注的关键问题，天使扮成牧羊人被派往赫马（书名由此而来）传达神示："我负责悔罪，对所有的悔罪者我都给予谅解"（30.2 [*Mand* 4.2.2]）。建造的意象充斥全书（用各色石头建成的巨塔，每块石头都有其喻义），还有关于纯洁的意象（清洗，修凿石头，表现几乎粗俗的性诱惑和戒绝诱惑的场景等）。关于最初两个世纪罗马的基督教的情况，我们所了解的其他信息都间接说明那里的教会派别各异，有各种小型的家庭聚会，依附不同教师的若干派别相互竞争等等。[①] 然而《赫马牧人书》中的意象却暗示存在一种对教会的高度统一和体制化的观念。见到第一个天堂人物时赫马以为她是西比尔[②]，而她却是教会的化身。悔罪被看成统一教会、使之纯洁的途径。书中暗示，赫马以前曾担任过某种领导职务，后来被撤，而且他可能希望"重回岗位"（66.6 [*Sim.* 7.6]）。[③] 关于他自己，赫马说了几件引起我们兴趣的事：他曾经是奴隶，解放后，他成了一个工匠，但并不一帆风顺。古怪的是，他的叙事一开始先讲自己邂逅过去的主人、一个名叫罗达的女人：他看见她在台伯河洗澡，扶她出

---

① Lampe 1987。

② 西比尔（Sibyl）在希腊传说中最初是一个女预言者的名字，后来演变为女预言者的称谓。——译者注

③ 这个看法，以及我对赫马的阐释中诸多的其他观点都得自 Craig Wansink 1988 年 11 月 2 日的论文（尚未发表）。

水。尽管他咬定自己目的纯洁，但在此后的两次神示异象中他的清白却遭到怀疑。第一次，罗达在天堂出现，“她被接到天上，在上帝面前指控你犯的罪”（1.5［*Vis.* 1.1.5］雷克译）。后来，一个“老太太”——她原来就是教会——证实这一指控：“尽管如此，你心里还是对她起了念头”（2.4［*Vis.* 1.2.4］）。但是，这位天堂之妇接着安慰他说，上帝愤怒的原因并不在此，而是“为了叫你去转化你的家庭，他们对上帝犯了罪，对你——作为他们的家长——犯了罪”（3.1［*Vis.* 1.3.1］）。

赫马并非聪明的作者，书中不同的主题之间的联系往往不清楚。然而，有些东西却很清楚。赫马把自己的焦虑（2.1［*Vis.* 1.2.1］）以及治家不力描述为罗马教会、尤其是其首领面临的种种麻烦的范例。虽然在后来的神示中还有一些对性的影射，但与罗达的纠葛从此再未出现。最讨人喜欢的幻象是牧羊人把12个童贞女留给赫马照管，她们坚持让赫马“作为兄弟、而非男人与我们共寝。”夜间，他们亲吻、跳舞、祈祷。（88.1-9［*Sim.* 9.11］）直到后来赫马、还有读者才明白这些少女原来是“圣洁的精灵”，也是美德的化身（90.2［*Sim.* 9.13.2］；92.1-2［*Sim.* 9.15.1-2］）。因此与性相关的罪并不是赫马的问题，这里借助提喻法，让性代表家庭治理以及教会团结、统一方面出现的混乱。在罗马基督徒中颇具代表性的这位人物的幻象中，教会正饱受此类混乱的困扰。

日常琐事中的邪恶

关于罪孽和审判的许多言论在新皈依者眼里肯定颇为新奇古怪。这个古怪的神话里到底有什么东西吸引了探究者的兴趣、激发了他们一探究竟的愿望呢?也许我们设想中的皈依者在此类意象与他们日常琐事中遭遇邪恶的方式之间发现了某些共鸣。人类生活中有多种的偶然事件,而古人或许比我们更 经常地意识到这一点。当时人的寿命一般很短,一大部分孩子在青春期前就已死去,许多妇女死于分娩,饥馑时时发生,传染病或大火经常席卷城市。地中海盆地的许多地方过去、而且现在都有地震之灾。旅行很危险,路上或城里的街头暴力犯罪并非偶见。穷苦、无权无势之辈面对强权者无以自卫。我们读释梦手册或星象指南时,立刻便在人们急切地向算命者提的问题里看到一种弥漫四处的意识——生命何其脆弱。无怪乎运气变成了被广为膜拜、需要安抚的神灵。

玛撒·努斯邦(Martha Nussbaum)已经说明哲学传统、特别是柏拉图和斯多葛派的思想如何竭力让道德生活免遭命运的偶然事件的控制。在她看来,就群体和整体而言,这两派付出的代价过高。她认为亚里士多德的思想比较实际,也比较能解决问题。[①] 哲人属于精英阶层，拥有各类资源来应对厄运。除了通过思想训练，运用严酷的哲学疗法来超越命运外，他们还有更实际的防御手段，尽管这一点往往得不到承认。有钱有权有助于解决问题，有隶属价值观相似、财富相当的朋友圈子也颇有裨益。然而，友谊需要时时培育，为保证相互支持得以持续，需要对无时无处不在的竞争施加控制。

但是，在早期基督教群体中精英并不多。那么普通人怎样应付脆弱的生存，应付任何时候都有可能掉到头上的厄运呢？在常用的办法中，有两种引人注目：投奔权贵求得保护，以及求助于魔法。巫师和算命的专门帮助人抵御邪恶，或与之谈判，有时甚至与之调情。我们在他们的技法手册中看见那些在文学作品以及古代的公共事务中没有声音的人，得以站在近处观看他们的恐惧与雄心。

已出版的纸草魔法集子向我们提示，古人求助魔法有两个主要目的。[②] 第一个是得到、继而维护稀有而脆弱的东西，第二个是报复仇敌或对手。攫取的渴望与嫉妒也许是人类共同的特征，在资源有限的社会里该特征肯定不断显现。这里进行的是得失相抵的游戏，你若赢，我便输，这就是经济史学家笔下生活

① Nussbaum 1986b。

② 见 215 页注①。

在罗马帝国的人们对问题的典型看法。在地中海沿岸的诸社会里，古代，甚至到今天，四处都是抵御邪恶之眼的咒语、护身符，也就不足为怪了。在一个土耳其村庄，或是意大利乡村，一个陌生人随便说一句“好漂亮的孩子！”一类的话，可能招来微笑，也可能引出一个惊恐的鬼脸，在有的地方会外加一声“但愿如此”驱邪，在另一个地方则用手画个十字。在诸如安条克这样的古城里，富裕家庭的餐厅铺设的马赛克图案经常画有尖锐、带刺的东西戳进一只眼睛。一幅图案里有一个丑陋、猥亵的矮子形象，附带铭词：“还有你！”，意思可能是“你也同样下场”。这是另一种挡开嫉妒之眼的魔法。①

那么基督徒们又怎样应付对于攫取和嫉妒的焦虑？在大多数情况下，他们肯定继续运用皈依前的老办法。基督徒施魔法，这一点抄写魔法的纸草片提供了相当的证据。对邪恶之眼打的驱邪手势库里又增添了一件新武器——画十字。已经证实，早在3世纪初它就是驱魔办法，倘若先往手掌里吹一口气再画，威力便会加倍，因为里面的潮气会引出洗礼的威力。②

当然，基督徒的武器不光对付邪恶之眼，它们还能抵挡整个

---

① 马赛克图案：Levi 1947，1∶32-34，及 2∶plate IVa，c；关于对邪恶之眼的看法的研究和文献，见 Elliott 1988。

② Hippolytus，*Ap. Trad.* 41，ed. Botte = 36.11，ed. Dix。

鬼魅之旅，以及极易加害于普通生命的巫术花招。我们已经讨论过文献中四处可见的基督教驱鬼故事。伊纳爵声称，当基督道成肉身之时，特别是当预告耶稣降生的神奇之星出现之时，"所有的魔法从此被摧毁，所有的枷锁（意思可能是妖术）都会无影无踪；邪恶的愚昧被打破，旧王国灭亡"（*Eph.* 19:3，舒德尔译）。[①] 基督教的其他领袖也试图把施魔法与撒旦的国度相提并论，把它们同基督教的神迹区分开来。这里，我们想起了《使徒行传》和后来的外经《使徒行传》。[②] 在《十二使徒遗训》（5:1）和《巴纳巴书》（20:1）中，死亡或黑暗之途的特征便是诸种罪恶，而罪恶之一就是魔法。（5:1）但是，也许不是所有的基督徒都这么看。一个人眼中的魔法在另一个人看来就是神迹。2世纪罗马的洗礼中有一系列复杂的驱鬼、弃绝撒旦及其种种浮华的仪式，保护慕道友安全进入基督教。[③] 教会以这种方式试图把自己建成无鬼地带，邪恶世界里的纯洁之地。画十字的手势、口气中洗礼的潮润之气在任何危难时刻都可以让基督徒想起那个安全之地。

然而，基督教故事里的关键意象却表明，对付邪恶还有更为

① Schoedel 1985，87。

② 见上；其他的引文见 Schoedel 1985，93。

③ Hippolytus *Ap. Trad*。20-21，ed. Botte。

独特的办法。一个强大的传统植根于耶稣本人说的话,即不要报仇,而要按照耶稣的榜样去爱自己的仇敌。在保罗的《罗马书》12:14-21 中相关的详细训诫(此时尚未说明是耶稣的教导)直截了当地表现出复仇升华为不复仇的境界:“不要自己伸冤,宁可让步,听凭主怒。因为经上记着:‘主说,伸冤在我,我必报应。’”但是另外一段说:“你的仇敌若饿了,就给他吃,若渴了,就给他喝。因为你这样行,就是把炭火堆在他的头上。你不可为恶所胜,反要以善胜恶。”(20-21)

在基督教诸群体中,人们寻找仲裁纷争的实际手段。按照《马太福音》18:15-18,“倘若你的弟兄得罪你”,你可以采取若干步骤。保罗责备科林斯的基督徒彼此相争,到异教徒面前求审。打官司是可耻的,其本身就是失败(《哥林多前书》6:1-11)。

至于我们在魔咒里看到的肆无忌惮的攫取狂热,基督教的道德话语往往斥责其为贪婪。贪恋钱财之徒是敌人,包括《路加福音》里的法利赛人,《雅各书》里压迫穷人的阔佬。与许多非基督教道德家一样,《提摩太前书》里的牧师(6:10)以及波利卡普(*Philad.* 4:1)均认为爱财就是邪恶之根。[1] 哈尔夫·莫克斯

[1] 见 pseudo-Phocylides 42-47(比较 61,62)以及 van der Horst 1978 年引用的类似例证,142-46。

恩(Halvor Moxnes)提出,路加采用的是"农民的经济道德的观点"。[①] 但是,正如威廉·康特瑞曼(William Countryman)的解释,基督徒关于财富的道德观从一开始就具有"矛盾与调和"的特色。[②] 路加也许抬高了农民的道德体系,将其理想化,但是他很清楚,基督教的传播从一开始就仰仗那些比农民更有钱、地位更高的人士的保护和支持,基督教不是在乡村的农民中间而是在城市的形形色色的人群中发展壮大的。当然,对攫取的完全否定的态度后来成为基督教里某些苦行团体的标志,但只有在极其特殊的情况下这一观念才可能实行。

然而,成长中的基督教运动至少有潜能对无钱无势者的经济状况提供一些具体的帮助。世界充满危险,教会为旅行者提供了"弟兄姐妹们"的招待网络,为易受伤害者提供来自组织紧密的小团体的支持,使他们能够互相照应、互相告诫和互相帮助。除了极少的例外,基督教运动并不想废除希腊—罗马世界中常见的庇护、友谊、附属等社会建构,而是把这些模式加以变化,设计出了自己的种种特殊结构。

世界上所有的人都体验过邪恶——无论是受到其伤害或是对它的畏惧,还是遭受的限制和挫折。邪恶在希腊—罗马世界

---

① Moxnes 1988。

② Countryman 1980。

里有充足的表现,同时,人们也作出巨大的努力来命名、转移、控制可能落到自己头上或自己可能不禁诱惑去做的种种坏事。基督教利用以色列的圣经、戒条以及想象等丰富的资源,对邪恶进行命名,把对它的认识体系化。可以说,他们把邪恶整理得井井有条,使之成系统,有规则。更有甚者,在其信仰及符号体系的中心,基督徒得到了耶稣基督的十字架——一个表示恐惧、不道德以及邪恶的巨大的符号。他们在这一符号里投入了有悖于常理的联想,它便成为制服邪恶的工具和不可名状的善的源泉。基督徒的宗教世界观的生成中心有了这样一个矛盾的符号,他们未来的道德地貌便注定不可能简单明了。

第八章　肉体—符号与难题

在古代勤于思考的道德家看来，我们的诸多道德困境的根源就是我们寓于肉体之中，或者按柏拉图派的哲人的话说，我们被囚禁于、或埋葬在肉体之中。斐洛把努力争取美德——一切好人都受到感召去争取的东西——最简练地表述为灵魂（或心智）与肉体之间的抗争。他虽然是犹太人，但在这一点上却是典型的古典道德家。与大多数读者在《摩西五书》的文本中看到的明显意思正相反，他几乎在其中每一页里都看到这种抗争。以《创世纪》38:7 为例："犹大的长子珥在耶和华眼里看为恶，耶和华就叫他死了。"这一节引起了如下的解释："即使没有公开的谴责，上帝也知道珥很恶，所以就叫他死。因为上帝并非不知我们的皮革重担（珥的意思就是'皮革'）、即我们的肉体是罪恶，它阴谋摧毁灵魂，它是一具死尸，是永恒的死亡。"（《对戒律寓意的阐释》3.69）

我们也许会感到斐洛受中期柏拉图主义影响太深，不具代表性。即便哲人也不都对肉体持如此否定的看法。以斯多葛派的穆苏尼乌斯·鲁弗斯(Musonius Rufus)[①]为例,他主张严格训练心智,还有身体:“因为人恰巧不单是灵魂,也不单是肉体,而是二者的一种结合。”但他仍然主张,灵魂既为“更好的部分”,就应该得到最优先的考虑(卢兹译本,残片6)。有些斯多葛哲人思想上的一致性或许不如穆苏尼阿斯,但也指责肉体,他们的否定性态度几乎与斐洛一样。在罗马时期的哲人中很难见到前一阶段里亚里士多德那样对肉体切合实际的看法。

肉体的主要问题分为两部分。一方面,它受制于各种偶然事件。它总是生病、受伤,不停地需要吃、喝、睡觉。可以拷打它,囚禁它,叫它死。而另一方面,正像有些人所说,它似乎还有自己的头脑:从它里面涌出的欲望和激情可以制服理智,驱逐审慎的判断。

我们的确无法估计普通人在多大的程度上接受了众多高智力者青睐的禁欲主义。他们去犹太会堂,很可能听到斐洛思路的说教;如果随着人群去剧场听受欢迎的演说家演讲,他们听到的东西几乎一模一样,只是这里的寓言取自荷马而非摩西。然而,对大多数人而言,即使不是有意识地奉行禁欲主义,生活就

---

① 穆苏尼乌斯·鲁弗斯(早于30-约101-2),罗马的斯多葛哲人,一生中多次被放逐。他的弟子中有重要的罗马公民,还颇有些哲人,其中最著名的是爱比克泰德(见45页注①)。流传下来的有他的一些格言和谈话。——译者注

已经足够严酷。即使有闲情逸致，有试图超越肉体的高尚情操，此类追求也实属多余，因为肉体已经在求生存的挣扎中受到严格的制约。当然，算命的和巫师的手册很少透露，在很大程度上，他们就是利用哲学上的二元论这一手段帮助人们对付肉体的欲望和危险。在比我们研究的时期稍晚的年代，基督教普及了禁欲主义。越来越多的教会首领及其文字代言人出自信奉二元对立哲学的知识精英群体，不过现在看来他们以自我克制的行为来体现这一信仰。普通人的物资和工具只是自己的身体，他们通过殉道或在饮食、性、舒适方面极度克己成为信仰上的英雄。正如彼得·布朗（Peter Brown）所言，禁欲主义变成向才华之士开放的成功之途。[①] 布朗列举了这些稍晚的发展情况，态度上颇为赞许，而且对细节有相当的关注。布朗经常提到，基督徒中“沉默的大多数”结婚、育儿、持家，教会的生存延续及其安康取决于他们。但要确切弄清对苦行生活的明显热忱在这些人身上有什么样的影响却困难重重。在我们拥有的最早的文献里，情况已经相当复杂，而且往往不清楚。后来的年代提供了丰富的直接证据，而类似的东西在我们的文献里却丝毫不见。不过它们倒的确向我们显示了最早两个世纪的基督徒对自己身体的一些看法。

---

① Brown 1988，61。

保罗

我们的探讨不妨以保罗的书信开始,并非因为可以把他想象为典型的1世纪思想家,当然也不是有人以为他写的东西简单、明了,或者前后一致。可是,他是著作流传至今的最早的基督教作者,而且是最有趣的作者之一。他的许多文字能帮助我们深入了解他对于肉体的想法,我们选出几例来说明其主要脉络。这几例中只有第一例(即《哥林多前书》6:13-14)跟性有关。

保罗在《哥林多前书》6:12采用了哲学学校[①]中描述错误的推断、对立的观点,或者学生典型的弱点和抗拒时经常使用的谴责性语调(如他在这封信中数次所为)。[②] 他假想一个对话者以"凡事我都可行"这样的口号来回敬他前面的话。这一说法在当时的政治、道德言论中经常用在那些不受一般限制的人身上,原因不外乎他们有政治和社会方面的实权,或者他们已经取得了斯多葛派和犬儒派分子看重的内心自由。为了群体的利益,这种自由必须接受对自身的限制,这是道德话语中的老生常谈。

---

① 在希腊—罗马时期哲学流派林立,一些流派或哲人为教授哲学、相互切磋之需设立学校,著名的有柏拉图Academy、亚里士多德在Lyceum、伊壁鸠鲁在自家花园、芝诺在Stoa Poecile设立的学校等。——译者注

② Stowers 1988及1990。我下面的论述中有若干点得自于后一篇文章。

比如,狄奥·克里索斯托(Dio Chrysostom)[①]在探讨理想的帝王品质时两次说:“有谁比那凡事皆可行的人需要更严格的自律呢?”(*Or*.3.10;62.3)斯多葛哲人教导说,真正的智慧将此崇高的自由给予个人,而保罗则用类似的说法讽刺科林斯城里那些从“他们的”使徒手里得到特别的智慧的人:“不用我们,你们自己就作王了。”(《哥林多前书》4:8)他在第10章回敬那些认为“偶像”不算什么,吃祭物、或者接受邀请到异教徒的祭坛或家中赴宴不是什么大 不了的事情时,再次起用“凡事都可行”的警句[②]。事实上,保罗在这封信中自始至终、不断地回到一个问题:基督徒应该怎样使用给予他们的自由才不至于损害教会的纯洁和凝聚力,不损害那些缺少权力和知识的基督徒的利益?起初保罗对上述口号的回答是人们经常说的话:并非所有的东西都有益处;导致他人受束的自由有违初衷;智者对群体负有责任,

① 狄奥·克里索斯托(约40 约115)是罗马统治下的希腊演说家和哲人,以雄辩著称(克里索斯托——Chrysostom——即金嘴,雄辩的意思)。倾向犬儒派和斯多葛哲学,曾被逐出罗马,在各地游历。流传下来的有80篇关于政治、道德、哲学问题的文章。——译者注

② “凡事皆可行”的说法见《哥林多前书》6:12,10:23。根据Navarre本的解释,科林斯有些基督徒对自由的概念有些误解。他们以为,既然不受犹太律法的约束,基督徒便可以随心所欲,他们把一切与身体相关的都看作无足轻重。保罗告诉他们,约束性行为的规章不同于关于食物的戒律。人的身体是人的组成部分,它将复活,参与人与基督的融合。性道德因此事关重大。——译者注

应当利用自己的自由促进整体的利益。

但是,他随后设想他的对话者说了别的话:“食物是为肚腹,肚腹是为食物,但上帝要这两样都废坏。”(6:13a)这里有一个明确的神学观点:相关肉体的选择都无关紧要,因为上帝要把这一切都灭掉。保罗说:“身子不是为淫乱,乃是为主。主也是为身子;并且上帝已经叫主复活,也要用自己的能力叫我们复活。”(6:13b-14)这一断言颇令人瞩目。保罗希望他的听众明白:上帝让耶稣的身体复活,由此允诺所有的肉体在死亡之时复活——虽然是以一种转化为“灵性”状态的复活(《哥林多前书》15),其目的是表明,人的身体属于上帝。保罗用一个直接、朴实的例子以及两个比喻来支持这一断言。第一个比喻的意思可能是,从根本上说,罪恶“在身子以外”(6:18)。但是至少就行淫的确切意义而言,这种说法很荒唐。与妓女行淫首先使身体不配与主结成灵性上的一体(6:17),其次不配充当圣灵的殿(6:19)。保罗最后把基督徒的生活比做奴隶身份,他总结说:“你们是重价买来的,所以要在你们的身子上荣耀上帝。”(6:20)

《罗马书》12 章里的“格言集锦”的开篇体现保罗传递给罗马基督徒的福音的道德含义[①],与上一段结尾的箴言的道理很是相像:“所以,弟兄们,我以上帝的慈悲劝你们,将身体献上,当作

① 见前面第五章,以及 Wilson 1991。

活祭,是圣洁的,是上帝所喜悦的,你们如此事奉,乃是理所当然的。"(《罗马书》12:1)此后的章节中说明的道德观则无法用身体与灵魂的对立来支撑,虽然保罗经常将"肉体"与"灵"对立,但他一般避免把"肉体"与"身体"等同起来。① 人的困境并非起于身体的局限,而是由罪引起。

保罗在这一点上前后相当一致。例如,《哥林多后书》5:1-10是难懂的一段,但上下文清楚表明,保罗认为险恶环境可以克服(4:7-15),但是同时仍然坚信与身体有关的事情在道德上举足轻重。保罗在第4章里以铿锵的言词描绘出诸种险恶形势,可以与塞内加或摩苏尼乌斯的段落媲美,表达的感情也与斯多葛哲人的颇为相似。保罗就像英勇的智者,"四面受敌,却不被困住。心里作难,却不至失望。遭逼迫,却不被丢弃。打倒了,却不至死亡。"(4:8-9)然而,一个独特的对比紧接而来:"身上常带着耶稣的死,使耶稣的生也显明在我们身上。"(同上10)②基督被钉十字架以及复活的模式使保罗必须彻底颠倒日常判断的价值,然而,这一颠倒并非简单地断言智者的理性选择优于偶然的机遇,它的基础也不是心智或精神与肉体相对立的人类学二

① Bulmann 1951,1:192-203对精神与身体的区别的表述中尽管过多地使用了存在主义的名词,至今仍为经典之说。

② 有关这句话,见Fitzgerald 1988,166-80及Garrett 1990中的分析。

元论。在耶稣拯救人类的行为以及与其相似的使徒的行为里，身体至关重要。“因为我们众人必要在基督台前显露出来，叫各人按着自己身体的行为，或善或恶受报。”(5:10)

斐洛或者爱比克泰德这样的哲人在考虑自己生命的终结时，有可能颂扬智者的理性超越对身体的关注，做出自由的选择，这与保罗在《腓立比书》中提到的情况一样。保罗使用几乎相同的语言，但是最终的目的却不相同。他希望审判的结果是没有一事叫自己羞愧，他要放胆讲话，这样“无论是生是死，总叫基督在*我身上*照常显大。”(《腓立比书》1:20，斜体作者加)

在结束对保罗的讨论之前，我们应该提到另一个例子，以察看当保罗提醒听众耶稣的身体被钉十字架、然后复活，并用这一点渲染身体的隐喻时，流行的道德哲学中通常使用的这一隐喻通过何种方式产生了微妙的变化。最熟知的政治比喻莫过于把国家比作身体，卑微的农民自然是其中的一“部分”，或者“肢体”，尽管只是脚或手。贵族也是其中一部分，却是更显眼的“头”或“眼睛”。从社会与政治的角度看，这一比喻本质上是保守的。群体中发生任何骚乱，都跟一个人的脚对他的头造反一样恐怖。

尽管对《哥林多前书》12 章的评论中有一些关于保罗的“神秘现实主义”的说法令人困惑，我们应该看到他对修辞的使用与西塞罗、塞内加或普鲁塔克等并无实质上的不同。隐喻仍然是隐喻,仍然是政治性的,仍然保守。但是,这里要保存的却不是帝国体制的现状,而是一个教派的内部秩序。领导该教派的任务被看做神的"赐予",因此可能落在那些通常不属于头和眼睛之类上等层次的人身上。事实上,保罗告诫那些具有神授使命的人要多敬重像司提反这样的人。至少对于基督徒群体来说,这些人属于庇护人阶级,基督徒的聚会依靠他们的捐助(《哥林多前书》16:15-16)。他总体上赞同由"具有神授异能者"管理教会,但不支持此类新秀依仗神灵的赐予去争夺新的地位的方式。耶稣的身体被钉十字架、然后复活的故事现在成了一个支配性的隐喻,影响着通常的政治隐喻。在《哥林多前书》12 章,这一新的隐喻出现在关于互相关照是身体的各个"肢体"的责任的话里,其效果并不直接。在其他地方,比如保罗在《腓立比书》第 2 章中运用基督颂歌进行劝诫时,还有当他论述教会里力量更大、知识更多的人对他们视为"软弱"的人负有责任之时,隐喻的效果则变得直接而明确。①

① 保罗运用身体的隐喻表达政治上的和谐,关于这一点,见 Moxnes 即将出版的文章。他对 Menenius Agrippa 向以叛乱威胁元老院议员的罗马平民演讲中使用的寓言进行了比较(Livy 2.32; Dio Chrys., *Or*. 35.16)。关于《腓立比书》2,见 Meeks 1991a;关于《哥林多前书》8-10,见 Meeks 1988 及 Malherbe 即将出版的文章。关于《罗马书》14-15,见 Meeks 1987。

托马斯传统

就保罗而言,耶稣身体的死亡和复活这件事在一些关键问题上极大地修正了肉体的道德意义。但是,在有些基督徒眼里,耶稣的胜利被理解为战胜肉体;人在自身肉体中遭遇的物质和魔鬼的世界最危险,对它进行一场无情的战争则是每个基督徒的道德责任。我们在围绕使徒犹大——人称迪狄莫斯或托马斯,将其认作耶稣的孪生兄弟①——的圣徒传中看到对这场战争的最生动的描述。我们在前面第四章论述早期基督徒对尘世的各色态度时已经见识了这些禁欲传统。看起来,此类传统首先在叙利亚东部——很可能是在埃德萨一带——形成。关于这一点,《托马斯福音》、《托马斯使徒行传》以及《争夺者托马斯书》提供的信息最多。到 2 世纪中叶该传统的核心要素已经存在,而一些学者认为这些要素可以追溯到 1 世纪。它们经常被视为“诺斯替派的”,不然就是“节制派的”②文献(按照古代异教研

① 见 103 页注①。——译者注

② 或译为禁戒派,其希腊文原意是自我完善。2 世纪的 Titian 脱离基督教会,创立了这个诺斯替性质的禁欲派别。Titian 整编四福音书,去掉涉及耶稣的神性及其他不符合诺斯替学说的段落。其主要主张包括:基督没有肉身;亚当并未得救;性及繁衍后代均属罪恶,婚姻应受到谴责;保罗是叛教分子,要拒斥他的书信等等。——译者注

究者对这一名称的理解)。虽然如此,新近的研究提示,稍早时期的情况更加难以确定。班特雷·雷顿(Bently Layton)写道:“既然托马斯经并没有特别的教派特点,它肯定是2世纪及3世纪早期美索不达米亚地区的基督徒读的常规经典的一部分,他们可能把它跟《所罗门的颂歌》及泰辛的《和谐》一类的书放在一起读。”①

威廉·康特瑞曼在其对早期基督教性伦理的论述颇具创见,正如他所指出的,传统上宗教运用身体符号来建构一个有意义、有道德期望的秩序井然的世界,其途径之一就是利用与纯洁相关的规则。② 在《托马斯福音》里,众门徒直截了当地问耶稣有关纯洁的规则,但一开始并没有得到正面回答:“你希望我们禁食吗?我们应该怎样祈祷?我们是否该施舍?应该吃什么样的食物?”耶稣说:“不要说谎,不要做自己痛恨的事情。因为在天国面前,任何事情都要显露。”(《托马斯福音》6[33:15-21],雷顿译)

有一段类似的话,没有写门徒提出的问题,而回答却更尖锐:“‘你们如果禁食,就会犯罪;如果祈祷,就会遭谴责;如果施舍,就会损害自己的心灵。你们不论到什么地方,在何处巡游,

① Layton 1987,361。

② Countryman 1988。

别人接待你们,你们就吃他们给的东西,他们有人生病,就给他治病。你们吃到嘴里的东西不会玷污你们,恰恰相反,从你们嘴里出来的将玷污你们'。"(14[34:14-26];比较104节)

我们知道,叙利亚的基督教会寻求与犹太社群分离,有时他们之间会有尖锐的争辩,上面反纯洁的言论或许表现了分离的早期阶段的情况。这些言论把对"宗教"纯洁性的关注与道德行为相对立:"不要说谎,不要做自己痛恨的事情。""给有病的人治病。"还要求他们出言谨慎,因为"从你们嘴里出来的将玷污你们"。但是,托马斯传统实际上主张一种更加彻底的纯洁:"如果你们不弃绝尘世,就不会找到天国。"(27,根据 *Oxyrhynchus papyrus* 希腊文残片1.4-8)

那么人该怎样"弃绝尘世"呢?如我们在第四章里所看到的,托马斯传统中的目标是在一切可能的方面把自己与物质世界及其社会建构分离开。"耶稣说,'无论谁认识了世界,他找到的是身体[或者用此话的另一种版本"一具尸体"],而这个世界不配那个认识了世界的人驻留'。"(80[47:12];比较56节)再有,"那依靠身体的身体实为不幸,那依靠两个身体①的灵魂实为不幸。"(87[48:4-6];比较112节)或者还有:"耶稣说,'如果

---

① 参见108页注①。托马斯传统主张基督徒尽量摆脱肉体和物质世界对自己的控制。——译者注

肉体因为心灵而产生，这颇令人惊奇。如果心灵是由于肉体[而出现]，这便更令人惊奇。但是，至于我，这一巨大的财富何以寄寓于如此的贫瘠之中，我实感惊诧'。"(29[38:31-34])

上面援引的最后一段揭示了与托马斯的弃绝身体的特殊观念相对应的象征手法：真正的自我的开端存在于另一个世界，一个有光、有真理的国度。《托马斯福音》里有若干段落影射灵魂的神话，比如49节："那孤独而被拣选的有福了，你将找到天国：因为你既来自那里，便要回到那里。"这个神话以寓言的形式出现在收入《托马斯使徒行传》中著名的"珍珠颂"①中，在托马斯殉道时的演说中再次出现(《托马斯使徒行传》159-69)。该神话的托马斯版本经常被视为"诺斯替派的"东西，其实，按雷顿的说法，它只是"希腊化时期关于自我的神性起源的一个简单的神话"，是柏拉图哲学、毕达哥拉斯学说以及许多流行思想里常见的东西。例如，斐洛认为，诸如亚伯拉罕的迁移、出埃及、过红海、摩西登西奈山等圣经故事的寓意就是自我从本源出发的旅

① 该诗原来的标题已经失传，除《珍珠颂》外，它还被称做《救赎之歌》、《灵魂颂》和《光荣之袍礼赞》等。《珍珠颂》是一首以古叙利亚语写就的美丽的诺斯替寓言诗，以国王的儿子远途跋涉到埃及寻找一粒珍珠的经历讲述灵魂的放逐与救赎。该诗嵌在由希腊语译为叙利亚语的《托马斯使徒行传》中，其独立的内容和风格说明它与《行传》并不相干，显然是被叙利亚编撰者自行收入的。——译者注

程，但是他从里面引申出的禁欲伦理远远少于托马斯派。①

在托马斯派看来，性及其后果——被缠绕于家庭生活及家庭责任之中——是人世间最危险的陷阱。“倘若你摒弃这肮脏的交媾，”耶稣在一对皇家夫妇的婚礼前夜对他们说：“你就成为纯洁的圣殿，不会遭受显明的或暗藏的折磨和痛苦，你不会受制于对生活和孩子的忧虑，而所有这些痛苦和忧虑的结果就是毁灭。”（《托马斯使徒行传》12，博恩卡姆及威尔逊译）②在此，以及该叙述的其他地方，一切“以生育孩子为目的的交媾”（Bonnet，203.19）都受到谴责，而这一点显然是托马斯传统的理想，虽然在关于皈依者洗礼的叙述中插入的某些说教里，只有通奸才算作“一切罪恶中最重的罪”（175.9；181.15；168.3，9；比较160.13）。《托马斯书》宣称身体与“家畜无异”，与动物一样生于交媾，也与动物一样反复无常，最后灭亡（138：39-139：11；比较141：5-11）。要想得救就必须逃离肉体：“的确，你要是脱离了身体的劳苦和激情，那至善者就会给你安息。”（《托马斯书》145：12-13，雷顿译）③

① 例如，在 *On the Migration of Abraham* 1-30 中，斐洛总结了其著作中经常出现的主题。也见 *Questions on Exodus* bk.1 中的论述。

② Hennecke 1965，449。

③ 可把前面对托马斯传统的概述与 Brown 1988，97-99 进行比较。关于对2世纪的基督教激进主义的较为笼统的论述，见 Perkins 1985。

瓦伦廷派

虽然瓦伦廷派似乎了解并运用了托马斯传统的成分，在流传下来的他们的代表性观点中，我们却找不到托马斯派文献里特有的对身体的那种仇恨。看起来瓦伦廷及其追随者的理想倒是对身体的一种超然的中性态度，而要达到这一理想则需要明白，身体与物质世界所有其他的东西一样，均为不真实的存在。瓦伦廷一阵心血来潮，想象耶稣的绝对自我克制使他能够虽然进饮食但不排泄。[①] 身体的烦恼如同恶梦中的恐怖，取得了真知的人忘却这些烦恼就像忘却夜间的梦境，而把对父亲的了解看作光明。（《真理的福音》30∶2，雷顿译）瓦伦廷几乎能够赞同普洛士丕罗（Prospero）的看法："我们都是梦中的人物"[②]，只有一点除外，即作为精神上的选民，"我们"不同于那些随着知识的展现而消融的身体。

因此，在瓦伦廷看来，与其将死亡视为应该征服的敌人，毋宁当做需要揭穿的幻觉。瓦伦廷的《论复活》相应地拒斥一般基

---

① Völker 1932 中的 Valentinus, frag. 3 (58 = Layton 1987 中的 frag. E, 238 = Clement Alex, *Stromateis* 中的 3.59.3)。

② 这话出自莎士比亚的《暴风雨》第四幕第一场的 156-57 行。——译者注

督徒的论点:身体必须复活以实现上帝的旨意。诺斯替派颠倒创世故事,说亚当的身体由幻觉世界的一个无知而且低下的创造者所塑。由于瓦伦廷派接受了这一颠倒,基督徒的论点对于他们就不能成立。而是必须把复活理解为以真实取代幻觉:"它(复活)不是幻影,而是某种真实。相反,我们应该认为这世界是幻影。复活不是幻影,而是通过救世主、我们慈悲的主耶稣成为可能实现的某种真实的东西。"(48:12-15)

因此,耶稣钉十字架的真实性(这一真实性对于瓦伦廷的学说至关重要)在于它作为隐喻提示了一种更高的真理:"由于整体之父是无形的——整体出自于他,所有的道源出于此——耶稣包裹于那经文之中[那寄寓于整体之父的思想和大智之中的上帝的真经,19:34]来到世界,*他被钉在一段木头上*,在十字架上发布了父亲的敕令"。(《真理福音书》)

瓦伦廷派自豪地声称继承了保罗的传统,读者在这一节里听到那个借保罗之名撰写《歌罗西书》的早期门徒的观点在回响(2:14)。正如我们所见,保罗的确大胆利用了钉十字架的故事的隐喻潜力,瓦伦廷也的确继承了这一传统。然而,我们却在这一点上看到,一种不同的形而上学说是怎样用不同的方式改造了这一隐喻,结果倒空了身体的道德意义。这一阐释与保罗的观点完全不同。

女性身体:权力与危险

瓦伦廷派或许把身体当做幻觉,但这一看法并没有妨碍他们利用它作为符号的潜力。我们不时在他们的寓言里看到,在深处他们与同时代的人有一些相同的看法,在某些关于女性身体及其生理过程的观念里——在多数现代人眼里颇为古怪的观念,这一点尤为突出。例如,一些瓦伦廷分子用性意象来描述再生以及从命运中得到解脱。按照他们的说法,再生与解脱的条件是洗礼加上真知:"种子在成形之前均为女性之子,但一旦成形就被变成男人,成为新郎的儿子。他不再软弱,不再受制于有形和无形的宇宙之力。他已成为男人,变成男性后代。"①

这一古怪的看法显然出自古代各色人群对生殖和性别差异的不同看法。有人赞成亚里士多德的看法,认为胚胎的形成完全是男人的精子的功劳,女人只提供"物料",即血液。其他人认为男人和女人都制造"精子",它们混合起来产生胚胎。关于种子的来源,究竟仅仅来自血液,还是血液与元气、即生命之气的结合,还是脑子和脊髓里的东西,或是来自全身的精髓,医学作

① Clement Alex, *Excerpta ex Theodoto* 79, Foerster 译, 1972, 230。

者们争论不休。[①] 瓦伦廷派的寓言采用两种精子之说，同时也赞同许多(男性)作者的信念：女人的精子比男人的低一等。公元前1世纪用拉丁语写作的伊壁鸠鲁派哲人卢克莱修(Lucretius)提出一种比较中立的两种精子说："精子混合时，女人可能因突如其来的力量压倒男人而取得支配地位。这样孩子便由母亲的精子孕育而成，因此便像母亲。相应地，孩子可能由父亲的精子孕育而成，并由此像父亲。如果孩子两边都像，结合了父母双方的特征，他们则同时为父亲身体和母亲血液的产物。在孕育之时，精子受维纳斯推动穿过肢体，在双方激情——它们之间并非控制或被控制的关系——的共同作用下碰撞到一起。"[②]

再从瓦伦廷派的文献中举一个例子，可以更清楚地了解这一教派对"男性"和"女性"的特殊表述，从而可以透过隐喻深入到他们对女性身体的普遍、基本的看法：

> "上帝就照着自己的形象造人，乃是照着他的形象造男造女。"瓦伦廷派说，《创世纪》1:27里这句话指的是神的智慧的最精美的创造，其中男性"是被神选中的"，而女性则

---

① Horst 1990 对医药及哲学理论做了精彩的简述。同时参见 Rousselle 1988，特别是其中第二章里更为详尽、轶事丰富的记述。

② *On the Nature of Things* 4. 1208-17, Latham 译, 1951, Horst 1990, 295 引用。

得到"神的感召"。他们管男性叫天使,而女性本身就是更优越的精子。亚当的情况也是如此:男性的精子留在他体内,但是完整的女性精子则从他身上取出,变成夏娃,女人即源自于她,如同男人源自于亚当。逻各斯把男人聚集在一起,而女人变成男性后,与天使结合,取得神性的完整形态。因此说女人被变成了男人,而教会变成天使。[①]

引文里把需要救赎的人的内在自我表述为"女性",而把其天使般的另一个自我或者另一个形象表述为"男性",这一点是瓦伦廷派特殊的认识。神话起始阶段的原始整体已经丧失,二者的结合将其恢复,照瓦伦廷派的理解,这是得救过程中攀登顶峰的一步。目前,我们不必进一步关注瓦伦廷派神话的特征。但是,这幅起象征作用的画面中有两个特征指证出流传更广的观念:人们自然地把"男性"与更高的存在领域相提并论,以及女性不但与男性结合,而且可能变成男性,这样的断语颇令人惊愕。

瓦伦廷派作者将得到恢复的自我中较高的部分看作男性,说明他们只是追随哲学中的老生常谈。这一段里唯一使人惊讶的地方是,"女性"毕竟可能得救——通过变成男性。古代哲学撰写者习惯将男性的特征等同于思想、理智、清晰的语言表达、自制等等,把女性特征与情感、身体的欲望、感官、激情等等相

① Clement Alex., *Excerpta ex Theodoto* 21, Foerster 译, 1972, 224。

连。因此，哲学上的觉醒可能被表述为某人不再以“女人”的方式行动和思想，在理智和美德的方面他有了“男子气概”。这就是亚历山大的犹太哲人斐洛对“撒拉的月经已经断绝了”（《创世纪》18:11）的深层意思的解释。他写亚伯拉罕的婚姻故事时，让撒拉象征美德，由此颠倒了身体意义上的婚姻角色，让亚伯拉罕“用心良好，言语温顺。”只有在幔利的橡树下遇见上帝，看到其伟力后，亚伯拉罕才变得“有智慧”，从而能够行动有“男子气概”（理性的方式）。①

如果社会上没有把妇女看成总体上不如男人，比男人弱，不如他们理智，就很难想象哲学中会出现这种贬损女性的陈词滥调。大量的证据说明，这类看法至少在男性作者中流传甚广。不幸的是，古代妇女的文字很少流传下来，所以我们难得直接听到女性对自己及其身体的看法。（在下一部分我们将察看几份难得的例证。）认为女性身体没有价值，关于这一点最令人毛骨悚然的证据也许就是丢弃女婴的做法。确凿的证据很少，但现有的材料——加上一些跨文化比较——间接表明，一个典型的父亲需要盘算新生儿将来给家庭带来的好处是否能抵消抚养他

① *Questions on Genesis* 4. 15；*On Abraham* 101-02，168；比较 Goodenough 1962，141-42；有关对斐洛对男性/ 女性语言的应用的概述，见 Baer 1970 和 Sly 1990。

的成本和风险,他选择丢弃女婴的可能远远大于男婴。[①] 但是,也不能臆断这种态度比比皆是。父亲珍爱女儿,为其福祉预作安排的例证大量存在。[②]

不过,寓言里的“女性”可能变为“男性”这一点显示了古代关于性别的观念中另一个惊人的特点。在我们讨论过的陈词滥调里尽管遍布男性与女性对立的例子,但是两者之间似乎有一定的流动。需要时,撒拉可以为斐洛关于美德的寓言充当“男性”角色,而男人在态度、才智或行为方面可能很“女气”。近来有些研究表明,在希腊—罗马社会的人们眼里,男女身体的差别不像今天我们文化中这样分明。男人和女人处于一个连续体、一种滑动标尺的两端。换种说法,许多人认为女性是不完全或不完美的男性,而男人总是面临其男性特征被削弱的危险。[③]

男、女之间摇曳不定的界限也许还有助于说明另一个主题——男人对女人的恐惧,它像一种阴沉的低音贯穿古代的许多文学、神话及民间传说。男人如果放松自律(特别是失之于过度强烈的情感)就会丢失热量和元气,医生便给病人开方预防。彼得·布朗以他一贯的雄辩文字概括了占统治地位的精英们的

① 例如,Cantarella 1987,135;Sly 1990,37-39。Boswell 1988,100-102 中的论述比较审慎,强调了证据的含糊性质。

② 有关罗马的贵族家庭照管女儿的例子,见 Hallett 1984。

③ 见 Laqueur 1990 及 Roussell 1988。

恐惧:

> 仅当男人永远不够:男人必须争取保持"阳刚"。他必须把所有可能暴露自己"软化"——半成型的女人状态——的迹象从性格以及身体的姿态和脾性中清除出去。2 世纪小城里的头面人物相互监视,眼睛雪亮。他们留意别人的步态,对他讲话的节奏作出反应,注意听其嗓音是否洪亮。任何此类情况都可能是不祥的迹象,暴露他已经丧失热气腾腾、激越高昂的势头,自律已经疲惫不振,不再清晰无误,那使男人成其为男人的优雅、紧凑的声音和姿态也已然松弛。[1]

此类焦虑的讽刺意味为人所熟知:那个被小心翼翼地限制在公共领域的边缘的他者,那个被用来象征作为世界所珍视的权力的对立面的特征的他者,正是以其被规定的软弱和低下威胁着支配者的稳定。在医学理论和实践中弥漫着这类恐惧,例如亨利希·冯·斯塔登(Heinrich von Staden)已经说明希波克拉底的理性医学传统中的著述者拒绝使用民间医药中经常运用的排泄物,但是一种情况除外,他们经常把它开给妇科病人。面对神秘的女性身体,即使是当时最有经验的医学研究者也所知甚少。

① Brown 1988,11。

希波克拉底派的医生认为它极其可能沦为不洁,构成危险,于是采用一种破除魔法的疗法。① 人们普遍相信,子宫本身几乎具有恶魔般的力量。尽管3世纪亚历山大的伟大的解剖学家赫洛费卢斯(Herophilus)已经证明,事实上子宫有稳当的固定位置,许多人仍然认为,它有时可能在女人身体中自由横行,制造“歇斯底里”。子宫的邪力使其成为重要的魔法象征:在护身符和饰针上粗鄙的画里,子宫经常被变成美杜莎模样,据信戴上它能驱逐危险、得到保护。3世纪时杜拉—欧罗伯斯②的犹太会堂的壁画里就有两个类似的形象。③

倘若女人的身体既危险又必不可少,既是欲望又是恐惧的对象,在这样的社会里,占统治地位的精英男子共同的道德直觉服务于两种主要的关切,我们将其分别称作经济性的和治疗性的。经济性一词我用的不是它现代的意思,而是古代的,指需要维持家庭范围内的良好秩序以及有关家庭在其所处的大团体——对希腊人而言就是城邦——内起的作用。在一家之主心

① Staden 1992。

② 杜拉—欧罗伯斯(Eura-Europos)是建于公元前4世纪末的古城,位于今天的叙利亚。——译者注

③ Herophilus:见 Staden 1988a,有关简述见1988b;有关魔法饰针上描绘的子宫,见 Barb 1953;有关 Dura 的犹太会堂,见 Goodenough 1953-68 vol. 11 fig. 56 以及 plates I Ⅷ Ⅸ。

里,这一秩序有两个方面最为重要:确保家庭的姓氏和遗产通过合法的后代得到传承,以及确保家庭和宗族的荣誉。“治疗性”一词我指人们认为为了保护自己免遭女性制造混乱的能力的威胁所需要采取的措施。

传统的婚姻规则最清楚地体现在刚才说明的意义上的经济性关怀。保罗在《帖撒洛尼迦前书》中提醒皈依者要遵守这些规则:“上帝的旨意就是要你们成为圣洁,远避淫行。要你们个人晓得怎样用圣洁尊贵,守着自己的身体。不放纵私欲的邪情,像那不认识上帝的外邦人。不要一个人在这事上越分,欺负他的弟兄。”(《帖撒洛尼迦前书》4:3-6)

大多数现代译文煞费苦心地避免希腊原文里坦率明了的意思,正说明这一段让现代读者感到不安。然而,在古代,里面的主要意思看起来颇为平常。[①] 妻子仅被视为一个容器,这里完全没有提到“两种精子”的说法。皈依者与犹太人一样需要避免强烈的情感,以将自己与“外邦人”区别开来,虽然如我们所见,避免强烈的感情事实上也是异教道德家高度重视的问题。保罗使用了、或者说传统的语言里充满了“经济性”的词语,结果一些评注者希望把“事情”这样中性的词译为“生意/工作”。实际上,这个词仅仅表达在通常的道德推理中女性身体的重要“经济性”

---

① 见 Yarbrough,1985。

意义及其危险。我们也许想问,保罗随从中的普里斯卡(Prisca),或者任何一个其他的女人和"同工"对此类语言会作何感想。不巧,我们听不到他们的回答。

在保罗写《帖撒洛尼迦前书》与已被证明是他再次运用这同一说法之间相隔约5年左右,在此期间,普里斯卡或任何其他任何一个"姐妹"也许私下会对保罗说过些什么,对此作点想象是很有意思的。不管怎样,他对词语做了大幅度的改动:"但要免淫乱的事,男子当各有自己的妻子,女子也当各有自己的丈夫。丈夫当用合宜之分待妻子,妻子待丈夫也要如此。妻子没有权柄主张自己的身子,乃在丈夫。丈夫也没有权柄主张自己的身子,乃在妻子。夫妻不可彼此亏负,除非两厢情愿,暂时分房,为要专心祷告方可,以后仍要同房,免得撒旦趁着你们情不自禁引诱你们。"(《哥林多前书》7:2-6)

妇女在生殖中充当"容器"的概念在这一段里已经被夫妇之间的相互责任和权力的均衡关系所取代。实际上,这里完全没有提到生殖的问题。老的"经济性"的语言还有反响,但目的只是限制家庭治理中强烈情感的危险,可以说,就是限制男、女之间性的交换关系方面的危险,而不是为了保护丈夫拥有的财物。保罗在两封信里关心的都是基督教群体的纯洁,而"强烈的欲望"对它是个威胁。在《帖撒罗尼迦前书》的那一段里,这一威胁完全用父权治理的语言表达,而在《哥林多前书》里治疗性的问题却占据了首要地位。

然而，提出治疗性问题的却不是保罗。我前面没有引这一段的第一句："论到你们信上所提的事，我说'男不近女倒好'。"(《哥林多前书》7:1)我们在保罗给科林斯教会的信中这一口号里，我们听到了对肉体的"女人气"属性的居高临下的轻蔑态度，与"食物是为肚腹，肚腹是为食物。但上帝要叫这两样都废坏"(6:13)的话同出一辙。持这种态度的人对教会里有人与其继母同居的事漠不关心(第5章)，其批评的眼光仅限于祭偶像之物问题上表现出来的"软弱"的良心(8-10章)①。这是一些家庭教会的天然首领和庇护者的声音，他们靠地位、训练以及高超的知识获得理性和话语的权力，以此维系群体的体面和秩序。如我们在上面所见，这种权力感到了威胁：性通过女人的可传染的弱点正在抽走他们的权力。

对于像保罗一样具有禁欲的"神赐能力"的人而言，"男不近女倒好"，保罗的回答与这一前提一致。但是，他关注的不是保持男性首领的权力，而是保护基督教会——作为基督身体的隐喻的教会——的纯洁，使之不受欲望的玷污和骚扰。对纯洁

① 按当时异教的做法，祭祀用的肉的一部分事后可以拿到市场上出售。一些基督徒担心，如果买了这样的肉就是在某种意义上参与了偶像崇拜仪式；参见343页注②及352页注①。——译者注

构成威胁的不是性，而是强烈的情感，因此，婚姻本身服务于保罗的治疗性考虑。所以他就劝告不能自律的单身者或寡妇再婚，因为“与其欲火攻心，倒不如嫁娶为妙”（7：8-9），男人若与到了古人认为容易沉溺于强烈情感的年龄的未婚姑娘有染，他也同样劝告他们不如成亲为好。（7：36）①

保罗明确地认为，独身女性，还有独身男性得到自由可以一心牵挂“主的事”，而不是为“世上的事”挂虑，即家庭，性，孩子，这样就能做到“身体灵魂都圣洁”。（《哥林多前书》7：32-34）《托马斯使徒行传》以及其他外经使徒行传、特别是《塞克拉使徒行传》里讲的故事经常描述从与女性身体这一原始世界关联的纽带与危险中获得解放。② 在四五世纪的教会里，独身的男性首领与富裕、苦行的妇女之间平等的友谊就是超越以性别划分

---

① Martin 慷慨地让我读了他将于 1992 年发表的论文“Female Physiology and the Dangers of Desire in 1 Corinthians 7”，这里我部分地采用了他的阐释。

② 希腊化时期的犹太传奇 *The Testament of Jacob* 中似乎也表现出类似的意识形态。在该书结尾，雅各的 3 个女儿得到了护身符，因此便能讲天使的语言，并能逃离人世，即那个人人经历出生、孩提时代，成立家庭，最后死亡的世界。见 Garrett 的“The Weaker Sex’ in Testament of Job”。文章 1993 年出版前 Garrett 曾慷慨地让借我一阅。

角色的例证①。然而,尘世依然故我,教会体制日渐复杂,自由禁欲派与以家庭为基础的教会之间的矛盾并未减少。在教会方面,势力日渐强大的主教们寻求引导和控制修士及童贞者的权力,亚大纳西(Athanasius of Alexandria)就是一个生动的例证:他在亚历山大城把童贞者组织起来反对阿里乌搞的教义学习团②。而在禁欲派一方,我们看到以强烈的效果表现女人变男人这一主题的几个不同版本,其中有《托马斯福音》的结束语:"西蒙·彼得对他们说,'叫马利亚从我们这里走开,因为女人不配有生命。'耶稣说,'我将亲自引导她,让她变成男子,这样她就也可以成为像你们男人一样拥有永生的灵魂,因为所有变为男子的妇

① 一个熟悉的例子就是圣哲罗姆与他的女弟子们。他自382年起在罗马生活了3年,期间投到他门下的有显赫的Aemilian家族的Paula和她的两个女儿,还有提供其豪华府邸用作学习场所的Marcella等。——译者注

② 亚大纳西(296? -373)亚历山大的主教、神学家、教会领袖。他积极反对阿里乌派异端,是批驳其圣子低于圣父的观点的主要人物,数次被袒护阿里乌派的罗马皇帝放逐出亚历山大。本书作者W. Meeks解释说,David Brakke的研究表明,当时亚历山大的基督教势力大致分为两类:以主教为核心的一类强调圣事和戒律,另一类是围绕具体教师组成的教义学习团。阿里乌这样的教派首领借用上述两类形式的力量(包括追随他们的童贞者)反对主教派,而亚大纳西则批驳阿里乌对基督本质的解释,动员主教体制和自己的童贞追随者们与阿里乌派进行斗争。——译者注

女都将进入天国。'"①

殉道者的身体

托马斯传统以及诸多基督教苦行主义视身体与自我不相容。它们要基督徒与尘世抗争,而这场战争中最主要的一仗就是针对自己的身体。还有一种早期基督教文学——殉道的故事,其中占支配地位的意象就是体育竞赛或格斗。但是,在殉道者行传里,殉道者的身体却是神圣的,而且在叙述其苦难和无畏的精神时,也往往着重身体这一侧面。

对殉道者遗体、遗物的崇拜风行天下,这可能是殉道故事给身体以正面价值的一个原因。在被视为现存最早的殉道者行传——波利卡普行传里,我们已经听说基督徒们急迫想得到圣徒的遗体,但尼希特人和犹太人抢先阻挠。结果众徒们只好在波利卡普火葬后收集其骨灰埋葬(第17章)。类似的主题出现在对里昂诸殉道者的记述里(62-63)。其他的殉道者行传经常有收集到各种尸骨的记述。在主教弗鲁图索斯(Fructuosus)殉

---

① Saying 114,Thomas O. Lamdin 译,见于1989 Layton 本,93。Attridge 1991年出版的"Masculine Fellowship in the Acts of Thomas"中有关于托马斯传统里女变男的故事的详细探讨。有关男女苦行主义者之间的友谊,见 Clark1979。有关 Athanasius 与诸童贞女的情况,见 Brakke 1992 年的博士论文,149-73。

道(公元259年)的故事中,这一主题有奇怪的变化:主教死后现形,要求把拆散的骨灰拿回家的人都把它送回来。①

波利卡普的故事的叙述者概括其主人公崇拜上帝和基督、为之牺牲的事迹时,不仅称基督为"我们灵魂的拯救者","全世界统一教会的牧首",而且称他是"我们身体的引领者"(19:2)。像许多后来的这类故事一样,它着重身体的细节——上了年纪的主教的耐力,尽管腿已受伤,他仍然镇定自若,受火刑时,虽然没有被钉在柱子上,却能毫不畏缩地站在火焰之中。波利卡普在祈祷中则要求"灵魂和身体的永久生命在永生的圣灵之中复活"(14:2)。人死后身体将受到虔诚者的敬畏,到最后审判之时则将被上帝接到天上。身体受苦受难的本身就是服从上帝,充当反抗魔鬼和罗马帝国的工具。在对比奥尼乌斯(Pionius)殉道的记述里这一点描述得最为生动,虽然这个故事极其可能发生在德西乌斯迫害基督教的时期,比我们研究的终点要晚半个世纪。② 比奥尼乌斯被剥光衣服准备行刑,他意识到自己身体神

① 这里使用的殉道者行传文本出自 Musurillo 编辑、翻译的 *The Acts of the Christian Martyrs*(1972)。有关圣物崇拜在西派教会中起的社会作用,见 Brown 在1981 出版的 The Cult of the Saints: Its Rise and Function in Latin Christianity 中的深刻分析。

② Lane Fox(1987,460-92)用这个故事对3世纪中叶的基督教道德观念作了精彩讨论。

圣而尊严……，心中充满喜悦。(21，穆索里路译）他“正是因为身体殉道而赢得天堂中的桂冠”(22)。人们发现，被焚后他的尸体奇迹般地完整无缺，于是他的“神圣和尊严”得到确认。有时，生动的酷刑细节在我们看来几乎就是杰弗里·高若(Geoffrey Gorer)在现代语境中贴切地称作“死亡的淫秽”的东西，对读者的一种毛骨悚然的挑逗。① 不过此类细节也表达了殉道者的身体被神授予的超凡能力。

在女殉道者的故事中这一能力得到最充分的表现。古代修辞和哲学中惯用的隐喻中女性总是代表物质、肉体、弱者。里昂殉道的叙述者描写布兰蒂娜时强调的却是颠倒的传统：“基督通过她证明，人认为低贱、丑陋以及可鄙的东西在上帝面前却被视为值得荣耀”(17，穆索里路译)。这一点在布兰蒂娜身上加倍正确，因为她不仅是女人，还是奴隶。而她的主人——也在殉道者行列——“正在经受痛苦，害怕自己由于身体的软弱而不能勇敢地承认自己的信仰”(同上)。布兰蒂娜却不同，面对恐怖的酷刑，她“如同一个高贵的运动员。”

女性殉道者中最负盛名的是北非的波尔帕朵亚和菲莉西塔斯。流传下来的记述部分由波尔帕朵亚本人撰写。她告诉我们，在被送往斗兽场的前一夜，她在异象中看见自己要跟一个埃

① Gorer 1965。

及人斗。在脱衣准备战斗时,她发现自己已经变成男人。她轻而易举地击败了埃及人,踏着他的头,跟自己先前在异象中脚踩一条守卫着通向天堂的梯子的大蛇的景象完全相同。这里的两个敌人显然都代表魔鬼。我们有时在苦行主义文献中见到摒弃一切与女性相关的东西,例如按照《托马斯福音》的结束语的提示,只有把自己变成男人的女人才能得救。① 不过我们不能把波尔帕朵亚表现的"男子气"与此类摒弃相提并论。

波尔帕朵亚和菲莉西塔斯都是母亲,波尔帕朵亚在狱中给孩子断了奶,菲莉西塔斯则几乎是在死刑前夜生产,把婴儿交给一个"姐妹"——一个基督徒妇女——抚养。文本中最动人心魄的是关于女性的焦虑以及母性的肉体体验的段落:波尔帕朵亚提到,当她停止给孩子喂奶时,她惊奇地发现自己的乳房并没有胀痛。菲莉西塔斯分娩时出血被比作血染殉道者;而围观的人群见到她的乳房滴淌乳汁时也感到惊恐不安。这类篇章在古代文献中非常罕见,我们在此直接听到一个女人用自己的观点叙述其身体的体验,就像在波尔帕朵亚的回忆录里我们从她的角度看见家庭中的矛盾和责任——对女性的通常要求是在私人空

① 有关这一象征手法,见 Attridge 1991。

间扮演一种有限、顺从的角色。[①] 我们在此明确无误地看到基督教会的道德观念里有一种持久的张力：一方面是传统的家庭，这样的家庭懂得妇女的身体在家庭和群体延续中起着不可或缺的作用，但同时又把它视为装载对男性和国家的健康和荣誉极其危险的强烈情感及力量的容器，妇女被确认的作用和角色的中心就是身体。另一方面，在新的信仰中，圣灵召唤妇女承担超越性别的、积极而活跃的角色和作用。

普通基督徒的身体

殉道者以及奉行禁欲的男、女英雄们只是基督徒中很小的一部分。什么样的身体观念贯穿普通信徒的生活？读两份文献可以得到一些线索，它们不像我们已经看过的材料那样充满激情和张力，实际上可以说它们的写法很难吸引现代读者的注意力。然而，这两部作品在古代教会里却极其流行，它们是《赫马牧人书》和《塞克图斯箴言集》(*Sentences of Sextus*)。一般认为《塞克图斯箴言集》成文于2世纪，有些学者把《赫马牧人书》定

① Dronke (1984,1-17)对波尔帕朵亚的日记作了颇具洞见的阐释，强调女性语言比较坦率。Brown(1988,25)讨论基督教作者论述童贞的文献时表达了类似看法。

在大致相同的时期，但其他学者认为它更早一些。《赫马牧人书》显然产生于罗马，《塞克图斯箴言集》则被认为出自埃及的教会。两部作品在神学和道德学说方面均无创新，正因为如此，它们为我们眼下的研究所关注，而且为了这一目的，我们不妨暂时先忽略笼罩这两份材料的种种谜团。①

我们在上一章里看到，赫马告诉我们，他从一系列异象和特殊的启示中得到的最重要的信息是，所有在洗礼后又犯罪的基督徒现在都有一个悔罪的重大机会。等待那些未能悔罪的人的将是灾难性的后果，而已经悔罪的人则被告诫说，他们必须保证从此在生活中严格自律，不过，却能因此得到美妙的奖赏。

对性的影射的某种潜文本贯穿《赫马牧人书》，这是该书最古怪的特征之一，只不过这个潜文本从未成型。我们在上一章里对这一主题作了简略的探讨，现在需要仔细地再看几点。叙述开端之时，赫马告诉我们他如何爱上了一个叫罗达的女子——他曾经是属于她的奴隶。他强调自己只是把她当"一个姊妹"那样爱她。然而，当他看见她在台伯河沐浴时，却伸手扶她出水，心里想着："要是有这样漂亮、这样身份的妻子就好了。"他向读者保证，除此而外，他别无他念，看来这一辩解也还可信。但是，读下去，我们得知赫马已经有妻子了，还有几个孩子——

---

① 有关批评见本书93页注①。

他们的品行并不很好。再下去,他很快在神赐幻象里看到罗达在天上出现,宣称她被接上天堂"到上帝面前"控告赫马。这些奇怪的场景结果却让赫马在幻象里遇上了另一个女子,而她原来就是以人形出现的教会。她确认赫马关于罗达的念头已经到了危险的境地,"因为倘若一个人想做坏事,特别是倘若此人是一贯有节制的赫马——他单纯天真,戒绝一切邪念,那么,这就是一种邪恶、疯狂的意图,目的是危害一个受到尊崇、得到神的认可的人。"(2.4 [*Vis*. 1.2.4],雷克译)不过,她又安慰他说,上帝对他生气是为别的原因——他疏忽了自己的家庭。此后书里就再也没有提到罗达了。

以女子面目出现的教会称赫马为 *ho enkratēs*,颇令人瞩目。雷克的译文是"有节制之士",有些平淡无味。但是在早期基督教文献里这个词一般包含独身、禁欲的意思,这肯定就是我们前面察看的托马斯传统里的意思。二三世纪的异教论述者把这一标签贴到抗拒主教的管束的苦行主义者身上,叫他们"Encratites"。*Enkrateia* 及其同根词在《赫马牧人书》里时常出现,而且该书的大多数章节如果单独理解,完全可以成为《托马斯福音》或《托马斯使徒行传》这样的苦行主义文献的一部分。例如,赫马看见 7 个代表美德的女子,其中第 2 个"身束腰带,颇有男子气概"的就是信仰的女儿安科拉提亚(16.4[*Vis*. 3.8.4])。结果,赫马从悔罪天使处得到的第一个命令就是,对一神上帝的信仰应该直接使人禁欲。*Sim.* 9:11 中那个古怪的故事(赫马被迫违背己愿与 12 个童贞女子一起过夜)看来就是自制能力英勇地抵制诱惑的例证。不过,他对这一损害自己原则的处境表露的焦虑与对此后一个场景(原来这 12 个童贞女代表着 12 种美德)的寓言性的阐释相矛盾。正如迪贝里乌斯(Dibelius)所言,这一场景正是一个"爱情游戏"(Minnespiel),因为少女们坚持让赫马与她们共寝,尽管是"以兄弟身份,而非丈夫",而且接着亲吻、拥抱他,与他一起玩耍、跳舞,最后躺下共眠。①

尽管我们很想用心理分析法阐明这些古怪、不和谐的性爱成分,却应该避免此类阐释。来自天堂的精灵们给赫马的命令的核心就是他必须认真持家。例如"命令篇"第 4 节将婚姻视为神圣,仅仅禁止离婚后再婚,原因是让悔改的一方回归。看起来赫马试图制定一种道德,让基督教禁欲主义的价值适应由以家庭为基础的群体组成的教会中的家庭生活,但他是以想象和暗示,而非系统的说明来表现这一道德。不过,我们仍然应该看到,赫马得到的天书早就对他说过,"在将来",他的妻子"是你的姐妹"。因此,他试图设计的中间道路的内容可能包括让一些户主过禁欲的生活。②

---

① Dibelius 1923,618-19。

② 也见 Brown 1988,69-72。

《塞克图斯箴言集》看似表现以类似的方式让禁欲的愿望适应实际生活，特别是利用毕达哥拉斯学说中的观点，这一点查德维克（Chadwick）已经说明。一条箴言说："制服享乐"，（70）然后"在各方面征服肉体"。（71a）这两条看来所指大致相同，因为自制在《塞克图斯箴言集》的美德清单中排位在前，一个多少比较适中的要求是"尽量将身体之事搁置一边"。（78）《塞克图斯箴言集》与赫马一样重视克制、节欲，不过认为这是已婚者能够实行的事情："让信仰者的婚姻成为以节欲为目标的一场搏斗。"（239）身体被接受了，但极其勉强。它是"灵魂的营地"，问题的重中之重是要控制它。"如果灵魂的营地让你恼怒，那说明你傲慢，但是如果在必要时你能轻轻地将其搁置一边，你便有福了。"①（320）我们在早期基督教对身体的态度里看到大量的差异和试验，其中赫马和塞克图斯代表了忧心忡忡的调和，时至今日，这种调和还在困扰着基督教的应用伦理中的中间道路。

① 我采用的是 Edwards 和 Wild 的译本（1981）。

第九章 对得起上帝的生活

早期基督徒议论人的行为时,在某种程度上,他们同时也是在讨论上帝。这点丝毫不令人感到意外。种种古代犹太道德话语的情况也是如此。随意浏览几乎任何流传下来的犹太文献,从《圣经》(《以斯帖记》是一个例外)到死海古卷,到斐洛、约瑟夫斯,都能证明这一点。此外,罗马帝国的异教道德哲人从神学的说法入手讨论道德问题的做法也决非异乎寻常的现象。以普鲁塔克为例,他强调柏拉图的一个基本教导就是:“神作为一切美德的典范向所有的人呈现,由此使所有‘跟随神的人’都能获得美德——即与神某种程度上的同化。”(*Mor.* 550D,巴比特译)①虽然斯多葛哲人穆索尼乌斯·鲁弗斯关于神是什么的观念与普鲁塔克这样的柏拉图主义者差别很大,但他使用的语言与其十分相像。穆索尼乌斯说,人是神在尘世的影像或摹本,只

---

① Fowler 译,the Loeb Classical Library。人们无休止地重复、评论柏拉图在《泰阿泰德篇》176B 中放入苏格拉底口中的这段话,例证见 Meeks 的 1990b,320,n. 14。

有当人变得像神——在穆索尼乌斯看来，这就是按照理性生活——的时候，他才可能具备美德，从而获得快乐。(17，卢兹)①

对于普鲁塔克或穆索尼乌斯一类的哲人而言，只有真正的智者才能实现神性品格的理想，在斯多葛哲人眼里，这样的智者与凤凰一样稀罕。② 要朝着这一方向前进必须经历严酷的思考和自律的过程，绝不是任何人都能做到的。基督徒与其首领一样使用诸哲学流派的论点和言语，他们试图成就某种不平常的事。他们试图通过仪式、歌曲、群体纪律以及劝诫和警告把人们组成一种与众不同的团体。在哲学流派里，看来只有毕达哥拉斯派和伊壁鸠鲁派做过类似的工作。照基督徒时常所言(《帖撒罗尼迦前书》2:12;《约翰三书》6;《克雷芒一书》21:1;波利卡普的《腓立比书》5:1-2;比较《以弗所书》4:1;《腓立比书》1:27;《歌罗西书》1:10)，"对得起上帝的"道德生活就是要求整个团体都体现的一种生活。

"神学与伦理学"描述的并不完全是这一团体的形成过程，而且，表现该过程的符号也不完全与我们一般称作"新约神学"的东西相同。由于本书的研究采用了"人种志"的角度，我们将借助早期基督徒留下的文本继续追问他们：在早期皈依者必须

---

① 见 Lutz 1947。

② Seneca, *Ep*. 42.1。

了解的事情中，上帝的品格里哪些概念或行为最为突出？在这些概念与要求信仰者过的生活之间有什么样明确或未言明的联系？把这些概念划分成3组也许有助于解决问题，虽然这3组经常会有重叠之处。首先，在早期基督教文本的许多段落中，上帝的意图——简而言之，上帝的旨意——被当做好行为的根据。第二，这些段落暗含或者预设对上帝的本质的宽泛得多、也更为流行的描述，并把它——可以说，就是上帝的品格——当做对人的一切行为进行评价的语境。最后，早期基督徒经常请求上帝通过行为显现自己的意志，而信仰者则应当对这些行为作出反应。

上帝的旨意

上帝具有人的样子，他对人的行为方式有一定的要求，而且采取措施来鼓励并帮助他们达到要求，这一观念最能反映早期基督教道德中从其犹太传统之根吸取的东西。因此，“这是上帝的旨意”这句话往往用作对基督教群体的告诫的根据，就像“在人世、在天上，你的旨意将要实现”的话成为他们的祷词的一部分。我们在前面几章中经常提到保罗写给新皈依者的劝诫信《帖撒罗尼迦前书》，在此信中，上述根据占有显要的位置。《帖撒罗尼迦前书》第4章这样开启其直接而明确的告诫：“上帝的旨意就是要你们成为圣洁，远避淫行。”上帝的旨意是圣洁，而这个语境里的重要问题就是性，因此“圣洁”被等同于“纯洁”，即远避“淫荡的激情”或“不洁”，并由此表明，基督徒不同于“那不认识上帝的外邦人”。此外，如果违背了这样的戒律，使一个“弟兄”受到损害，上帝便是复仇者。这一部分开始前先提醒听众，使徒已经教导帖撒罗尼迦城的皈依者一些具体的“戒律”，说明“你们该怎样行，可以讨上帝的喜悦”。这些戒律已经成为基督教传统（该传统无疑产生于犹太人群体之中）的一部分，吩咐听众遵守的性行为规定则是这些戒律的范例。

把“上帝的旨意”当做训诫的依据，这并非保罗派教会的独特做法，它出现在各种语境中。《彼得前书》2∶15 用它支持家庭责任规范里的第一条，即服从帝国权威，“因为上帝的旨意原是要你们行善，可以堵住那糊涂无知人的口。”又如《马太福音》用否定的方式表述的耶稣关于迷路的羊的寓言：“你们在天上的父也是这样不愿意这小子里失丧一个。”（《马太福音》18∶14）以独特的约翰语言表达类似的允诺则见于约翰福音 6∶39-40。

遵行上帝的旨意

“遵行上帝的旨意”，是最常见的说法，此话模仿七十子本中的语言（例如，《希伯来书》10∶5-10 讲述耶稣基督时引用了《诗篇》40∶7-9）。在《马可福音》里的一句话里，耶稣把他的“我的弟兄姐妹和母亲”定义为“凡遵行上帝旨意的人”。(《马可福音》3:35;《马太福音》12:50;《克雷芒后书》9:11 中引用)约翰及其追随者在这一点上又创造出他们自己的说法:要理解耶稣教训的真理,前提就是立志遵着上帝的旨意(《约翰福音》7:17),“这世界和其上的情欲”都要过去,与此相反,那“遵行上帝旨意的是永远常存”。(《约翰一书》2:17)我们称作《克雷芒后书》的那篇短小的说教文字肯定产生于2世纪,但是谁在什么时间撰写,来源何处,我们均不知晓。这篇文字进行劝诫时往往首先呼求上帝的旨意。例如:“因此,弟兄们,我们要遵行那召唤我们的父的旨意,这样就能活着。我们要追求美德,摒弃邪恶,因为罪孽随之而来。让我们规避违反神旨的行为以免被邪恶征服。”(10:1,雷克译)①

当然,关于耶稣的早期传说将他描绘为“遵行上帝的旨意”(《希伯来书》10:5-10)的最高楷模。关于客西马尼的故事描绘在顺从上帝的旨意之前,耶稣面对自己必须死去的安排经历了巨大的痛苦(《马可福音》14:36;《马太福音》26:42;《路加福音》22:42)。② 第四福音书固然拿走了发生在客西马尼的情节

---

① 其他的典型例子有《马太福音》7:21 和 21:31;《以弗所书》6:6;《希伯来书》13:21;《克雷芒后书》5:1,8:4,14:1;波利卡普的 *Philad* 2:2。

② Dowd 1988 对这个故事在马太叙事中的作用,以及《马可福音》把门徒的责任定为“遵循上帝的旨意”这一点作了精彩的论述。

(《约翰福音》12:27),但用了一句类似的话体现耶稣的整个使命:“我从天上降下来,不是要按自己的意思行,乃是要按那差我来者的意思行。”(6:38;比较4:34及5:30)

秩序与意外

保罗有充分的理由认为自己从迫害者变为使徒的转化是个惊人的事件,这一转化与他本人的愿望相反,因此是“奉上帝的旨意”。他经常使用这种说法来描绘自己的使徒使命(《哥林多前书》1:1;《哥林多后书》1:1;《加拉太书》1:4),他也会用同样的方式谈论其他意外、偶发之事,比如旅行计划(《罗马书》1:10;15:32)或一些基督教会的慷慨捐助(《哥林多后书》8:5)。在那些阅读并模仿保罗书信的人的信中,这一措辞成了标准用语(《以弗所书》1:1,5;《提摩太后书》1:1;《克雷芒前书》的称呼语;伊纳爵的大多数书信中的称呼语)。

《雅各书》申斥商人,说他们无视生命的有限和脆弱,盘算种种计划。4:15写道,他们而是应该说:“主若愿意,我们就可以活着,也可以做这事,或做那事。”在变幻不定的世界上,唯有上帝的旨意坚定、不变,并且不可阻挡。(《罗马书》9:19;《希伯来书》6:17;《克雷芒前书》27:5-6)在《路加福音》和《使徒行传》里、特别是在后者中,上帝的不可阻挡的旨意和计划变成了重要的主题。尽管内部有分歧，外部有抵制和迫害，众使徒以及保罗的使命仍然是让“上帝的道”持续不断地“发扬光大”。《使徒行传》说，一切事情均按照“上帝的旨意与预知”发生（2∶23），这一断言支撑着《使徒行传》中诸段演说以及这前后二书叙述中暗示的种种说法的正确性。①

在劝诫中求助于上帝的旨意，关于这一点，罗马教会写给科林斯教会的信（即《克雷芒前书》）提供了一个特别有趣的实例。如前所述，这封写于公元90年代的信把希腊—罗马传统中关于政治稳定的老生常谈与取自《旧约圣经》和早期基督教口头传说及文字的丰富的范例和寓言相结合，目的就是说服科林斯的教会把被年轻对手夺走的位置还给其首领。虽然传统上认为此信出自克雷芒之手，而且信的修辞有其精美之处，它却不仅仅是某个个人的作品。罗马基督教会的家庭聚会形形色色，但此信却妄称代表所有的群体。而且，其论证方式也几乎没有任何特点。更确切地说，在我们见到的不同的基督教群体的多数文献中，这

① 见 Squires 的博士论文“The Plan of God in Luke-Acts”。他把路加对神意的看法与斯多葛派的看法相提并论，并提出，各哲学流派关于神意、宿命论以及人的自由等问题的争论，以及其他希腊—罗马作者在其历史著作中对这些概念的运用构成了《路加福音—使徒行传》产生的语境。

封信相当典型。①

描述上帝的旨意,克雷芒使用的是罗马帝国的模式:它就是pantokratorikos,意思是握有无上权力的最高统治者的旨意(8:5)。但是,克雷芒强调,上帝的旨意的特点是稳定不变,而非变幻无常。自然中的一切都与他的旨意保持一致——这一点被描述为遵行上帝的命令,自然的恒常与稳定即源出于此。上帝"把人世建立在自己的旨意这一牢靠的根基上",(33:3)因此上帝也同样要人世间有和平与和谐,尤其是他的子民——旧约时期是以色列,现在则是基督教会——中要有和平与和谐。克雷芒把《旧约》中关于神殿的规条与基督教会的牧师职位及仪式相提并论,强调说:"献祭和礼拜在哪里举行,由谁主持,都由上帝自己的最高旨意而定。"(40:3)他警告说,做"违背上帝旨意的"事情就会遭到圣经里讲过的死亡惩处。(41:3)克雷芒还教导读者,教会中的良好秩序是依靠基督、然后是使徒(使徒随之又委派了长老)确立的,"先后都出自上帝的旨意,有条不紊。"(42:2)任何扰乱该秩序的行为均构成"背弃"上帝的旨意

① 《克雷芒前书》反对任何形式的骚乱,呼求和谐、安宁,反映了罗马帝国的城市精英的理想。这种看法无疑是正确的。正如 Jeffers 在 1991 提出的,这一立场在一定程度上与《赫马牧人书》(《克雷芒前书》的同期作品?)形成对照。当然,必须承认,Jeffers 由此勾画的罗马社群的图画线条过粗。相关论述见本书第三章。

(21:4),背弃者则必须受到申斥(56:2),大家要祈祷,让他们"不是顺从我们,而是顺从上帝的旨意"。(56:1)

认识上帝的旨意

我们讨论到的劝诫大多数听起来好像上帝的旨意对于被规劝或受申斥的教会都明白无误。但是,我们肯定有理由问,按它们的期望,这些规劝对象怎样才能明白上帝对他们的要求呢?回到我们的第一个例子——保罗提醒帖撒罗尼迦城的皈依者的事情,我们在同一地方得知,上帝*教训*众人什么是正确的行为。保罗与任何给朋友写信的希腊或罗马的道德哲人一样,安慰其基督徒听众说,论到兄弟之爱,他们不需要别人指教。不过,他的兄弟之爱的意思与诸如普鲁塔克等人的不太一样。不仅于此,说到他的听众已经认识到这一美德,他还用一个不同的原因解释:他们"蒙了上帝的教训"。(《帖撒罗尼迦前书》4:9)关于新皈依者是通过什么途径蒙了上帝关于要相爱的教训,保罗想到的可能既有《利未记》19:18 这样的段落,还有他与同伴们传递给这些皈依者的戒律。① 125 年后,护教士阿西纳哥拉斯用同样的形容词形容所有"我们遵循的教训",把耶稣关于爱敌人的话引为最重要的例证。(*Supplicatio* 11.1;比较 32.2)

---

① 也见本书第五章中对戒律与命令的论述。

但是,这并不说明早期基督徒认为认识上帝的旨意轻而易举,决不会出错。以《歌罗西书》的开篇祈祷为例,它请求让他们"在一切属灵得智慧悟性上,满心知道上帝的旨意。好叫你们行事为人对得起主,凡事蒙他喜悦。"(《歌罗西书》1:9-10)《以弗所书》的作者敦促众人"行事为人就当像光明的子女",而不要像黑暗之子①,他教训时大量运用犹太智慧书里的语言:"你们要谨慎行事,因为现今的世代邪恶。不要像愚昧人,当像智慧人。要爱惜光阴,不要作糊涂人,要明白主的旨意如何。不要醉酒,酒能使人放荡。乃要被圣灵充满。当用诗章、颂词灵歌彼此对说,口唱心和的赞美主。凡事要奉我们主耶稣基督的名,常常感谢父上帝。"(《以弗所书》5:15-20)

正如保罗在《罗马书》12:2 中所言,要"查验何为上帝的善良、纯全可喜悦的旨意",需要"心意更新而变化"。需要有不同的思想,不能与"这世界"一致,要自己思考。看来,他们还常常

① 见《以弗所书》5:8-14。这几节告诫众人,受过洗礼者心中充满圣灵,得到了基督的光,因此应该过洁净的生活,在这种生活中找到光明之果——良善、公义和诚实。在死海古卷中的《教派规章》和《战争卷》里有"光明之子","黑暗之子"的说法。意思是,上帝造人时植入了真理和欺诈两种对立的东西,加入该教派的跟随了光明之王,生活在光明之中,遵循真理的精神,被选入为上帝而战的行列,因而被称做"真理之子"、"正义之子"、"天堂之子"。反之,则被称做"欺诈之子",受制于"黑暗之使"彼勒,将遭受永久的惩罚。两组人之间存在巨大的鸿沟。不过文献并未说明"黑暗之子"们是犹太人还是非犹太人。——译者注

不得不与看法相左的其他基督徒争辩。

基督徒的思想与众不同,他们不遵守这世界的规则。这一点往往体现在人所需要的知识仅由圣灵传授这一观念中,上面引自《歌罗西书》和《以弗所书》的诗节就是范例。丰富的证据说明,大多数早期基督徒深信,上帝之灵、或基督之灵就在他们中间起作用,由于这一信念,聚会时有人就会口吐极其热切,却不总是符合传统的规劝。它有时也导致冲突。保罗在《哥林多前书》14 章中已经告诫众人谨防在表现圣灵的伟力时引起分裂,他强调,要建设、增强教会,使用理性的方式表达圣灵的指引比痴迷者的呓语更为可取。最终,诸如《十二使徒遗训》一类的教会手册将提供具体的规则,以铲除假冒先知(11-13 章),或者按《约翰一书》的说法"试验那些灵是出于上帝的不是"。(4:1)《马太福音》里的耶稣警告说,到了末世,他不一定会喜欢那奉他的名行异能的人。必要条件是"行天父旨意",但不是所有看似属灵的人都能做到这一点。(《马太福音》7:21-23)

戒律中体现的上帝的旨意

《马太福音》将当门徒的规矩与遵循"戒律"紧密结合在一起,以抵消神授异能的不确定性。这一点并不奇怪,因为在《旧约》及犹太传统中,要认识上帝的旨意,最牢靠的途径显然不是求助于祭司及律法传统中的规范,就是直接找该传统的活代表——祭司或先知，看上帝有什么具体规定。因此，耶稣在《马太福音》里的“重大任务”是指示众徒：“使万民作我的门徒”，以及，“凡我所吩咐你们的，都教训他们遵守。”(28∶19-20)我们通常把这一点与保罗的追随者的信念进行对比——他们认为律法是犹太皈依者和非犹太皈依者在基督身体内融合为一体的障碍。不过，我们看到保罗也说起由上帝或主耶稣的权柄支撑的戒律，他有时甚至谈起“戒命、命令”。(《哥林多前书》7∶19；14∶37)我们推测，较晚的基督教道德家对此类语言没有那么多的疑虑了，因为在指明基督徒应该有什么样的行为时，最经常使用的就是这一语言。《十二使徒遗训》、《巴拿巴书》、《赫马牧人书》以及大多数所谓的“教会训导文献”等都是例证。

即使人们认为明确的戒律是认识上帝对他们的要求的主要途径，这也不一定就能消除争论，任何读过《密西拿》或《塔木德经》的人都清楚这一点。戒律需要阐释；不同的戒律有时好像相互矛盾；同样的事情在新形势下显得不同等等。《马太福音》再一次说明了这个问题。耶稣在这里不仅下命令，并且更改过去的戒律的效力，甚至否认它们，连《旧约》中摩西的戒律他都抵制。(《马太福音》5∶21-48最明显)此外，《马太福音》里的耶稣在与文士和法利赛人的争辩中使用了文士式的论证，包括米德拉西中的圣经阐释。不难猜测，马太本人的教会的首领，包括该福音书的作者，都做过类似的阐释，早期基督教运动中的主要群体也都如此。

早期基督徒把“上帝的旨意”视为最高的规范，他们的意思必然就是他们的道德有一种绝对的基础。但是我们注意到的一些问题说明，绝对的规范并不绝对地明确。“上帝的旨意”这一用语绝对是个人色彩的隐喻，如果说人的意志是复杂的，另一个人绝不可能完全弄清，相比之下，全知的上帝的旨意又该复杂到什么程度呢？[①] 当然，那些坚持说自己了解上帝旨意的人往往将个人认识中模糊不清的部分压制下去。有些人用其他、但同样出自《旧约》的语言，如“行他所喜悦的事”，“怎样行可以讨上帝的喜悦”等（《约翰一书》3∶23；《帖撒罗尼迦前书》4∶1；《歌罗西书》1∶9-11；《彼得前书》3∶4），这些话特别强调上帝指导世人行为时的个人色彩。除此而外，我们还注意到，这些书的作者经常会把信仰者说成上帝或基督的奴隶，因此，“事奉上帝”就必须像奴隶对其主人一样无条件地尽责。我们也发现，“讨上帝的喜悦”的观念暗示上帝有可能独断专行。这一整套复杂的隐喻对于早期基督教的劝诫话语至关重要，而且只有在上帝本身的一

---

① 另一方面，我们必须谨慎，不要以现代心理学和个人主义中的范畴（古人尚未料想到它们会出现）理解人意与神意的复杂性（古人对此复杂性已有充分的认识）。人们通常认为奥古斯丁发明了在中世纪及早期现代哲学中占主导地位、并在心理学传统中起了重要作用的“意志”的概念。关于“意志”出现前的相关概念，见 Dihle 1982。

致性得到肯定和坚守的情况下，它才可能充当协调一致的道德观。如果没有对上帝的品格（我们找不到更合适的词，不妨先用品格一词）的描述，“上帝的旨意”充其量只是一个靠不住的概念。

上帝的品格

不仅是在《旧约圣经》和犹太传统中，而且在希腊—罗马的道德文献和修辞里，道德追求的表现形式都可能是力求变得像上帝（见本章的引论部分）。哲人列举其追随者应该模仿的上帝的具体品质的做法往往就是此类道德追求的一种体现。诚然，亚里士多德认为用美德一词描述上帝不妥。但是，在把上帝当做道德典范的话语中，我们面对的显然就是人格化的隐喻。因此我们也许可以违抗亚里士多德一次，使用“上帝的美德”的说法。早期基督徒谈论这一点毫无顾忌，存在不少例证。①

① 在当时非基督教的宗教语言中，对神的“美德”，或更确切地说对神的美德的种种表现形式的描述，与碑文中颂扬施主、庇护人的语言极其相像。Danker 1982 收集的这两类描述的例子非常说明问题，他也对《新约全书》中的类似语言做了注释。

上帝的美德

“你们要圣洁,因为我耶和华你们的上帝是圣洁的,”(19:2)不管我们是否有理由与卡灵顿主教(Bishop Carrington)及其他人讨论“基督教的圣洁规则,”(《彼得前书》1:15-26;比较《帖撒罗尼迦前书》4:3-8)①《利未记》中的这一圣洁规则在基督教文字里反复出现,但围绕这一规则的说法会有变化,例如,耶稣的一句话以两种版本流传下来:《路加福音》6:36 中的“你们要慈悲,像你们的父慈悲一样”。《马太福音》5:48 中的“你们要完全,像你们的天父完全一样”。《约翰一书》把耶稣、而非上帝当做榜样,其中 3:3“凡向他有这指望的,就洁净自己,像他洁净一样”,可能也是这句话的翻版。

例子不胜枚举。《新约》的几个作者用了上帝不偏待人的格言,他们的用词是希伯来短语“接受这张脸、这个面具、这一形象”的古怪的希腊译文(prosōpolēmpsia),意思是,人对地位的界定上帝毫不关心,他完全平等看待所有的人。在写给罗马教会的信里,保罗以这条格言引出信的中心思想,即在以耶稣基督被钉十字架、然后复活而开创的新纪元里,上帝对犹太人和非犹太

---

① 见 Carrington 1940 以及 Selwyn 1947,369-75。

人平等相待(《罗马书》2:11)。[①] 路加对这一点的类似的表述出现在《使徒行传》10:34 中彼得对哥尼流说的话里:“我真看出上帝是不偏待人”,意思是,上帝不是被地位蒙住双眼的判官(prosōpolēmptēs)。保罗的门徒在直接的劝诫语境中使用这一概念。《歌罗西书》3:25 警告奴隶说他们倘若作了不义的事,惩罚时不会偏袒他们。《以弗所书》6:9 的警告则是针对主人:“你们做主人的待仆人也是一理,不要威吓他们。因为知道他们和你们同有一位主在天上,他并不偏待人。”《歌罗西书》对主人们讲了类似的道理,不过用了另外的词表达这一美德:公公平平。

《雅各书》中的一小段抨击文字用“信奉我们荣耀的主耶稣基督”的话生动地表现社会偏袒的矛盾之处。假设一个人带着金戒指、穿着华美的衣服走进基督徒的聚会,他的财富和权力立即显露无遗(此类装束先前曾是罗马的骑士和地方元老院议员的特权,此时地位提高的人则普遍地这样穿戴)。[②] 同时,一个穿着寒酸的穷人也进来了。雅各想象教会的首领会按社会习俗所教,重看富人,歧视穷人。这样做就错了!雅各说。相反,“上帝岂不是拣选了世上的贫穷人?”基督教会堂的首领也该如此。(2:5-7)《雅各书》将上帝描绘为慷慨的赐予者,(1:5;比较《罗

① Bassler 1979。

② 见 Thompson 即将出版的论文。

马书》12∶6;《彼得前书》4∶10-11;等等)满心怜悯,大有慈悲(5∶11),"不能被恶试探"(1∶13),这一切都是基督徒之间相处应该遵循的榜样。

加在上帝身上的各种各样的美德,以及它们与对基督教会成员的行为的要求的种种联系在保罗的诸种书信中均有丰富的显示。上帝的单一性决定其子民必须融为一体:无论是犹太人和外邦人(《罗马书》3∶29-30),还是得到不同的灵赐的人都必须融为一体。(《哥林多前书》12∶4-6)因为"上帝不是叫人混乱,乃是叫人安静",(《哥林多前书》14∶33)所以聚会时,不允许有所谓神授超凡能力者①制造混乱。

《哥林多后书》开篇的祈福段落将上帝描绘为"发慈悲的父,赐各样安慰的上帝。我们在一切患难中,他就安慰我们,叫我们能用上帝所赐的安慰,去安慰那遭各样患难的人"。(1∶3-4)这一重复、饱满有力的话语决定了该信头7、8章的主题(或许是这7、8章中保存的原先一封独立的信的主题),即弥合科林斯人与保罗之间的裂痕。保罗使用这一主题的目的是把他与科林斯人之间的争论以及科林斯教会与此争论相关联的内部分歧纳入一个神学阐释的框架,他试图以此巩固被提多捏合起来的脆弱的和解(7∶5-16)。保罗的前次造访以及他的信给科林斯教会造成忧

① 关于"所谓神授超凡能力者",见192-3页"神赐异能"节。——译者注

愁、烦恼(lupē)(2∶1-4;7∶8-12),而科林斯的教徒,特别是他们之中的一个人也给他带来烦恼(2∶5-11)①。保罗绝妙的阐释意在说服科林斯人在"基督的苦楚"(1∶5)以及上帝对遭患难者赐"安慰"的范畴内认识这种忧愁和烦恼。他们之间的冲突可以由此解决,他而且希望和解成为可能。

第10-13章看来原先属于稍后的一封信,果真如此,则保罗的努力没有完全成功,因为被他称为"假使徒"的人同时在科林斯浑水摸鱼,使许多教徒更加坚决地反对保罗。但是很可能保罗最终还是赢了,这些书信得以流传下来就是证据。再者,此后不久,保罗从科林斯写信时完全没有提到那里有什么麻烦,而且说早就策划的捐款也正送往耶路撒冷(《罗马书》15∶26)。《克雷芒前书》既确认早在保罗的时期,科林斯的基督徒就很难驾驭,同时又认为他们当然承认保罗书信的权威性,这说明四十年后,罗马的教会也认为保罗最终确立了权威。

在以色列与上帝立约的传统中,上帝的一个根本特点是守信。上述书信显示了早期基督教的道德话语中这一特点的重要

① 人们常常认为此人就是《哥林多前书》5∶1-5提到的那个与其继母同居的人。但一种重要的不同看法是,这里更可能指一个极大地冒犯了保罗的人,或跟他一起在科林斯传道的一个人。此人可能遵行犹太习俗,得到科林斯教会里少数派的支持。保罗在《哥林多后书》2∶4中提到自己"多多的流泪",后来又提到派提多去科林斯,其主要原因或许就与此人有关。——译者注

性。保罗在写给科林斯人的信中经常强调他本人信守诺言，坚定可靠——考虑到信件出自紧张的形势，这一点并不奇怪。即使保罗是为了自我辩解而宣称自己具备这些品质，他同时也把它们当做收信的教会应该模仿的品质。这是他道德论证方式的一个特点。《哥林多后书》1∶18-19 中生动地体现了这一联系：针对说他忽是忽非、反复不定的指责，保罗自辩道："我指着信实的上帝说，我们向你们所传的道，并没有是而又非的。因为在你们中间所传上帝的儿子耶稣基督总没有是而又非的，在他只有一是。"早期基督教的其他文献广泛使用"上帝是信实的"这一惯用说法，但在保罗的书信里它出现得尤为频繁（例如《哥林多前书》1∶9 和 10∶13；《帖撒罗尼迦前书》5∶24；《帖撒罗尼迦后书》3∶3；《约翰一书》1∶9 等），特别是经常与上帝的诺言的可靠性联系在一起，《希伯来书》10∶23 就是一例："那应许我们的是信实的。"套话用在此地是为了支撑前面的劝勉："也要坚守我们所承认的指望，不至动摇"（23a），以及下面紧接的告诫——尽管不如上面直接："又要彼此相顾，激发爱心，勉励行善。"（24）上帝的允诺稳定可靠，为道德行为提供了必要的环境，特别是被界定为虔诚的行为，即符合上帝的行为模式的，但可能违背习俗或常理的行为。《希伯来书》第 11 章里从旧约中取来一系列虔诚的范例，其中撒拉的故事最明确地体现了这一联系："因着信，连撒拉自己虽然过了生育的岁数，还能怀孕。因他以为那应许

他的是可信的。”(11:11)

然而,在《希伯来书》的作者、保罗派教会、约翰派教会以及许多其他早期基督教群体看来,证明上帝信守诺言的最根本的范例却是耶稣基督的故事,特别是他的死和复活。因此,“耶稣基督守信,”就是保罗在给加拉太人和罗马人的信中进行神学阐述的基本要素,耶稣的守信与虔诚就是对上帝的服从及自我牺牲,而上帝的守信则在让耶稣复活中得到最充分体现。

保罗书信里常见的上帝的属性是“仁爱”与“和平”,其他早期基督教的告诫文献里也如此。《哥林多后书》第10-13章——这是一封相当严厉、尖刻的信——的终结训诫向听众呼吁:“整肃行为,倾听我的呼声,要同心合意,彼此和睦。如此仁爱和平的上帝必常与你们同在。”(13:11)处理完科林斯的危机后不久,保罗对罗马的教徒写信,信中“赐平安的上帝”(15:33;16:20)成为核心的主题:上帝创造和平,他自己与敌人和解,也让仇敌之间和解,这一主题充当了信中直接和隐含的训诫的理由和根据。①

约翰的书信自始至终将上帝和基督的仁爱作为典范:

亲爱的弟兄阿,我们应当彼此相爱,

---

① Haacker在“Der Römerbrief als Friedensmemorandum”(1990)中有精辟的评论,不过,其政治意义或许被夸大了。

因为爱是从上帝来的。
凡有爱心的，都是
由上帝而生，并且认识上帝。
没有爱心的，就不认识上帝，
因为上帝就是爱。
上帝差他独生子到世间来，
使我们藉着他得生，
上帝爱我们的心即在此显明。
不是我们爱上帝，
乃是上帝爱我们，
差他的儿子
为我们的罪作了挽回祭，
这就是爱了。
亲爱的弟兄阿，上帝既是这样爱我们，
我们也当彼此相爱。

（《约翰一书》4:7-11）①

“亲爱的弟兄阿，不要效法恶，只要效法善。行善的属乎上

① 《约翰一书》的主题可以归纳为“上帝就是爱”。圣奥古斯丁评论这一段时说“即使这整封信中只此一处赞美爱，即使整本《圣经》中只此一处赞美爱，即使我们从圣灵之口只听到‘上帝就是爱’，我们也无须找寻其他”。——译者注

帝,行恶的未曾见过上帝。"(《约翰三书》11)此话我们也是在约翰书信中见到的,这一假定在早期基督教道德话语中很常见,虽然各处的表达方式不一。耶稣在《马可福音》10:18 中说:"除了上帝一位之外,再没有良善的,"上帝便这样不仅以自我披露的旨意,而且凭借他的属性成为美德的超验界定者。阿奇波德·麦克雷西(Archibald Macleish)的剧里老一套的撒旦形象——尼科尔先生在此地就没有机会说他的挖苦话了:"上帝倘若真是上帝,他就不善良;/ 上帝倘若善良,他就不是上帝。"[①]早期基督徒或犹太人会认为这类音韵讨巧的东西愚蠢之极,而且,普鲁塔克或墨索尼乌斯这样的作者也会这样看。一个人如果认识了上帝,他便认识了善。

然而,基督徒的辩护文字却毫不迟疑地把邪恶加到异教的神灵身上并将其与唯一的真神的美德进行对比。针对自己在流散中的所处的多神教的环境,犹太作者在数百年的辩论中把道德放纵与多神论相提并论,基督教作者便利用了这一传统。查斯丁与比他更早的保罗一样,认定异教神灵都是"邪恶的魔鬼",把它们与基督教的上帝进行鲜明的对比。人们经常指控基督徒不信神,查斯丁驳斥说:"就那些一般被当成神灵的东西而言,我们当然承认我们不信神。但是说到真神,那邪恶未沾,那公正、

---

① MacLeish 1958,11。

节制,以及其他美德之父,我们信神。"(*Apol*. 6.1,哈迪译)此外,查斯丁明确断言,上帝——美德之神——监督其信仰者的德行:"他教导我们,而且我们坚信,他只接受模仿他的美德的人——他们模仿克制、正直、热爱人类,以及所有真正属于那无法命名的上帝的其他品质。"(10.1)①

这一论点成为基督教辩护士的常用招数。例如,在查斯丁过后几年,阿西纳哥拉斯大量引用荷马以说明奥林匹亚山上的众神是何等糟糕的道德榜样。他总结说:

上帝不会激起违背自然的行为。恰恰相反,

> 倘若魔鬼密谋害人,
> 他首先破坏其心智。
> 而上帝却是完美的善,他永远行善。(*Supplicatio* 26.2,理查逊译)②

然而,要说明我们怎样才能获得完全超验的上帝的美德毕竟有些困难。我们谈论对上帝的品格的认识时很容易堕入神秘主义。要避免这一点则需要记住我们研究的话语所处的社会过程。早期基督徒中的首领、指导者和呼吁众人要品行端正的规劝者能够把美德以及通常把上帝的品格作为忠告的根据,其原

① Richardson 1953,245,247。

② 同上,329。

因就是他们有理由假定听众明白这一上帝是谁。这是因为在成为基督教群体的成员之前,他们经历了皈依,或曰再社会化的过程,而相关的教育即为该过程的组成部分。这里不是说他们都是“俗界神学家”,也不是说他们关于上帝的观念严格而明确,或者他们的看法完全一致。我的意思是他们都接受了一些基本的隐喻或意象,而这些东西是由他们皈依之前已经持有的观念与他们作为基督徒所受到的训练——诸如对他们讲的故事、宣读的圣经篇章、他们唱的赞美诗、背诵的忏悔辞、举行的仪式以及日常行为等——之间的相互作用所塑造的。正如卡洛尔·纽瑟姆(Carol Newsom)谈到库姆兰教派中赞美诗的作用时所言:“赞美建构起赞美的对象。”①

此外,我们在力求避免神秘化的同时不应产生一种错觉,即上述情况与20世纪早期的宗教教育计划一样完全是理性、受控的过程②。关于上帝的知识肯定包括人的体验的成分,包括我们

① 见于他提交给耶鲁大学犹太研究系1990年9月26日的教师研讨会的论文,尚未出版。

② 根据本书作者的解释,在20世纪,美国、欧洲的一些基督徒关于宗教教育的讨论给人的印象是,宗教教育仅仅是传递神学观念,学到这些观念的人的行动自然会相应跟上。这种看法与作者在上一段中提到的神秘主义途径相反,但同属谬误。对理性、社会层面的关注有助于对道德生成的研究,人们应该避免把它看做一种直接、神秘的过程。同样,完全排除体验甚至“神秘”的因素也对研究有害无益。——译者注

有理由称之为“神秘主义的”因素——诸如入定的经历，附体的现象等种种已经提到的圣灵的作用。但情况却是，被神秘主义的直觉翻出诸般新花样的神秘经历或材料无不来自于此人变成神秘主义者之前的俗世经历。简而言之，向基督教神秘主义者发话的上帝是基督教的上帝，此话的意思只能是，这个上帝的特点是神秘主义者在以前的经历中学习到的东西。

其他的声音

我们概略地阐述了早期基督徒对上帝的品格的描绘，但是直到此刻，所有的材料几乎无例外地来自后来在自我界定的过程中最终建构起与“异端”相对立的“正统”地位的教派。在正统与异端的界限确定之前，相争的派别到底各自相信一些什么样的东西？幸存资料的性质，尤其是塑造我们阅读这些资料的方式的传统悠久而强大，使精确修复原貌的任务遭遇巨大的困难——尽管在过去四十年里新发现的手稿使我们作为后来人的认识有了极大的提高。

但是，我们至少已经发现了足够多的材料，所以懂得必须避免对事物作僵化的分类。在最早两个世纪里，不同派别的共同之处往往多于他们之间的争论所愿意承认的，而且许多后来被视为非正统的观念在当时广为流行。但另一方面，多样性确实存在。最初信仰统一，是黄金时代，这只是基督教会早期对异端的论述中[1]创造的幻觉。对怎样才算是"基督徒"的答案是后来经过反复试错才找到的。关于上帝的本质,2 世纪出现了一些差异极其明显的信念,要更好地理解当时不同的基督教群体的道德面貌,甚至是为了精确了解后来成为正统信念的东西,我们都必须顾及这些差异。整个的故事显然太长,无法在此讲述,简略介绍两种代表性的观点应该足以说明问题。在形成明确的运动或教派的团体中,瓦伦廷派和马西昂派可能最为强大、也最持久。在对神的品格的描述方面,它们的观念也构成我们考察过的版本的劲敌。

瓦伦廷心中的上帝是中期柏拉图主义中超验的绝对神灵,带有来自保罗和第四福音书里充满爱心的救世主的人性色彩。瓦伦廷从诺斯替派学到如何把《旧约圣经》中的神话进行转化,可以让至高无上的上帝不参与世界的创造,而且不与物质世界有任何瓜葛。最高实在的绝对超验性,纯粹的智性存在,完整未分、未受玷污的心智,这一描述对瓦伦廷充当"精神向导"(借用彼得·布朗的用语)的学习小圈子具有巨大的吸引力,也是瓦伦廷运动的特征。[2] 追求"认知"的快乐,教师和学生抱着同样强

① 当时研究、评论不同的基督教流派、并称非主流流派为异端的神学家、著述者有伊里奈乌斯(见 114 页注①)、大约于 235 年殉道的神学家 Hippolytus 和 4 世纪的主教 Epiphanius 等。——译者注

② Brown 1988,103-05。

烈的热情,这是小圈子兴旺的基础,也是与认知的最高对象——其本身即认知的基础和本质——发生联系的途径。当然,知(gnosis)并不仅仅涉及智性,它还包含很强的情感和神秘主义的成分。其主要手段为神话。①

"智慧"受到诱惑,从她固有之地坠落,导致物质世界在错误与蒙蔽之中产生。蒙昧之雾笼罩整个物质世界,模糊了人的头脑,神话因此成为必要。② 在瓦伦廷看来,人的语言无法可靠地表述实在:"物质的东西被赋予的名字把人心从实在的转向非实在的,因此带有很大的欺骗性。不论谁听到'神'这个词,他想到的不是真实、实在,而是非真实、非实在的东西。同样,听到'父亲'、'儿子'、'圣灵'、'生命'、'光'、'复活'、'教会'等词,他想到的不是实在,而是非真实、非实在的东西,尽管这些词所指的是实在。人听到的名字存在于这个世界[……],具有欺骗性。假如这些名字属于实在的范畴,那么在任何情况下这个世界都不会有人言说它们,它们也不会被用于表述物质的东西:它们的目标是

① 关于中期柏拉图主义中瓦伦廷信仰的种子,见 G. C. Stead 的文章,以及 Layton1980 vol. 1 中第 3 部分中所有的论文。关于瓦伦廷派对诺斯替神话的改编问题,见 McGuire 1983。诺斯替神话的梗概,以 Layton 1987 中第 2、3 部分里各篇文献前的引言为最好。关于瓦伦廷派对《圣经》文本的阐释,见 Williams 1988 及 Dawson 1991。有关对 Paul 和 John 的阐释,见 Pagels1973 和 1975。

② 例如 Gospel of Truth 16:4-20。

在那永生之地。"(《斐利普福音书》53:23-54:4,雷顿译)[①]

在另一方面,通往精神实在的唯一途径是语言和事物中的象征与意象。因此,瓦伦廷派有圣礼和神学,虽然其本质及范围至今仍是有争议的问题。"心灵类"基督徒[②]还未取得知识,因此完全依靠信仰。瓦伦廷派与他们至少也有一种含糊不定的关系。[③]

什么是瓦伦廷派典型的行为,是否存在瓦伦廷派特有的道德观,要弄清这些极其困难,但是考虑到瓦伦廷派对世界的认识中的矛盾性,困难或许就不足为怪了。伊里奈乌斯往往把异端分子描绘为道德堕落之徒,但连他都没有对瓦伦廷派的道德观做出前后一致的描述。在他们的反对者做的描述中,他们有时是苦行、禁欲者,有时是性放荡之徒,有时却又成了结婚成家的普通人。关于他们对迫害的反应的报道也有类似的差异。他们对身体方面的事情也许持近乎斯多葛派的态度——不以为意,

① Layton 1987,330。

② "心灵类"是2-4世纪的瓦伦廷派使用的名称。他们把人类分成3类:1,只有物质性、没有精神成分的;2,像"动物"一样能够有心灵的心灵类;以及3,具有希腊人眼中最高层次的理性成分的人。在瓦伦廷派看来,只有第三类人才能成为诺斯替派成员,得到完全的救赎。他们把不接受瓦伦廷教义的普通基督徒归入"心灵类"。——译者注

③ Koschorke 1973;Pagels 1991。

无论是选择还是摒弃均以方便为准。[①] 瓦伦廷派最重要的活动是学习圈子里进行的“治愈创伤的降神会”(布朗用语),小圈子以此“认识”真理。在他们看来,物质的、普通的人的世界里的任何东西距离真正的神性如此遥远,充其量它们只是寻求神性时使用的不完美的学习手段。

马西昂的教导和个性——倘若我们可以相信以其敌人的说法为基础的描述——在许多方面都与瓦伦廷相反。他不喜欢模棱两可,对寓言、神话、或哲学中的细微之处没有爱好。很能说明问题的是,他的第一部重要著作是一个“对照”集,将《旧约》中的上帝及其先知们的道德规范(直截了当的说法)与突然在耶稣基督身上冒出来的仁爱的上帝的规范进行对比。它们之间没有统一性,甚至无法调和:情况只能是非此即彼,没有既仁慈又公正、既创造了世界又救赎人类的上帝。马西昂精通《圣经》,与其说他是神学家,不如说他拘泥于字面解释,方式有些古怪。他狂热地迷上了上帝的形象的问题,煞费苦心地从保罗书信以及路加福音中找出材料(他剔除所有与《旧约》里的神性有关的东西,认为是其他使徒塞进来的私货),目的是说明这一形象就是

① 我认为,这就是 Peter Brown 的观点的含义——他在 *The Body and Society* 中指出,对瓦伦廷派而言,用作说明问题的手段,身体价值不大(1988,110)。也见 Pagels 1991。

上帝的概念转变为纯净的爱的精美结果。马西昂的上帝救赎本不该被造出的人类,其原因绝对是他内在的仁慈,没有任何外部的因素。此外,马西昂也是一个行动者,他精力充沛,是卓有成效的教会组织者。马西昂派严格实行禁欲主义,集体公有,目标清晰,派性极强。在他们眼中,家庭是构成主流教会的单位,是把人们捆绑在创世者的失败的世界里的纽带,他们就是要使人们脱离家庭,由此脱离该纽带。他们要把人们从创世者那里带走。①

上帝的作用

在早期基督教作者对上帝的隐喻性描述或预设中,有我称作"美德"一类的属性,还有其他的人的属性,诸如情感状态:上帝发怒了、喜悦、要人对他绝对忠诚、仁爱、有耐心、宽容等等。此外,他还有一系列的特征,合在一起就意味着某种社会作用。上帝被说成起到父亲或母亲的作用,是审判者,朋友,武士,统治者,家长,长远规划制定者,教师等等,不一而足。许多此类"作用"只不过是应景的隐喻,但是其他的却被频繁使用,而且用途

---

① 对马西昂派作任何研究,其根据仍然只能是 Harnack1989 年的 *Marcion: The Gospel of the Alien God*(最初以德文本于 1921 年出版),尽管我们需要警惕一点——他往往在马西昂的话里添加青年路德的激情。也见 Blackman 1948, May 1987-88, Drijvers 1987-88, Hoffmann 1987-88, 以及 Brown 1988, 83-90。

高度一致，结果确立了对上帝是谁、对他的行为可以有什么样的预期等问题的普遍、流行的思考方式。篇幅的限制只允许我们举几个例子。

作为君王的上帝

在19世纪及20世纪前期，上帝之国的概念是关于基督教道德观的诸多论述（特别是自由派新教的论述）的最重要部分。但人们发现上帝之国的概念是古代启示论者眼中的东西，因此不可能符合哈纳克（Harnack）、里茨（Ritschl）及劳琛布西（Rauschenbusch）的期望①。大家认识到这一点，感觉颇为尴尬，

① 根据本书作者即将出版的论文"The History of Religions School"（收于即将出版的 *The New Cambridge History of Bible*, vol. 4），里茨的神学的核心就是上帝之国（他将此看作耶稣所传之道的核心）。按照里茨的看法，上帝之国就是一种理想的社会架构，人在其中能够以日常的、出于爱心的行动回应上帝的恩典，发挥上帝赋予他的种种潜能。但是19到20世纪初发现或翻译了诸多与初始基督教同时期的犹太文献，影响了年轻一代的《新约》学者，如 Johannes Weiss，他们把这些文献与《但以理书》、《启示录》进行比较，发现它们都与古代犹太教中一个大运动有关，称其为"启示论派"运动。他们认为耶稣所传之道中的"上帝之国"就取自该犹太教运动，但他的上帝君临天下的说法所表达的不是崭新的个人或社会道德，而是把上帝超验的伟力引入人的世界，因此是一种末世论的意象。Weiss 把耶稣所宣告的事情、甚至他的整个使命置入犹太启示论派运动的末世语境之中。——译者注

于是其后的道德论述中就没有关于上帝之国的内容。[上帝之国的隐喻新近又重新现身,例如出现在斯坦利·豪尔华斯(Stanley Hauerwas)和约翰·霍华德·约德尔(John Howard Yoder)的书名中。[①]]要避免这个词本身带来的一些问题,我们可以像大多数早期基督教文本那样,不是把注意力放在上帝的国度上,而是集中在对作为君王的上帝的描述上。搜遍希伯来圣经,犹太传统,特别还有早期基督教话语,我们发现在关于上帝的种种隐喻中,这是使用最广的一个。

不仅上帝,基督也通常被描绘为王,毕竟耶稣是被当做"犹太人的王"钉在十字架上的。大卫是上帝的副手,是被他"选中"的王。这一古老的以色列概念的形态在政治期望受挫、对末世的期待逐渐增强的漫长历史中得到调整,随时可用。"加冕诗篇"[②]中保存的以色列古老的宫廷意识形态被基督徒塞进了自己的礼拜诗篇,描述耶稣在天堂荣登王位,得到"主"这一君王之号等等。例如,但以理在异象中看见,在最后审判时那位"像人子的"的神秘人物从上帝那里得了权柄,在基督徒眼里,他当然

① Yoder 1984; Hauerwas 1983。

② "加冕诗篇"指《旧约·诗篇》93,95-100。称作"加冕诗篇"的原因是它们赞美上帝主宰世界,召唤世人同来颂扬上帝。——译者注

就是耶稣①。

从基督教的语言以及后来的基督教艺术的角度看，君王意象在神学和基督学中的运用都过于复杂，且无处不在，因此这里无法一一列举。我们只能考察其中两三个特征，暂时先不管它们用于上帝和基督之间的区别。所有的用法都植根于希伯来《圣经》中对上帝的形形色色的描绘，而这些描绘凭借的不仅是以色列自己的君王的奢华排场，而且也利用了古代近东地区人界与神界的诸帝国对人和神的更为华丽壮观的种种装饰。然而，在罗马帝国的东部行省，此类经过一些变化的往昔闪族君王的形象，是一看就明白的东西，基督教阐释者经常把它们与罗马皇帝的宫廷仪式中的意象相结合。

国王的形象首先是权力的形象。如果他是专制君主，而非皇帝的封臣，他就拥有绝对权力。因此，国王的法律，他的命令和意志均不容反对。我们在探讨上帝的最高意志的概念时已经注意到说明这个意义上的君王权力的若干例子。《旧约圣经》传统中的天上的王是正义的维护者，说明这一概念时往往使用军事意象。在早期基督教对上帝和基督的描述中此类意象并非踪

① 《但以理书》7:13-14 说：我在夜间的异象中观看，见有一位像人子的，驾着天云而来，被领到亘古常在者面前，得了权柄、国度，使各方各国各族的人都侍奉他……——译者注

迹全无，在末世的场景中更不少见（《启示录》19∶11-21 中善恶决战场上基督大显神威即为生动的例证，也见 16∶12-16）。

比军事形象出现更多的是审判者的形象。基督教兴起之初，最后的审判——不仅对民族，而且对个人——开始成为犹太人思想中广为接受的概念。第一批基督徒就产生于视此为当然的犹太人之中。我们从见到的最早的基督教文献中获悉，保罗在帖撒罗尼迦城成功地教导非犹太人皈依者认识这一概念：那从死里复活的上帝的儿子将救他们"脱离即将到来的愤怒"。[①]（《帖撒罗尼迦前书》1∶10）

人人都懂得国王就是最高的上诉法庭。罗马帝国的公民无论在帝国的什么地方遭到起诉——仅有几处例外，他都可以向皇帝上诉。基督徒有时即以这种方式谈论其"在天国的公民资格"，当人间的法庭不能证明他们无罪时，他们便期望天上的王做到。于是《彼得前书》的作者允诺，在从上帝的家里[②]开始的审判中，那些按照上帝的旨意受难的人"要一心为善，将自己灵魂交与那信实的造化之主"。（《彼得前书》4∶19）在我们看来，某些早期殉道者传中对最高法庭作出公正审判的期望的表达方式颇具挑衅性。举一个例子，即将处死的基督徒被带入斗兽场

① "即将到来的愤怒"指最后的审判。——译者注

② "上帝的家里"指上帝的子民。——译者注

时用手势向总督宣告："你（处死）我们，但是上帝（将要处死）你。"①

此类场景描述中的张力提醒我们，上帝是王的隐喻也使人必须把道德理解为对君王的忠诚。因此，据说当总督敦促波利卡普诅咒基督以求获释时，他回答道："我侍奉他已有86年，他从未中伤过我。我怎么能辱骂那拯救我的王呢？"（*Mart. Polyc.* 9∶3，Shepherd译）②《使徒行传》的作者提起，基督徒有时被指控"违背该撒的命令，说另有一个王耶稣"。（17∶7）然而，该作者竭力想表明这是诬告，基督徒根本不是颠覆分子。在《新约》和一二世纪许多其他的基督教著作中，上帝的最高王位与该（恺）撒的尘世统治之间的关系是不错的，《罗马书》13∶1-7，《彼得前书》2∶13-17，《提多书》3∶1均为例证。但是在别处，它们被视为两个永远敌对的领域，上帝、基督，或者恺撒，必须二者选一。当然，启示类文本和殉道者传表现这一冲突的措辞尤其严峻。第四福音书对审判耶稣的场景处理比较精细，即使在这里，尽管耶稣的王权不是"在这个世界"，但他的王权还是要由这个世界来决定。作者让拒绝承认耶稣为王的犹太人说"除了该撒我们没有王"，

① 原文为"Tu nos, te autem Deus"：*Pass. ss. Perp. et Felic.* 18.8, ed. Musurillo；也见Justin, 1 *Apol.* 45.6。在本书第七章我们已经论述了最后的审判的概念，在下一章还要再谈。

② Richardson 1953, 152。

(约翰福音 19:15)创造了该福音书中最强烈的讽刺效果(也许是对某首逾越节赞美诗中叠句的戏仿)。

在简单以及个人的层次上,日常行为可以当作对忠诚的道德测试,只是方式较为平淡。一个显然出自最早的基督徒(至少是在保罗教派的范围内)的教理问答的句子表达了这一看法:“做 X,Y,和 Z(各种恶行的名录)的人不能承受上帝的国”(《哥林多前书》6:9-10;比较 15:20;《加拉太书》5:21;《以弗所书》5:5),保罗在另一处地方换了一种方式教训皈依者:“行事要对得起那召你们进他国得他荣耀的上帝。”(《帖撒罗尼迦前书》2:12)

作为主人的上帝

把上帝比做一家之主、主人、所有者的更为家庭化的隐喻与上帝的王权的政治性隐喻同时并用,而且二者经常交叉、混合。例如,保罗两次说:“你们是重价买来的,”(《哥林多前书》6:20;7:23)以加重他对科林斯人的告诫。根据这句话,他们作为上帝的奴仆,其行为就必须让主人得荣耀(6:20),而且不能当别人的奴仆(7:23)。同样,在《罗马书》第 6 章,保罗把皈依基督教描述为从当罪孽的奴隶转变为侍奉上帝的奴仆。大家都熟知“一个人不能事奉两个主,”耶稣的这句颇像格言的话表明了同样的看法，只是这里的另一个主人是“玛门”[①]而非“罪孽”（《马太福音》6:24；《路加福音》16:13）。

在一个奴隶遍布的社会里谈论拯救和道德生活，竟然如此频繁地正面使用奴隶的隐喻，在我们看来肯定很奇怪。当然，评注者通常指出，此类隐喻在希伯来圣经里常用于描述以色列、特别是某些上帝选定的领袖——首先就是先知——与上帝之间的关系。但是，在文化上不同于以色列的希腊—罗马世界的城市里，这一隐喻还必须讲得通。希腊化世界的语言里很少讲到当神的奴隶，如果有，则在特指的范围内，而且一般是正面的。至于城市里的普通人会以什么方式听到这一隐喻，有两点必须看到。第一，做上帝的奴隶这一说法非常有效地表达出绝对服从上帝的旨意的责任。第二，罗马帝国的奴隶制是一种复杂而且形式多样的制度。“上帝的奴仆”或者“耶稣基督的奴仆”一开始也许听起来古怪，但是人们已经习惯于认为“恺撒的奴隶”常常有很大的权力，甚至享受特别的荣耀——虽然是仰仗恺撒而得的。一个人对奴隶制的态度因其社会地位而不同，佩特罗尼乌斯或者普林尼这样的人会对过去是自己的奴隶但现在社会地位提高了的人表示轻蔑，但也想提高自己的地位的其他奴隶或

① “玛门”是古叙利亚语词，意思是财富、金钱。——译者注

已经解放的奴隶的态度就可能大不相同。①

作为父母的上帝

把上帝表现为"父亲"的例子遍布早期基督教文本,人们对此熟悉之至,这里就不需要说明了。这一比喻自然而古老,自赫西奥德②的时代起,宙斯便通常被称作"众神与人之父"。他的拉丁名字朱庇特源自 iovis pater 的名字,意即"父亲朱弗"。③ 在以色列关于与上帝之约的传说中,上帝是以色列的父亲这一点十分明确,他们之间的关系间或会以先知何西阿的诗行里无比慈爱的父亲形象表达:

以色列年幼之时,我爱他,
就从埃及召出我的儿子来。
我越招呼他们,
他们却越走开;

① 有关上帝的奴隶,见 Pleket 1981; Fox 1987,109,701,n. 20 ;Martin 1990,xiv-xvi。关于保罗话里奴隶的隐喻,见 Marshall 1987,281-317,特别是 Martin 1990。

② 赫西奥德(公元前8世纪),希腊最早的史诗诗人之一。主要作品是《神谱》和《工作与时日》。——译者注

③ Roscher 1978,2.1:cols. 619-20。

他们向诸巴力①呈献祭品，

给雕刻而成的偶像上香。

教导以法莲②行走的原是我。

我用膀臂抱着他们，

他们却不知是我医治他们。

我用慈绳爱索

牵引他们，

我待他们就如

有人将婴儿举到脸前，

我俯身给他们喂食。

(《何西阿书》11:1-4)

---

① 巴力是故地近东地区多个民族，特别是迦南人崇奉的神，司生生化育。在一神崇拜的以色列人眼中是应该扫地出门的偶像。《旧约》中多次提到巴力，如《士师记》2:13,6:25,31;《列王记上》16:31,18:21 等;《列王记下》10:19-28,11:18 等;《耶利米书》2:8,7:9,11:13 等;《何西阿书》2:8,13:1 等等。——译者注

② 根据《创世纪》，以法莲是约瑟的二儿子，祖父以色列(即雅各)在祝福约瑟的两个儿子时故意把右手放在以法莲、而不是大儿子玛拿西的头上，说以法莲将来会超过其兄长。本段中的“以法莲”指由他的后代组成的以色列 12 支族中的一支，以该支为首的 10 个支族于公元前 930 年建立以色列王国，约两个世纪后被亚述征服。有关的故事见于《旧约》的《民数记》、《申命记》、《约书亚记》、《历代志上》等。——译者注

有这样的传统，就无怪乎早期基督教的宣传者和教师动辄使用“父亲”这一表述词，再加上父亲治家、养育孩子的形象——提母亲的情况比较少。提供模式的当然就是希腊—罗马世界的城市里的父权家庭。这样的家庭规矩过严，权力分配中男权等级色彩过强，不符合现代人的口味。例如，保罗有一个复杂隐喻（《加拉太书》3:23-4:7），说明律法在上帝对以色列和其他民族的规划中的作用：上帝扮演一个体面、富裕的家长，他让一个专门挑选的奴仆负责他的孩子们的教育，规定了他们何时应该长大成人。在此之前，他们被严加看管，生活与家里的奴仆并无区分。[①]

从保罗的话（《加拉太书》4:6）和《罗马书》8:15 里类似的内容我们也能推断，早期的洗礼仪式中，入教者在某一刻以基督教最早阶段使用的阿拉姆语[②]叫喊：“阿爸！父亲！”这样便表示被接受进入上帝的家庭了。据称耶稣教给门徒的祷词以同样简单的称呼（仅有希腊语的保存下来）“父亲”开始（《路加福音》11:1-4），在《马太福音》中它被发挥为福音书里典型的上帝之名“天上的父”（6:9；在《马太福音》用“父亲”来表示上帝总共 44 次，

① 关于这一段，除权威评论外，可以与伪普鲁塔克文献中的 *On the Education of Children* 进行比较，也见 Bonner 1977，38-46。

② 阿拉姆语属闪语系西北语支，公元前 7-前 6 世纪成为近东地区的通用语言，是《旧约》的《但以理书》和《以斯帖记》中部分篇章的语言。据传耶稣及其门徒即使用这一语言。——译者注

其中“天父”和“天上的父”出现了19次)。这一用法自然传入其他的祷词,《十二使徒遗训》9:2,3以及10:2里的圣餐祷词即为例证。约翰派文献,包括启示录,称上帝为父亲时几乎毫无例外地指他是耶稣的父亲。对照之下,《约翰福音》8:41-42的言词异常严厉,不允许那些不相信耶稣的话的犹太人管上帝叫父亲。

保罗发明了一种以“上帝我们的父和主耶稣基督”的书信开头方式,这一方式在其后的基督教书信中被广为模仿。保罗的一个佚名门徒,即《以弗所书》的作者,在一段辞藻华丽的话里想象用于天上、地上任何有亲缘关系的群体的patria(宗族、家庭)一词,都是源自上帝的名字pater(父亲)(《以弗所书》3:14-15)。保罗和其他作者以所有格形式的定语扩展了这一父称:“发慈悲的父,赐各样安慰的上帝”(《哥林多后书》1:3);“众光之父”(《雅各书》1:17);还有《克雷芒前书》23:1中“最仁慈的父”这样的类似结构。

广泛、惯常地使用此类语言,把何种支配性的价值融入了基督徒的想象力?首先,亲缘关系本身受到重视,成为一个基督徒就是被吸纳进入一个新的家庭,或甚至是“再生”,有上帝做家长,有了新的兄弟姐妹。然而,事情并不像现代政治家所钟爱的“重申家庭价值”那样简单,而且,许多古代护教士眼中的家庭概念也与一般的有很大不同。加入新家庭意味着摒弃旧的家,而这一点在多大程度上意味着摒弃“家庭”所包含的整个社会秩序？我们在前面已经看到，基督教运动中的不同派别在这个问题上是有争议的。对约翰派基督徒而言，相信上帝是耶稣的父亲意味着脱离自己所属的犹太群体，也意味着否认上帝是犹太人的父亲。根据《托马斯福音》的观点，如果承认上帝是自己真正的父母，便会在这世界遭到伤害，但真正的信徒要变成这个世界的“过客”和“孤独者”，即必须斩断一切关系，特别是家庭、性的关系。不过，在另一方面，对于彼得·布朗称之为“无声的大多数”的基督徒而言，情况与基督教传播的初期一样，家仍然是教会结构的核心，家庭中的等级秩序得到了“上帝”的认可。

对于所有称上帝为父亲的人，权力无疑是一个重要的含义，因为在古代家庭里，权力和所有权属于父亲，而根据古代的设想，秩序、和平、和谐皆出自权力。然而，我们不可能不注意到，在我们考察的文本中，“父亲”这一称号经常与提示慈爱、容忍、仁慈、诉求、安慰的语言相伴。总体而言，最早的基督徒（像其他犹太教派成员一样）得到的教导是，在一个既是严厉的家长又是宽容、关切的父母的上帝的无所不见的眼睛注视下，管理好自己的道德生活。

上帝的行动

描述上帝的行为是早期基督教话语表现道德的神学语境的第三个主要途径。如我们在第五章里所见，在基督教道德观念的基本陈述中如此流行的“两条道路”的说法一开始就是“爱那创造你们的上帝”(《十二使徒遗训》1:2;《巴纳巴书》19:2)的戒律。上帝既创造了物质世界,又创造了人的世界,这是大多数基督徒信仰中非常坚实的一部分,虽然受教育程度较高的作者接受的是中期柏拉图主义者所钟爱的否定型神学①,而该学说似乎否认上帝在物质的事务中能有实在的行为。例如,阿西纳哥拉斯确认,基督徒宣称信奉“那未经创造、没有终结、无形的、不可能受伤害且无动于衷的、深不可测的、无法压抑的上帝”,但

① 否定性神学(negative theology, Via Negativa 或 apophatic theology)是一种仅以说明上帝不是什么(而不是上帝是什么)的途径描述上帝的神学方法。否定性神学并不否定上帝,而是指出依靠语言不可能捕捉到神性,即任何对上帝的描述最终都是谬误。因此它是一种避免、排除对上帝的错误认识的手段。例如,上帝超越人类对其语言中“存在”一词的理解,因此无法说上帝存在或不存在;又如,人不能说上帝是“智慧的”,因为这个词的狂妄的含义是人能理解在神的层次上智慧为何物。所以只能说上帝不愚昧;又如,上帝不是被创造出来的,除此而外,人不知道上帝的存在方式。基督徒传统上认为自己的宗教的基础是上帝的启示,或者说《圣经》出自上帝的启示,而人能够通过《圣经》了解上帝。基督教神学关于上帝的论述因此是一种肯定性神学。但《圣经》中也有少数地方有明显的否定性神学色彩。例如,《列王记上》19:11-13 说:耶和华说,你出来站在山上,在我面前。那时耶和华从那里经过,在他面前有烈风大作,……耶和华却不在风中。风后地震,耶和华却不在其中。地震后有火,耶和华也不在火中……;又如《提摩太前书》6:16 说上帝:……住在人不能靠近的光里,是人未曾看见,也不能看见的。在早期基督教历史中,否定性神学起了相当的作用,重要人物包括亚历山大的克雷芒、约翰·克里索斯托等。——译者注

是,“通过他,宇宙出现了,通过他的道,宇宙有了秩序,得以持续。”(10.1)

就像一些哲人一样,有些基督徒在这里看出一个矛盾。也许阿西纳哥拉斯跟比他早百余年的斐洛一样认为,“通过他的逻各斯”这一表述足够解决“无动于衷”的上帝积极创造物质世界的问题。毕竟,可以在柏拉图的《蒂迈欧篇》里找到同样的矛盾,而一些中期柏拉图派主义者把造物主或创世者与上帝区分开,由此解决了这一问题。我们在前面已经看到,瓦伦廷派采取了这条思路,但是利用诺斯替派的神话加大了精神世界的完整、充足性与捏合出物质世界的诸统治者之间的差距。马西昂运用一种简单得多的神话和神学:有两个神,一个公正,一个仁慈;一个创造世界,尽管创造得不太完美,另一个则把人们从这个世界拯救出去。但是,对马西昂派——如同对正在兴起的基督教主流派——而言,至高无上的上帝是有*行动的上帝*,这一点不言自明。

大多数基督徒认为上帝做的事情有两类。第一类是反映神性的持续性行为,可以说是信仰者认为上帝具有的职责和作用中本质的东西。例如,上帝治理世界,这一点决定他奖赏美德,惩罚恶行。他也可能表现忍耐、宽容或者完全原谅某些坏事,或者明确地与敌人和解(《哥林多后书》5:18-21;《罗马书》5:6-11即为例证)。他制定法律,下命令,惩戒,提醒,预言,启示。作为父亲,他爱子女,关心、责骂、惩罚他们。

基督徒认为上帝做的另一类事情是唯有他能做到的"造就历史的"行动。最早的基督徒是犹太人,他们从犹太《圣经》里继承了某些对上帝在人类活动之中和背后,以及通过它们采取的行动的某些表述方式。使用希腊语的犹太会堂中的《圣经》——七十子希腊文本圣经——也是基督徒使用的《圣经》,这一事实说明创世与堕落,上帝对以色列的感召,与以色列立约,以色列违背上帝的旨意,遭受的惩罚以及重新得到上帝的恩宠等等故事也都变成了基督徒的故事。

在讲述上帝过去的范式性的行动的故事基础上,基督徒又增添了他们的新故事。其中最重要的当然就是讲上帝"使我们的主耶稣从死里复活"(《罗马书》4:24;《哥林多后书》4:14;《加拉太书》1:1;《歌罗西书》2:12;《彼得前书》1:21;《使徒行传》5:30 等等)。这一信念对此后怎样解释上帝的行动有巨大的意义,而这种解释又有广泛的道德意义,例如,对于权力和权威的理解的影响。上帝过去的行动促使犹太人和基督徒相信,上帝在将来还要行动,救赎他的子民,惩罚邪恶之徒,荣耀弥赛亚,创造新的天堂和人间。

谈有行动的上帝就是讲述、或者暗示一个故事。因此,与其继续对上帝的行动做多少有些抽象的论述,我们不如就此打住,转向早期基督教叙事的特点。上帝是一个行动的上帝,这一信念给基督教的——以及在更普遍的层次上给西方的——道德情操带来的最丰富的后果就是形成了道德叙述。关于道德史以及人类的命运,早期基督徒怎样开始讲述他们那套独特的故事,这本身就是一个故事,也是我们在最后两章中要做的工作。

第十章　对末日的认识

时光流逝，一旦成为过去便不再回来。认识到这一点并不需要什么特殊的哲学，虽然时间之谜吸引了哲学家的注意力。老年塞内加对逝去的时光的感受比大多数人更为优雅："一切都堕入同样的深渊。"（*Epistle* 49.3）在另一处他又说："我们所有过去的年华均由死神在握。"（*Ep*. 1.2；理查·古摩尔译）

然而，基督徒却认为，上帝连死人都能复活，但堕入深渊的行为却未退出他的记忆。时间有方向性，而且不可逆转，基督徒在这一普通的认识上又添加了一种新的、不祥的方面。他们相信不仅每个人的生命有其终点，而且整个人类的历程以及世界本身都在走向一个时刻，这一刻既是终点，也是目标，是对一切堕落的总结和终极惩罚。

早期基督徒言谈的许多种语境中，有关终点的用语繁杂众多："然后末日来临……"、"临终之际……"、"但是末日尚未到来……，"等等。约翰·盖奇尔（John Gager）称作"末日语言"的东西反映了最早的基督徒的言语特点。[①] 他们这类语言的来源很清楚，就是犹太教里的那些末日论派别特有的习语，耶稣最早的追随者从中吸取了大量的言词和对世界的看法。至于更深的根子，则存在于"耶和华日子"[②]的先知传统，存在于能够用颠倒创世、世界毁灭的意象描绘政治危机的各个先知手中的隐喻之力，存在于以色列经历的流放和混乱，以及该经历与其他近东文化中的神话、数字星象学之间的冲突及对抗。不过这些不是我们现在要考虑的问题。我们关心的是，"末日"思想对于最早的基督徒有多么自然，而对多数相邻的民族又是多么陌生。尽管有人指出一般的希腊—罗马情感中能见到末世情结的前身或与之类似的东西，末世观念对罗马世界而言是陌生的外来之物。正如洛宾·雷恩·福克斯(Robin Lane Fox)所言："有思想的异教徒更关心的是世界的开始，而不是它可能

---

① Gager 1970。

② "耶和华日子"的说法出于《旧约》中的先知书，如《以赛亚书》13:6说："你们要哀号，因为耶和华的日子临近了。"又如《阿摩司书》5:18-20说："想望耶和华日子来到的，有祸了。你们为何向往耶和华的日子呢？那日黑暗没有光明景。……耶和华的日子不是黑暗没有光明么，不是幽暗毫无光辉么？"这个日子指上帝出来拨乱反正，以拯救其子民（如《阿摩司书》中的情形）或惩罚他们。这个说法在《新约》中变成"主耶稣的日子"，如《哥林多前书》5:5；《哥林多后书》1:14；《帖撒罗尼迦前书》5:2 等。——译者注

的终结。”①

基督徒的末世想象对西方思想和艺术的影响之大，怎么评价都不为过。弗兰克·科莫德（Frank Kermode）在玛丽·弗雷克斯纳讲座（Mary Flexner Lectures）②作了精彩演讲《末日之感》（本章的标题即从此而来，我表示感激。由于早期基督教的多样性，我把“感、认识”一词改为复数。），他说明现代小说最深层的形态的基础就是基督教《圣经》创造的末日范式，即使那些反形式的种类也不例外。他说，圣经“是一种熟悉的历史模式，它从太初讲起，以末日的异象结束（‘主耶稣阿，我愿你来’）”。第一卷为创世纪，最后为启示录。圣经在观念上有完全和谐的结构，结尾与开始统一，中间与开始和结尾统一。传统上认为启示录重展其整体结构，但历史还没有展现的那一部分只能以象征手

---

① 见 Fox 1987，265。基督教的看法是，“所有有生命的人的意识都将持续，永久惩罚必将降临”。查斯丁引用死人灵魂附身，神谕以及恩培多克勒、毕达哥拉斯、柏拉图、和苏格拉底的学说，还有荷马史诗中的（Nekyia）《招魂记》，对此看法表示赞同（1 *Apol*. 1. 18，Hardy 译）。在第 20 节中查斯丁对自己的观点进行总结，把基督教关于创世的信念以及对神意的看法与柏拉图的观点，“将要被大火毁灭”的说法与斯多葛学说，死后的惩罚与“诗人、哲人”的教导等相提并论。后来的基督教辩护文作者们引用了同样或类似的成对例子。

② 美国 Bryn Mawr 学院的玛丽·弗雷克斯纳讲座为纪念其 1895 年毕业生玛丽·弗雷克斯纳而设立，多年来邀请过包括 Arnold Toynbee，Isaiah Berlin 等重要的人文学者。——译者注

法来预示。①

末日之感造就的叙事力量是我们下一章关注的问题,目前我们把探究局限于早期基督徒的各种末日意识影响其道德意向的更为直接的种种方式。

末日审判

我们都在朝末日走去,脚步匆匆。末日就是站在上帝的审判席前接受对我们度过的生活的公正奖赏或惩罚。对这种末日的预期会让好人变得更好,同时约束那些倾向作恶之徒。在早期基督徒写的东西中,这类看法很多,暗示的则更多,让现代读者感到不舒服。在2世纪的诸护教士中,查斯丁是一个清楚的例子。他强调说,好的统治者应该欢迎基督徒,因为

> 在维持公共秩序方面我们是你们的助手,比任何人都更支持你们。你们知道,我们相信任何做坏事的、贪婪之徒、或阴谋家——或者有德之士——都不可能逃出上帝的眼光,所有的人都按照自己的作为朝着永久的惩罚或永久的拯救走去。倘若人人都明白这一点,知道邪恶之徒直接迈向烈

① Kermode 1968,6-7。

> 火的永久惩罚，则无人会选择恶行，哪怕只是片刻。相反，人人都会千方百计地自我约束，用美德给自己增光添彩，以期从上帝手里得到好东西，避免惩罚。(1 *Apol*. 12. 1-2)

这些观念很早就成为基督教道德训诫内容的一部分。保罗在写给加拉太人的信里先用一句关于奖赏的老话忠告皈依者，叫他们向诸教导者提供一切需用。然后，他扩展训诫，将对群体生活的总体关注包括进来："不要自欺，上帝是轻慢不得的。人种的是什么，收的也是什么。顺着情欲撒种的，必从情欲收败坏。顺着圣灵撒种的，必从圣灵收永生。我们行善不可丧志，若不灰心，到了时候就要收成。"(《加拉太书》6∶7-9)

保罗派的书信中数次引用的一个传统套话警告说："不义的人[表明其特征的是一张时有变动的恶行清单：淫乱、奸淫、拜偶像、行妖术等等]不能承受上帝的国"(《哥林多前书》6∶9-10；《加拉太书》5∶21；《以弗所书》5∶5)。在《马太福音》里，耶稣在教训众人的最后两章讲到末世景象，其中最富戏剧性的是"万民"聚集在人子宝座前，人子则如把山羊、绵羊分别开来的牧羊人，把帮助过"我这弟兄中一个最小的"的人[①]与没能看顾他们的人分开，"这些人要往永刑里去，那些义人要往永生里去。"

---

① "最小的"指社会中最卑微、最低贱的人。这一表达见于《马太福音》25∶40,45；《路加福音》9∶48 等处。——译者注

(《马太福音》25:46)当然,末日的景象在这一场景里达到高潮。

基督徒的想象力肯定很快就会细述绵羊和山羊的命运,特别是山羊的命运。2世纪的《彼得启示录》用可憎的细节描绘地狱里的惩罚如何与人世的罪恶相匹配:用亵渎神灵者自己的舌头把他们吊起来,打扮漂亮去通奸的女人被自己的头发吊起来,杀人者在挤满毒蛇和蛆虫的坑里痛苦扭动,而受害者则心满意足地在旁观看,等等。当然,我们在此看到了从荷马的招魂记(*Od.* 11)到但丁的地狱的悠久的冥界描绘传统中的一种变体。阿尔布莱特·迪特利希(Albrecht Dieterich)的经典专著《走向冥界》收集了大量的早期例证,说明《彼得启示录》中对地狱中种种惩罚的描述即属于该传统。①

但无论现在还是古代,并非所有的人都喜欢这类描绘。德尔图良在3世纪初抱怨说:"我们宣告上帝将进行审判,因此受到耻笑。"(*Apol.* 47.12,格拉夫译)死后灵魂将要受罚的流行看法早就受到思想老到的罗马人的讥笑,最著名的怀疑主义者当然是伊壁鸠鲁派,在他们眼中,这类看法与他们的哲学的目标——宁静——正好相反。斯多葛派也不需要它们。塞内加安慰玛西娅的著名信中,虽然第一部分听起来柏拉图哲学的味道

① Dieterich 1969,也见Himmelfarb 1983。

比斯多葛的更浓，但整体拒斥任何关于审判和惩罚的观念，称其为“谎言而已”。(*fabulae*,19.4)讽刺诗人尤维纳利斯和卢奇安则兴致勃勃地奚落“芸芸众生”的葬礼习俗，还有他们关于死后灵魂的生活的看法。(见 Juvenal 的《讽刺杂咏》2.149-52；Lucian 的《论葬礼》，《亡者的对话》，《下行之旅》，《追问宙斯》，《曼尼浦斯》等)

尽管讽刺作品往往夸大其词，但它们存在的事实仍然可以充当此类看法流传甚广的证据——虽然有一个事实不能不使我们产生怀疑：人死后灵魂受审看法的证据之一应该是碑文，但事实上缺少这样的碑文，而且连暗示死后会有某种复活的看法的碑文也少而又少。[①] 但在另一方面，并非所有受过教育的人都排斥死后审判的信念。轻信的爱尔利乌斯·亚立斯泰迪斯(Aelius Aristides,2 世纪)称赞塞拉皮斯(Serapis)既是灵魂向导又是死者的裁判：“根据他们人间生活的功过给每个人分配该去的地方。”(*Or*. 45.25)同样确凿的是，在这一时期有些犹太群体已经形成了死后审判的复杂观念。然而，犹太信仰似乎并不比希腊—罗马世界里其他民族的更为统一，对审判和惩罚的较为详

① 见 MacMullen 1981,53-57；关于神的复仇和惩罚，见 58。

细的描述只出现在诸如《亚伯拉罕的遗嘱》[1]这样相当晚的资料中。[2]

犹太人开始相信人死后会有审判,这一信念表现出一种倾向性的看法,即审判将在上帝预定的某个时刻进行,而且所有的人都要接受审判。由于这一看法是一神论信仰的必然结果,因此,尽管没有被普遍接受,它在某种意义上就是该信念的特征。对审判的这一理解主要产生于末世论的语境,当然,这样的审判概念也主宰了早期基督徒的信念:就像《使徒行传》的作者放在保罗口中的话,上帝"已经定了日子,要藉着他所设立的人,按公议审判天下"。(《使徒行传》17:31)描述人类生活的道德叙述(对这一点第十一章要有进一步的论述)正在基督徒的情操中露头,对唯一、普世、最后的审判的信念注定要在这一叙述的生成

---

① 《亚伯拉罕的遗嘱》属《旧约》伪经之列,学者们一般认为它出自佚名犹太作者之手,很可能于公元前1世纪到公元1世纪之间在埃及成书,流传下来的除一长一短2种希腊语抄本外,还有一些其他语言的抄本。尽管叫《遗嘱》,其内容更接近启示类作品。故事是:上帝派天使长米迦勒通知亚伯拉罕他的寿命已尽,但他与米迦勒谈条件,要求周游完世界后再死。在周游途中,亚伯拉罕看到人类的丑恶,谴责其种种罪行。最后他被上帝招回由亚伯负责度量善行和罪恶的审判台。——译者注

② 关于对基督教发端之时以及更早时期其他文化对于死后审判的看法变化情况的研究,见 Kuck 1992,第2章(犹太文献),第3章(希腊-罗马传统),书后有详尽的文献目录。也见 Nickelsburg 1972。

过程中展示不寻常的影响力。

两份1世纪最后十年产生于罗马城的基督教诸教会的文献显示了对最后的审判的不同观点，或至少是不同的侧重。罗马教会写给科林斯教会的信（《克雷芒前书》）和《赫马牧人书》均专注于悔罪，前者敦促通过非正常渠道成为科林斯的长老的人下台，把位子交还给他们取代的人，而后者则告诫罗马的基督徒——特别是其首领——要遵守固有的规则。前者虽然不断地灌输上帝管束子民的主题，对未来的审判却语焉不详，而且谈的方式更多地暗示这是日常的惩戒而不是最后的审判。[①] 克雷芒赞同的理想是和谐与和平，正是希腊—罗马世界的城市精英的理想。他主要从过去找根据，从《圣经》中和希腊—罗马的传统和文学里找例证来支持其理想。另一方面，赫马的话语则模仿启示类作品的风格，虽然，它与《约翰启示录》差不多同时代，但比较之下，这位罗马的作者距离该启示录作者的独特气质和强

① 11∶2列举的所多玛、蛾摩拉以及罗得的妻子的例子表明，“心灵游移不定者和怀疑者都要受审判”。上帝无所不知，因此我们必须“脱离恶行，丢弃肮脏的情感，以求得他的恩惠，保护我们不受那即将到来的审判”（28∶1）。信中运用一系列《旧约》引语警告说：“看哪，上帝来了。报偿就在眼前，要照各人所行的报应他”（34∶3）。24-26章强调要对复活确信不疑，不过对复活的信念应该使我们感到安慰，而不是害怕审判。列举的《旧约》例子大多是以色列或其敌人在过去受到的惩罚。

烈的情感颇为遥远。实际上,把《牧人书》算作启示类作品是否能够说明问题,我们可以质疑。传统上称为“训令”的章节的特征是其格言形式,使人想起希腊—犹太文化中智慧书类的作品。“神示幻象篇”与“寓言篇”中天使与赫马之间的对话大致遵循了启示文学里由天使阐释神示幻象的程式,但风格和内容更像说教性的阐述。根据典型的艺术批评的观点,它与第二章中提到的《西比斯之简》很相像。① 然而,《牧人书》里也确有启示类作品中对未来审判的强烈期待,作者一个接一个地讲述“启示”来增强这一期待,十分乏味。支持赫马的道德劝诫的正是那重重幻象,启示上帝必将做出的最后决定。牧羊人最后的训诫总结道:“因此,所有认识主的人都要做好事,以免堡垒竣工于你们蹉跎、延宕之际。堡垒中途停工就是为了拯救你们,你们必须急速从善,否则它建成之日,就是你们被挡在门外之时。”(Sim. 114.4[10.4.4]雷克译)

在主流基督教会里形成的最后的审判的概念是,它不仅涉及所有的人和事,而且在道德意义上是针对团体的。到目前为

---

① 关于《西比斯之简》与《赫马牧人书》以及与 *ekphrasis* 之间的比较,见 Fitzgerald 和 White1983,7,16-18。Hellholm 1980 极其细致地分析了《赫马牧人书》的语言特点,他认为,这些特点说明它属于启示类体裁。然而,Hellholm 的论证过于抽象,拘泥于形式,体裁的概念也过于脆弱,缺乏说服力。他承诺的第 2 卷尚未见到。

止,我们在讨论把这一信念用到最后审判中的目的是约束个人的行为,这就是查斯丁在其 *First Apology* 中强调的这一信念的意义。他这样强调很自然,因为道理显而易见,而且至少与一些普通人的信念共鸣。与其他一些持末世信念的群体相比,早期基督徒的末世论的特点是:他们期望最后的审判,实际上也是期望看到对本群体的终极解释和终极证明。加入基督教会者被教导说,如果做了 X、Y、Z 等事情,人便"不能承受上帝的国",这不仅是警告他们,如果倒退到这些恶行,他们有一天会受惩罚,而且是在告诉他们自己加入的是什么样的群体,上帝的新世纪的子民应该有什么样的品格。《赫马牧人书》里用于表现未来审判的种种意象明确地指向团体,甚至体制。盖楼的隐喻占了支配地位,预言者赫马关心的是罗马的基督教家庭教会的健康。

新团体的社会边界在其道德情感的塑造中起了重要作用。皈依者视自己的道德规范不同于圈外之人,而圈外人士更是毫不犹豫地把他们看成异类,甚至是险恶的异类。在无偏见的观察者眼里的微小差异都会导致圈内外之间的敌对情绪和冲突。道德责任的问题变成对一个自认为遭受攻击的正义群体的忠诚问题,而要增强这种忠诚,末日的意象就是最合适的手段:上帝的审判将证明他的子民是义人。上帝将给罪行以相称的惩罚:解放受压迫者,让压迫者受压迫(《帖撒罗尼迦后书》1:6;比较《腓立比书》1:28)。反复讲述殉道者的坚定信仰的故事,其目的是使他们所代表的群体更加团结一致,反抗企图摧垮他们的罪恶帝国。

除了给战斗中的群体打气鼓劲、甚至鼓吹神正论之外,末世情怀还有别的作用。基督教对复活及其证明的信念无限制地拓宽了道德责任的疆界。对最后审判的期待让人们相信每个人的行为都要受到评审。不仅于此,复活的概念也使基督教群体无限扩展,并因此扩大了因群体而产生的相互关系与责任。这一点在《帖撒罗尼迦前书》(4∶13-18)中要求教徒们互相劝慰的部分有很清楚的体现。紧接这一部分的是训诫以及与末世有关的章节(5∶1-11)。5∶11 重复了 4∶18 的话"你们当用这些话彼此劝慰",从而将这两部分紧密联系起来。虽然在针对痛丧亲友的安慰话语中能够看出与希腊-罗马的一般安慰辞令的相似之处,但差别却异常鲜明。将道德上对立的光明之子与黑暗之子分开的末世论语言在这里被挤压成一种信心,相信所有"在基督中的"人最终将成为一体。与在基督中的死者团聚的前景激励在世的人活下去,"这样我们就要和主永远同在。"(4∶16-17)人们由此得到抚慰。[①]

① 关于《帖撒罗尼迦前书》第 4 章以及安慰的词语,见 Malherbe 1987,57-60; Malherbe 1989,64-66。

让世界解体

末日之感提供了一种神话，证明应该把正义的群体与其周围的大文明分隔开，不仅于此，它还解构了世界。末日的设想宣称一切被视之为当然的东西都要终结，从而破坏了以常识的面目出现的文明体系。我们在第四章中考察了一些早期基督徒群体眼中的消极的世界形象，这些形象与他们对世界末日的想象方式紧密相连。我们要考察早期基督教对终结进行思考的 4 个不同的范例，以及这些思考对基督徒与世界的道德关系的意义，这样可以对他们思想的种类有所了解。第一个例子是保罗，为达到间或看似矛盾的目的，他对末日语言有令人瞩目的形形色色的用法。第二个是启示录作者宣扬的激进的反正统文化。第三个是内化的末世论，即《托马斯福音》中没有终结的末世论。第四个是瓦伦廷的末世论，它既是内化的末世论又是对宇宙的解释。

保罗

保罗在给加拉太的基督徒的信中有训斥也有恳求，指责后来去那里的人传“别的福音”，他强调那是假福音，因为除了他所传的福音外不可能有别的。但是正相反，在对立的使徒看来，搞新花样的正是保罗。保罗允许非犹太人不行割礼、不用遵守安息日和其他节日的规定就加入教会，严重地违反了犹太教的规范。保罗写信为改革辩护，采取的就是启示论的策略。我们在种种现代千禧教派①的根据里看到了类似的策略，而库姆兰古卷中的公正之师②及其继承者的阐释中的东西尤其相似。保罗在《加拉太书》中强调，随着弥赛亚的到来，新时代已经开启，过去的应许以新的方式得到了兑现。为了说明新事物，证明其合理性，他对旧约及传统进行了富有想象力、颇为激进的再阐释。

保罗流传下来的第一封信写给科林斯教会，它针对的形势相当不同。科林斯有一个或更多的基督徒团体已经做好准备要宣告基督教声明中的新内容，并从中引出道德生活可以享有极大的自由的含义。他们说："凡事我都可行，""我们都有知识，"

---

① 狭义的千禧年主义指相信基督将再次降临，如《启示录》所预言的在人间建立他的王国，基本文献是《新约·启示录》第20章。这个概念广义地指任何预言末日即将来临的宗教教派，它们一般称现存的秩序将被一种新秩序取代，压迫者与被压迫者的地位将要颠倒。现代千禧教派包括美国的大卫教派、天堂之门教派，日本的奥姆真理教等。世俗的千禧或末日观念是，核战争、新技术、全球污染、大饥荒、大瘟疫、地球与小行星或彗星碰撞等等可能毁灭世界。——译者注

② 作者 Meeks 的解释是，"公正之师"是死海古卷中最重要的人物。虽然古卷从未说明他是谁，但可以看出他可能是该教派第2代的组织者，在与耶路撒冷的权威分裂之时起了领导作用。——译者注

因此对于吃祭偶像之物或甚至与性有关之事全无顾忌。他们的一些口号颇有末世之音:"'食物是为肚腹,肚腹是为食物。'但上帝要叫这两样都废坏。"(《哥林多前书》6:12-13a; 8:1) [①]这些话的道德含义既可能是自由放任,也可能是鼓励禁欲,即:"男不近女倒好"。(7:1) 关于保罗去信纠正的基督徒,他们究竟抱着什么样的思想意识,学者们仍然意见分歧:他们是不是初始的诺斯替分子?或者相反,他们是不是把保罗预示末世的教训过于当真?他们是否仅仅是皈依者中教育程度较高,把保罗的福音改成与流行的道德哲学理想相似的东西,宣告真正的智者享有的自由?或者几种情况兼而有之,也许内部存在分歧?最后一种的可能性最大。幸运的是,要了解保罗的回应的梗概,我们不必弄清科林斯人看法的所有详情。[②]

科林斯城的自由分子显然把启示类作品中的特殊末世论语言与希腊—罗马的流行哲学——特别是犬儒主义的传统——中的老生常谈类的道德言词相结合,保罗的回应采取的也是这一

---

① 科林斯的一些基督徒曲解自由,以为既然自己不受犹太律法的约束,行为上便享有完全的自由,而一切与身体相关的事均无足轻重。但保罗指出,性道德与食物方面的规定不可混为一谈:身体是人的组成部分,将参与与基督的融合,因此性道德至关重要。——译者注

② 有关这个话题的学术文献车载斗量。感兴趣的读者可以从权威评论入门。

办法。[①] 令人惊讶的是，保罗在此运用这一混合体的目的与给加拉太人的信不一样，不是为说明改革有理，而是强调他们拥有有限但确实的道德能动性。“男不近女倒好，但要免淫乱的事，男子当各有自己的妻子，女子也当各有自己的丈夫。”（《哥林多前书》7:1-3）有的基督徒说：“我们都有知识，”但是保罗提醒他们教会里也有没有知识的人。为了这些“软弱”的基督徒的利益，要提防“你的知识”造成“基督为他死的那弟兄”的沉沦（8:1-11）[②]。诚然，“时间紧迫，”而且，当前的时代正在终结。

① 19 世纪一些受过古典学术训练的学者觉察到保罗的语言与各哲学、修辞流派之间的联系的种类和程度，但是他们的发现大多淹没在后来的宗教史派所热衷的东西里。受益于*新约中的希腊语言素材*的研究项目，以及 E. A. Judge, Hans Dieter Betz, A. J. Malherbe 这样的学者及其学生的努力，这些联系近年来才重新显现，人们得以从新的角度看到更详细的情况。关于此项研究的当前态势，即将出版的 Engberg-Pedersen 所编研讨会论文集提供了生动多样的范例。

② 保罗在《哥林多前书》第 8 章讨论的问题是，基督徒能否吃祭偶像的食物。当时异教神庙里祭祀用的食物事后可以就地吃掉，也可以拿到市场出售。对于一些基督徒而言，既然偶像不是神，吃祭物便不是什么问题。但另一些基督徒担心吃这种食物便是在变相参与异教崇拜，为此忧心忡忡：买肉时是否应该问明来路，能否应邀到可能用这种食物招待客人的家里吃饭，等等。保罗的观点是，原则上可以吃（因为偶像并非真神）；但是对这一点有些基督徒不能理解，看见有人吃会感到震惊。保罗因此提醒科林斯的基督徒，基于仁爱这一精神，不要吃祭物，以免伤害自己“软弱”的兄弟。参见 352 页注①。——译者注

因此,基督徒应该脱离这世界的事物[①]。更确切地说,正因为这一缘故,无论奴隶还是自由人,行过割礼或未行割礼,已婚或未婚,人们都应该"只要照主所分给个人的,和上帝所召个人的而行"(7:17-40)。末世之感在这里削弱了现实世界的要求的意义,而且按照保罗的说法,恰恰通过它使基督徒在此获得空间,生活没有挂虑。在保罗的劝解话语中,末世语言一直在特定的群体形势的语境之中起作用,它依靠的并非自身的抽象逻辑。[②]

《启示录》

保罗对于在末世即将到来的世界里该如何生活的忠告,《启示录》的作者约翰不会赞同。"凡世上所卖的,你们只管吃,不要为良心的缘故问什么话。"(《哥林多前书》10:25)这类忠告约翰会认为是出自他称之为"耶洗别"的女预言者之口(《启示录》2:20)。倘若她的名字是"百基拉"、"吕底亚"或者保罗派中哪一个女预言者,我们都不会感到惊讶。约翰根据"肯定很快就会发生"的事情——只能在天堂的制高点才有的幻象里看到的事

---

① 见《哥林多前书》7:29-31。保罗是在强调人生苦短,应该分秒必争侍奉上帝,善待他人。——译者注

② 我在别处更详尽地论述了保罗对启示类语言的运用。见 Meeks 1982b 及 1983,171-80。

情判定,眼前的世界邪恶、可怖,不可救药。不仅是肉市,而且所有的市场似乎都沾染了处于交易和权力中心的大淫妇的罪恶(《启示录》18)。不仅是人世间的国王们,而且经营一切买卖的商贾,所有"靠海为业"的水手和船主都将为这大淫妇——她就是巴比伦、就是罗马——的毁灭而哭泣悲哀。那些涉足罗马主宰的生活方式的人被申斥为"不冷也不热"或"还未惊醒"(3∶2-3;15-16)。那些将成为"诚信真实见证"的人呼吁人们逃离、反对罪恶的世界。罗马就是那对抗上帝、最终将被消灭的"古代的龙"的化身。(12、13;20∶2)约翰对小亚细亚城市里的犹太群体的评价也不比罗马的高:他们自称是犹太人,其实不是,乃是撒旦的同党。(2∶9;3∶9)可以说,约翰力求传递给小亚细亚的教会的末世概念切断了与现世的一切纽带,其道德寓意就是持守自己的力量,与现世分离。①

托马斯福音

我们在第四章中看到,如果《托马斯福音》与《启示录》有什么区别的话,就是它对这世界的评价更为消极。但是《托马斯福

① 启示类语言抨击常识以及有关世界的通常观念,关于这个问题见 Meeks 1986,143-47。

音》中出现的这世界的形象以及关于末世的语言与《启示录》中颇为不同。我们读完后者后看前者,立即注意到我们叫做政治世界的那一方面托马斯几乎一点也未提及。书中的确有关于耶稣谈恺撒的硬币的故事,但是目的似乎是给对观福音的叙述添加一点东西:“恺撒的物当归给恺撒,上帝的物当归给上帝,*而我的物当归给我*。”(100;49:29-31,雷顿译,斜体作者加)在托马斯看来,这个世界的问题不是它遭到上帝的魔鬼敌人的控制,并且通过撒旦由罗马控制;世界之所以罪恶是因为它使人陷于此岸(就像肉体对人的束缚一样),阻止他奔向宁静与安息。托马斯传统形成于罗马帝国的远东边陲,即由受制于罗马的本地国王统治的埃德萨周边地区。在这里,罗马对先知约翰的那种压迫并不时时都存在。

这本福音中由耶稣的“秘密信息”传递的末世认识从根本上不同于传统的末世观念——末世即一切进程的顶点,善与恶的长期搏斗的终结,上帝与魔鬼敌人的较量的终结。在这本福音里,末世必须由每个个人自己发现。门徒对耶稣说:“告诉我们末世将怎样到来。”耶稣说:“你们是否已经把开端弄清,所以可以探求终结了?终结就在开端之处。那安然接受开端的人有福了,他将认识终结却不体验死亡。”(18;36:9-16,雷顿译)

还有:“门徒对他说,‘死者何时能安息,新世界何时来临?’

他告诉他们:'你们所等待的(安息)已经到来,只是你们未能识别。'"(51;42:7-11)上帝之国不能靠等待实现,它"遍布大地,但人们看不见它"(113);它"在你们的心里,也在你们之外"(3;也见111与57)。

这里对末世的看法中并没有尘世的时间概念,或者至少没有对末日到来的"规定的或合适的时间"的考虑。对末世的这种内在的认识产生于人真正认识自我的那一刻,它带来的一套道德习惯与约翰竭力让小亚细亚的基督徒接受的颇为不同。在托马斯的眼里和约翰的一样,经济秩序是危险的,但不是因为它导致与罗马—巴比伦的大淫妇控制的经济秩序妥协,而是因为商业、贸易使我们陷入现存的世界。但是家庭生活,性,稳定少变的生活,实际上一切将"身体与身体"相连的东西都导致这一结果。《启示录》所允诺的安宁是为经历了迫害、坚守到底的圣徒准备的。面对搏斗与终结,必然出现一个高度自律、与社会分离的群体。相反,托马斯传统的基督徒寻求的安宁只能在自身内部的深处找到,而这一自身已经变成了一个斩断了所有的纽带、没有了任何归属感的孤独者和过客,他在进行一场针对身体而非巴比伦的圣战。

瓦伦廷

瓦伦廷似乎利用了托马斯传统,这种观点的理由是,关于灵魂的神话处于他对基督教的拯救观念的理解的核心,而它与托马斯文献中的基本轮廓一样。根据这一神话,灵魂起源于另一世界,后被抛入物质世界,忘却了以前,但是通过获得对自身的真知有可能得救。这些内容与中期柏拉图主义中神秘主义色彩较浓的派别的思想——它们塑造了瓦伦廷的许多思想——有强烈的共鸣。瓦伦廷将这一基督教—柏拉图派的神话以及自己对正在形成的《新约》的富有洞察力、却又怪僻的解读与从自称为"真知者"的诺斯替分子那里改编过来的(伊瑞纳乌斯如是说)一种宇宙大神话(该神话解释多样性、黑暗以及最后我们的物质世界是如何出自初始的单一和光明,经过一系列发散、退化而成)相结合。得到的结果是(柏拉图概念中的)遗忘,而这正是一切邪恶之源。如瓦伦廷本人撰写的《真理福音》所言:"鉴于所有离散的部分都在寻找自己的源头——单一,而且他们的整体处于那不可思议、不受限制、在一切思想之上的单一之中,他们对父亲的无知引起了焦虑和恐惧,焦虑变得如同浓雾,结果谁也无法看清,谬误由此胆识愈壮,愚蠢地制造谬误的物质世界。她没有学到真知,便寄寓于一种效仿的形体(即人体),利用美的力量取代真理。"(16:4-20,雷顿译)

瓦伦廷接下来表达了一种对末世的极其敏锐、有深度的认识。"鉴于整体在父亲体内形成,它便必须投向父亲。在取得对他的认识后,所有的组成部分都会获得属于各自的东西,把它纳入自身。”(《真理福音》21∶8-13)。通过颠倒谬误,真知逆转了使虚幻得以生成的退化进程。当所有的蒙选者获悉自己究竟为何人之时,他们便与“天使”或“概念”团聚,随着统一取代混乱的幻象,物质世界最终消失。

瓦伦廷通过改编诺斯替派解释世界之始的神话,起用了我们在托马斯思想中找不到的东西——涵盖一切的终极解决中的末世概念。这一点听起来颇有些讽刺性:由于对自己的生存状态困惑不解,我们产生了幻觉,而世界的时间性就是这种幻觉的组成部分。

那么,从这种末世看法中产生了什么样的道德观呢?反对瓦伦廷派的主流教派指控他们有许多恶行,但是对这些指控我们不能当真。瓦伦廷的实用道德学说是什么?对此我们几乎一无所知,远远少于对他的追随者的实际行为的了解。不过《真理福音》中的一段是例外:“要帮助失足者站稳脚跟,向患病者伸出手去。给饥饿者食物,让困乏者休息;唤醒希望清醒的人们,而且你们自己要从睡梦中站起,因为你们是未遭遮蔽的智慧。智慧倘若能如此增强,它就是真正的强大。”(33∶1-10)

该段的第一部分听起来与最普通的基督教或犹太教的训诫很相似,尽管它像几乎所有的瓦伦廷言词一样能做两种理解。诺斯替派特殊的训诫是要求其成员激活自己的理解力,并用其“唤醒”其他能够获得真知的蒙选者。接下去的训诫是:“专注

你们自身,眼睛不要盯着别人[或其他事情],即已经被你们逐出教门的人。已经吐出的不要回头再吃。"(33:11-15)

有人对争取获得"更高的"理解的号召无动于衷,对于他们,瓦伦廷基督徒感觉自己负有多大的责任?这一问题现代学者仍在争论之中。该派成员的行为很可能因人而异,或因所属的具体群体而异。

人不要以为自己的判断绝对正确

在基督徒的情操形成过程中,末世语言的另一个用途起了次要然而具备潜在重要性的作用。我们不时在早期基督教运动中数个不同派别的劝诫里听到一种警告,叫人们不要把人的时间表中看似终结的部分与上帝将要带来的末世相混淆。我们得知,人在极端痛苦之时,有的会说:"看哪,基督在这里!"或者,"基督在那里,你们不要信。"(《马可福音》13:21)"你们看见耶路撒冷被兵围困,就可知道他成荒场的日子近了。"(《路加福音》21:20)但这只是尘世的事件,并非末世。这场战争的结果不是上帝之国。"父凭着自己的权柄所定的时候日期,不是你们可以知道的。"(《使徒行传》1:7)

凭借自己掌握的宗教知识、智慧和神赐迷狂的本事争夺地位的新型竞争分裂了教会。对这样的教会,保罗在吟唱其著名的“爱之颂”①时稍稍偏离主题，将短暂的力量与持久的美德进行了一番对比：“我们现在所知道的有限，先知所讲的也有限。等那完全的来到，这有限的必归于无有了。我作孩子的时候，话语像孩子，心思像孩子，意念像孩子。既成了人，就把孩子的事丢弃了。我们如今仿佛对着镜子观看，模糊不清。到那时就要面对面了。我如今所知道的有限。到那时候，就全知道，如同主知道我一样。”（《哥林多前书》13：9-12）“那时候”还未到来，人还未取得充分的认识，因此，被恩斯特·卡斯曼（Erst Käsemann）起名为“末世保留地”的“那时候”具有宽广的道德意义。②

人往往判断、指责过多，过于严厉，动用对最后审判的信念阻止这个弱点时，上述意义显现得格外清楚：“你们不要论断人，免得你们被论断。”（《马太福音》7：1；《路加福音》6：37；《克雷芒前书》13：2；波利卡普的 *Phil.* 2：3）我们从像保罗的和《雅各书》这样相差甚远的神学立场里看到，他们竭力用这一办法遏制组织紧密的教派中势力较强、表达更有力的成员把自己的道德

① 保罗的“爱之颂”一般指《哥林多前书》13：1-13，也有人认为指12：27-31和13：1-8，它们位列保罗书信中最美的篇章，内容是，在上帝的赐予中，爱最为重要，它就是美。歌颂分3个方面：人绝对需要爱，上帝的这一赐予高于一切（13：1-3）；爱的特征（4-7）；爱永久持续（8-13）。——译者注

② Käsemann 1965，130。

或神学观念强加于整个群体的自然倾向。因此雅各说:“你们也当忍耐,坚固你们的心,因为主来的日子近了。弟兄们,你们不要彼此埋怨,免得受审判。看哪,审判的主站在门前了。”(5:8-9)保罗在对罗马人讲话时要求那“强壮的”不可因其天真的顾忌而轻看那“软弱的”,而那软弱的也不要因其看似轻率任性而轻看那强壮的:“你是谁,竟论断别人……?”(14:4;比较2:1)①“为什么论断弟兄呢,又为什么轻看弟兄呢?因我们都要站在上帝的台前。”(14:10)②

由于人性所致,众皈依者过于急切地互相评判,保罗以精致的辞令,尤其运用对上帝的最后审判的信念就此进行惩戒,让他们难堪。在《哥林多前书》的头4章里,几个派别声称从自己喜欢的使徒处——矶法、亚波罗、保罗——得到的心灵智慧更高超,保罗寻求化解由此产生的派性,因此在这四章里关于评判的词语尤其多。保罗以颇带讽刺的口吻把基督徒的自负与他们在世

---

① 保罗在《罗马书》多处要求信徒们敞开胸怀,相互理解和同情。罗马的基督徒中有些是犹太人,他们受犹太律法的约束规避某些食物;而那些所谓信仰坚强的懂得基督已经免除他们遵守摩西律法的责任(如规避某些食物,遵循安息日的规定等等),他们便视遵循者受制于律法,因而是软弱者。反之,“软弱”者对“坚强”者自行其是感到震惊,认为他们在犯罪。由于双方都违背了宽厚、仁爱的教训,保罗要求“软弱”的不要妄评“坚强”的,“坚强”的不要鄙视“软弱”的。参见343页注②——译者注

② 见Meeks 1987更详尽的论述。

上可怜的地位、上帝的价值与世上的价值进行对比(1∶18-31),嘲讽他们幼稚、愚蠢的宗教嫉妒与纷争。(3∶1-4)。他以自己和亚波罗为主要的例证,用传统的先知比喻——火的试验——描绘审判:个人的工程优劣将由上帝的审判之火揭晓。在此之前,他们只是“执事,照主赐给他们各人的,引导你们相信”,(3∶5)因此他们之间的差别无足轻重。即使“人的工程若被烧了,他就要受亏损,自己却要得救,虽然得救乃像从火里经过的一样。”(3∶15)作为鲜明的对比,教会自身就是“上帝的殿堂”;“若有人毁坏上帝的殿,上帝必要毁坏那人,因为上帝的殿是圣的,这殿就是你们。”(3∶17)

保罗在结束这一段告诫时又起用了审判的语言。他像前面一样举例时使用第一人称,但将其推及至所有信仰者:“我被你们论断,或被别人论断,我都以为极小的事,连我自己也不论断自己。我虽不觉得自己有错,却也不能因此得以称义,但判断我的乃是主。所以时候未到,什么都不要论断,只等主来,他要照出暗中的隐情,显明人心的意念。那时各人要从上帝那里得着称赞。”(4∶3-5)

在同一封信中的两处地方,保罗实际上坚决认为教会应当立即审判,不过对上帝的最后审判的期待在这里限制、降低了人的审判的价值和意义,尽管两处地方限制的方式不同。关于第5章里犯了乱伦罪的,保罗宣称:“我身子虽不在你们那里,心却在你们那里,好像我亲自与你们同在,已经判断了行这事的人。就是你们聚会的时候,我的心也同在,奉我们主耶稣的名,并用我们主耶稣的权能。要把这样的人交给撒旦,败坏他的肉体,使他的灵魂在主耶稣的日子可以得救。"(5:3-5)

保罗描绘的景象到底是什么样的,尽管仍有很多不明确的地方,但他在最后一部分将"主耶稣的日子"与教会的审判进行对比——虽然在这段话里他要求的就是教会的审判。在11:27-32的一段里他又有不同的要求:教徒中已经有人患病或死亡,因此所有吃圣餐的人都要先分辨自己,以免患病或死时受审,被主定罪,更不必说"和世人一同定罪"这一更糟糕的下场。保罗在这里要求的是个人自省,以"分辨是主的身体",保持教会的团结,以免因为其中富裕的成员歧视贫穷的而遭受上帝的审判。这些案例中保罗使用的语言有一个共同点:他试图利用对上帝的最后审判的信仰来限制个体信仰者或宗派的裁判,换言之,达到弱化他们的裁判的价值和意义。①

---

① 关于保罗对末世及审判语言的运用,我对多个问题的论述有赖于Kuck(1992)详尽、精确的分析。他的书是深入了解问题,获得其他有用文献的必读之作。

"留待世界末日时实现[①]",这是早期基督徒的道德话语中的一个次要主题。但是,回顾教会的历史时,我们也许会希望对它有更多的了解。对流传下来的基督教运动头两个世纪的著作中的末世语言进行抽样检查,我们最明确的发现是,无论是表述的模式还是实际应用均种类繁多。然而,我们在所有不同的比喻中看到一个主导的信念:只有在上帝规定的某个未来时刻,我们才能理解什么是负责而成功的生活。对于大众这是时间意义上的未来,但是对于像托马斯派的禁欲主义者以及柏拉图主义化的诺斯替分子而言,它则是一个隐喻。在后者看来,时间的终结是表达超乎时间的永恒的安宁的最好比喻。一个人对终结的理解与他认为目前应该怎样生活紧密相关。

① 在使徒保罗传道之时,部分信徒陷入狂热,期待末世/最后审判就在自己这一代到来。根据本书作者的解释,《提摩太后书》2∶18 说这些人"他们偏离了真道说*复活的事已过*,就败坏好些人的信心。"就是一个例子。但保罗坚信末日尚未来到,意思是上帝通过耶稣的布道及其追随者的行动所创造的新世界尚未到来,或需"留待将来实现",这就是 20 世纪的一些《新约》学者创造的"留待世界末日/人类历史结局时实现"(eschatological reservation)一词表达的内容。——译者注

第十一章　道德故事

古人明白故事有助于灌输道德规范，或者会起破坏作用。普鲁塔克说年轻人不可一点不读诗人写的寓言和神话，念这些东西大有裨益。他提醒他的朋友马库斯说，只是在教自己的儿子怎样听诗歌的问题上应该慎重，因为“他们在读诗时比在大街上更需要监督”。[①]再举一个例子：按斐洛的说法，摩西证明自己是一个优秀的立法者的方式之一是他把律法置于叙述之中，而且，该叙述以世界之始开头。[②]

普鲁塔克说，叙述是一种让主菜更容易下咽的调味品。哲学家阿拉斯德尔·麦金泰尔和神学伦理学家斯坦利·豪尔瓦斯(Stanley Hauerwas)的看法相似——叙述有助于道德教育，不仅于此，他们还认为它对准确的道德论证至关重要。道德话语并非必须采用叙述的形式不可，但是麦金泰尔和豪尔瓦斯认为，若要连贯一致，达到目的，它必须与叙述相结合。讲述美德决定了

① *On Listening to Poetry* (*Mor.* 15A)，Babbitt 译，Loeb Classical Library。

② *On the Creation of the World* 3；*Life of Moses* 2.47-51。

我们必须讲述故事。①

麦金泰尔称,由于人生的叙事特性,没有道德叙述就没有美德。他说:"人本质上是讲述故事的动物。"②此类断言或许包罗过宽,③不过我们至少肯定可以接受的看法是:叙述在西方道德情操的形成中起了关键作用。此外,在基督教的道德视野的核心始终有一种特定的叙述,其细部多变,令人惊叹,然而其大致的轮廓却经久一致。

道德传记与道德历史

区分两种不同的类型或不同层次的道德叙述或许有助于我们的论述。第一种是个人传记。一个特定的人生(通常是一个伟大的人,在古代,他们一般是——虽然不总是——伟大的男人④)

---

① MacIntyre 1984;Hauerwas 1975 及 1981。

② MacIntyre 1984,144,216。

③ 见 Nelson 1987,chap. 4。

④ 不妨回忆一下犹太文学里犹滴和以斯帖的故事,以及基督教的德克拉行传和圣徒波尔帕朵亚及菲莉西塔斯殉道记这样的故事。女神除外,在希腊-罗马文学里,女子充当道德楷模的情况同样少见,但是其中有几个值得留意。如索福克勒斯笔下的安提戈涅,处于激烈矛盾中的美狄亚,犬儒主义者希帕姬亚,以及加莉赫、安提亚一类传奇中的女杰(靠了极其夸张的情节转折,这样的忠贞女子才险逃厄运)。

被表现为代表美德,或一组特定的美德。麦金泰尔想到的主要是这种典型化的、有象征意义的传记叙述,因为它最适合表现他的新亚里士多德的美德概念。人生的故事朝着其目的展开,每个社会的每个时代都有自己的理想人物的特定名单,这些人物在自己的故事中扮演那个特定文化中的美德。

古代的普鲁塔克的《比较列传》是一个明显的例子。正如C. P. 琼斯(C. P. Jones)所说:"普鲁塔克经常强调双重目的:他希望表现笔下人物的性格,达到他本人以及读者效仿他们的目的。"①某些犹太作者很快便采用了说教性传记这一希腊体裁。人们自然想起本·西拉②的话:"现在让我们赞颂名人及我们民族的祖先",(44:1)虽然他接下来作的人物概述算不上"传记"。成熟的传记直到斐洛笔下才出现。斐洛提出有些人就是"活律法"的概念,他们就是原型,而具体的律法和风俗、惯例只是摹本、拷贝,并用这一概念推出他的故事中的祖先、族长。这些人的生平无懈可击,他们的美德永存于最神圣的篇章,不仅是为了赞颂,而且为了教导读者,引导他们渴求效仿。③

我们关注的另一种叙述是历史。历史应该在多大程度上诉

---

① C. P. Jones 1971,103。

② 即耶稣·本·西拉。见138页注③。——译者注

③ *Life of Abraham* 4,Colson 译,Loeb Classical Library。

诸于听众的情感？关于这一点希腊化时期的撰史人和修辞学家颇有争论，但是他们大体上都认为历史应该有用。除了政治和策略方面的作用外，其用途一般还包括给人们以道德教训。希腊化时期的大多数历史著作不是相当笼统——显示命运不可预见的转变，就是像传记那样集中于美德或邪恶的个人范例上。另一方面，在希伯来《圣经》、特别是《申命记》里伟大的历史篇章中，上帝与以色列之间立约这一概念建构并且阐释人的行动，把该民族的行为放在道德关注的中心。但是我们不应该夸大两方面的差异，因为《申命记》的撰史者通常突出国王们的行为，认为它起关键性作用。我们也不应该犯上一代神学家的错误，想象"希伯来心智"在时间和历史意识方面具备一些特殊品质，不同于"神话"或"周期循环"时代的其他近东地区民族——包括希腊人。詹姆斯·巴尔（James Barr）犀利的批评已经清除了这些浪漫观念。然而，正是在这一伟大作品（从《申命记》到上下《列王记》）中，我们遇到了古代历史中服从唯一的上帝的唯一的律法的一个民族整体，最清晰地看见了该民族整体的道德责任感。①

① 有关古代修史的种类及其功能，Aune 有精彩的概述（1987，80-115）。总体而言，研究者近年来才更清楚地认识到《申命记》里的历史背后的种种传统以及文本各组成部分的复杂性，和它的叙事特点。Boling，1975 及 1982 就是例子。对夸大以色列与其他文化在时间意识上的差别的批评，见 Barr 1961 及 1962；Momigliano 1966。

约瑟夫斯照哈利卡拉苏的狄奥尼修斯(Dionysius of Halicarnasus)的《古代罗马历史》的模式写《上古犹太史》①时,清楚地阐明其寓意:"任何愿意仔细阅读此书之士可以从中汲取的教训是,只要顺从上帝旨意、不冒险违背已经妥善制定的律法,人就会凡事兴旺发达到令人难以置信的程度,因为他们获得的奖赏是上帝赐给的幸运。然而,如果他们背离这些律法,不严格遵循,原本可行之事在相应程度上变成不可行,而且无论他们想到什么美好事情,尽力去做,结果总是失败,无可挽回。"(1.14,萨克雷译)②

这位犹太作者在纯粹希腊风格的历史著作中嵌入了《申命记》的道德纲要,历史及撰写历史由此均具备了道德目的。③

在各种道德训诫的叙述中,早期基督教里出现了一种特别的种类。在靠近2世纪末、不晚于伊瑞纳乌斯的时期,有些基督徒开始考虑一种真正总体性的历史。它始于"原初",因此包括

---

① 哈利卡拉苏的狄奥尼修斯是希腊历史著述家、修辞教师,活跃于罗马皇帝屋大维时代。公元前30年后移居罗马,探究罗马历史及共和体制。他用希腊语撰写的罗马史始于罗马之初,终于第一次布匿战争,共20卷,其中流传下来的有9卷。关于约瑟夫斯,见24页注②。——译者注

② 收入Loeb Classical Library。

③ Attridge1976把约瑟夫斯放入与其同期的诸种历史撰写风格中考察,对他的说教目的进行了有一定深度的研究。

世界的故事。它也包括人类的故事——从造人和致命的原初错误起，经过上帝随之对人的拯救或惩罚与人类对此的反应及其错误之间的互动，直至顶峰——救赎和对所有人的最后审判。

我们也可以在两种意义上把这一总体历史称作标准历史。首先，它为整个基督教会提供了人生的指导范式；其次，它与《圣经》正典的范围相同。对这一历史的讲述及再讲述与《圣经》正典的出现辩证相关，二者均变得更全面、更清晰，同时双方互相增强。然而，如果我们把它看作标准故事，就有两点应该警惕。《圣经》的正典和基督徒读的《圣经》故事的情节均非哪个委员会的创作，它们也不像为约拿遮阳的蓖麻，出现之日就已经长大成熟。

基督教特有的一套经文比犹太教《圣经》体量更大，到了我们研究的早期阶段的末尾，各基督教团体已经逐渐习惯了这一点。他们也已发现以书取代卷轴的实用好处，由于这一发现，他们不久便把所有的神圣经文聚拢在一起，前后加上封面。不过此时他们刚刚开始考虑什么东西该放进去，以及按什么样的次序编排。待到一个世纪后正式清单确定时，礼拜活动中已经不再允许大家读诸如《赫马牧人书》和《巴纳巴书》一类的东西了，因此它们就没有被纳入大圣经的手抄本中。基督教公会议以及主教们取缔了瓦伦廷和其他佚名作者与正典对抗的福音书，所有的使徒行传——除了一种——都被列为“外经”。

然而，即使在当时，许多被排除于正典之外的著作的影响继续存在。当然其中一些只限于某些被边缘化的教派，不过其他的作为正典的外围部分或明或暗地对正统教会的生活产生影响。细察中世纪及早期文艺复兴时期艺术作品的主题，任何人都能意识到这些另类故事对基督徒大众的心态的影响是何等的长久与普遍。因此，称我们的中心故事为标准故事决不意味它囊括一切，恒定不变。然而，我们要指出，中心故事不仅处于神学和礼拜仪式的中心，而且是范围广阔的西方文化的中心。

初始、中段与终结

好故事需要有开头、中段与终结。这是老派看法，但是除了最前卫的读者外，今天人们仍然这样看。标准历史不仅符合这一要求，它可能还帮助我们形成了一个真正的故事应该有何种形态的看法。在克尔默德（Kermode）看来，它是"一个熟悉的历史模式"；在弗莱（Frye）眼中，它是完美的传奇故事，其模式是经典小说依托的原型。加布里埃尔·乔西波维奇（Gabriel Josipovici）引用弗莱的观点，对这种叙事曾经拥有的力量及其失败作了绝好的概括：

> 这是一种宏大的构想，洋洋洒洒数千页，包含了宇宙的全部历史。旧约与新约之间有完美的呼应，一种从创世向着时间之终结推进的冲动："故事始于时间之初，始于创世；

随着时间的终结、末世的到来而结束。它叙述这两端之间人类的历史,或者说历史中它所感兴趣的一面,即以亚当与以色列的名字为象征的那一部分。"我们之前的时代理解这一布局并无困难,但是我们这个学究气更浓、同时执迷于历史与即时性的时代却往往看不见这一点。神学家和圣经学家都未能后退足够的距离,因此未能把它看做一个整体。但是,它与任何其他的书不同,它是一个整体。①

《摩西第一经》的开头精彩之极,圣剧的第一幕里充满了重大的道德主题。斐洛与其他希腊化时期的犹太作者强调,《摩西五经》中的道德故事以宇宙之始开头甚为恰当,这一点我已经在前说明。对于二三世纪的基督教护教士而言,关于摩西对万物之始的描述的这些看法恰为他们自己架构文化史提供了合适的材料。他们深信摩西早于荷马,更毋庸提柏拉图。他们把犹太人的"非基督教"哲学视为己有,称其为最早的、真正的哲学,而希腊哲学各派仅仅是残缺、无力的模仿而已。②

在许多基督徒看来,这一宇宙之始足以让故事展开,犹太《圣经》中的东西他们也只需要这些。这就是诺斯替派、瓦伦廷及其追随者,还有其他类似教派的态度。我们还会再谈他们关

① Josipovici 1988,42;引语摘自 Frye 1983,xiii。

② Droge 1989 考察了文化辩护史。

于宇宙的衰退和人类的救赎的不同版本的故事。然而，基督教叙事的先行者们——无论是生为犹太人还是在犹太圣经和传统方面的学问渊博之士——都知道，《摩西五经》的开头章节是其他起点的序曲，宇宙之始是人类故事的序曲，而且人类的故事凭借某种叙事的变焦距镜头很快就对准了一个民族的骚动的历史。读者和听众都明白，他们声称属于自己的《圣经》从根本上讲就是以色列的故事。此外，他们还知道，不仅宇宙有开端，以色列也同样突然出现。二者均由同一个上帝以声音召呼而生，他对虚空中的混沌说"要有……"，这就是宇宙之始。他对亚伯拉罕说"往我指示你的地去"，以色列便应声出现。

除此之外，也有虚假开端，倒转，以及新开端。在这部叙述中，上帝因为创造了人而烦恼，他决定把自己创造的一切都抹掉，然而又决定从诺亚重新开始。叙述中有狂妄的建塔人，还有上帝的干涉——使其语言混乱，这就是人无法弄懂他人语言的开始[①]。但是，说话的上帝继续以看似不可能的材料进行创造，他让一百岁的亚伯拉罕和不能生育的撒拉生出孩子（他们笑话过这一许诺）；他把狡猾的欺骗者、抓住以扫的脚跟出生的雅各

---

① 根据《创世纪》第11章1-9节，起初天下人都讲一样的语言。他们来到巴比伦，企图造一座通天高塔。上帝发觉后让他们各自说不同的语言，因此不能相互沟通，从而挫败了这一狂妄的计划。——译者注

变成了与上帝摔跤的以色列①。一群惊恐的逃跑奴隶聚集在西奈的旷野,他把他们变成一个在与上帝之约管束下的联邦。这个联邦不断受到解体或被"周围民族"消灭的威胁。而且,"那时以色列中没有王,各人任意而行,"在这样的年代里,甚至还有更大的威胁——他们自身的嫉妒、血仇以及狂热的激情。但是他们一次再次地被同一个上帝解救,他为他们"培养了"一个救星,而且最终给了他们一个王。罪恶与毁灭,悔罪与拯救继续充当(《申命记》里)君王史的主题。叙事自始至终都是卑劣与崇高、微弱可怜的与神奇非凡的之间的较量。这一故事既没有悲剧中浓缩的命运,也没有喜剧的宽慰人心的结局。它也不像史诗那样建立在贵族被推定具备的持久不变的道德观念的基础上。这里一切都在变动,但是开端以及多个重新开端在故事中反复回荡。

另一方面,终结却颇为不同。虽然犹太圣经里的许多事件

---

① 根据《创世纪》21:25-26 以及 32:23 29,亚伯拉罕的儿子以撒因妻子利百加不生育,就祈求上帝。上帝应允了他的祈求,利百加怀孕,产下双胞胎:先出来的是身体发红,浑身长毛的以扫,抓着以扫的脚出来的第 2 个取名雅各(就是抓住的意思)。一天夜里,雅各在河边遇到一个人要与他摔跤直至天明。那人原来就是上帝,雅各要求他祝福,他说"你的名不要再叫雅各,要叫以色列……""以色列"的希伯来原文意思是"与上帝搏斗",或"由上帝治理"。在《圣经·旧约》里"以色列"有多种用法,是雅各的名字,也可以用来指称他的后代,他们的居住地巴勒斯坦,与南部的犹大王国相对的北方的王国(c. 920-721 B. C.)等等。——译者注

都有戏剧性的结局，而且有时耶利米这样的先知会用隐喻的方式描绘政治和社会的分崩离析即将发生，上帝的创造被毁灭，但是在《旧约圣经》正典中绝对没有希腊化和罗马时期一些犹太人——包括最早的基督徒——预期的那种终结。我们在上一章里看到，支配了众多早期基督徒的强烈的“末世感”来源于他们的亲身经历和自己的新故事，这些新故事导致他们以新方式阅读以色列的老故事。①

有一个因素推动基督徒以统一的终结的观点重读以色列的故事，这一因素显而易见，结果反而容易被我们忽略。耶稣自己的生命结束了，摧毁了他的追随者的希望。他们首先必须应付这一困难局面。可以说，基督教就诞生于这些追随者在其信仰和仪式中把终结转变为一个新开端、变为终结的开端的那一刻。神学家说，在早期基督徒眼中，耶稣被钉十字架变成了一个“末世事件”，他们的意思——至少部分意思——就是这一点。信仰者相信上帝使耶稣从死里复活，他们因此在上帝的故事中发现

① Josipovici 1988 以少见的敏感说明了犹太圣经故事的开放性与基督教圣经传递出的“对统一、对开端中已经包含的终结的意识”之间的根本差异(48)。《摩西五经》在开端确立的一种“节奏”贯穿后面的各个篇章，它有时停顿、摇摆，但一定会再现。它不强加任何结局，也不确立统一协调的情节。近年来，许多阐释者在强调希伯来圣经叙事的特点是其开放性以及递增的内部关联，突出的代表有 Alter 1981，Kugel(与 Greer1986)，Fishbane 1985，以及 Josipovici。

了一个巨大的突变。一方面,人类期望的这一非凡倒转必然对以前所有的倒转——部分终结、新开端、以色列故事里节律的中断及恢复——产生巨大的拉动作用,像一块硕大的磁石把它们拽进新的两极对立之中。另一方面,就像古典戏剧中的突变,这一倒转必然标志着结局开场,它预期终结来临。

保罗称耶稣为“最后的亚当”,并在描述基督的作用时重复上帝创造亚当以及他违背上帝旨意的故事,以这种方式把世界之始的故事与基督教故事的核心紧紧地联系在一起。(《哥林多前书》15:44-49;《罗马书》5:12-21)其实,这样做保罗并非第一人。他在若干地方提到已经成为洗礼中惯用的语言。据说,洗礼中信仰者脱去充满瑕疵、恶行、已被社会分裂击碎的“旧人”,穿上基督形象的“新人”,在此“并不分希利尼人、犹太人,为奴的、自主的,或男或女”。(《加拉太书》3:28;比较《歌罗西书》3:11;《哥林多前书》12:13)简言之,在基督里面恢复了亚当犯罪前——甚至女人与男人分离前——乐园中的统一。① 这一联系暗示圆周必然要完整,这是上帝的宏大规划,他已经照此规划设法把在乐园中毁掉的人类品格的散乱线头编织起来。2世纪的基督教护教士做的工作就是渲染这一宏大规划。他们说逻各斯不断地播撒真理的种子,但是在有罪的人性土壤中,这些种子

① 见 Meeks 1974。

总是遭到魔鬼的对抗或扭曲的模仿,无法顺利成长。护教士们就这样编撰出故事中段的梗概。

实际上故事在当时有两个中段,在它们之间的辩证关系中产生了叙事的中心情节。一个是旧约中的以色列历史讲述的故事,加上对该历史的诗意和预言性的总结以及希腊化、罗马时期出现的增补材料。这一故事比史诗的范围更宽,它讲述了以色列在上帝的召唤下承担的使命、与上帝的约,他们的罪恶和救赎。另一个中心当然就是耶稣基督的故事,讲述他道成肉身,他的生平、牺牲以及复活。

这些中心范式是怎样形成的?他们如何依次构成叙事的基体——一种能够为道德生活的语境及方向创造新的意义的基体?现在我们需要察看几个例子。

耶稣的故事

最早的基督徒热衷于讲故事。早在任何人被称作"基督徒"之前,他们就在讲述耶稣的故事,并且复述耶稣讲过的故事。由于他们的记忆和想象,我们才记得耶稣是讲故事的高手,在许多人看来,他讲述的寓言就是他的使命和教训的缩影。他的追随者讲述他的故事,以及他们自己的经历。用一个第二代讲述者放在使徒口中的最精炼的说法,就是"我们所看见的、所听见的

不能不说。”(《使徒行传》4∶20)

保罗的故事

在保罗的信中找不到福音书里讲述耶稣的故事,我们因此没有把他当做故事叙述者。但是他运用叙事手法,而这一点对我们研究的问题至关重要,因为他运用叙事的主要目的是造就一个道德共同体。保罗认为最关键的故事简单而具震撼力:上帝的儿子、救世主就是耶稣,他被钉十字架死去(最耻辱的处死方式),被埋葬,但是上帝使他复活,让他分享天堂里的宝座和自己的名字。他坐在上帝的右边,直至万物都归顺于他,上帝将以神圣的正义统治万民以及他创造的一切。保罗认识到这一故事摧毁并重塑了他对遵循上帝的旨意的生活的理解,他的生涯因此发生了戏剧性的转变。换言之,在这一故事主宰下,他本人的生活必须遵循的故事被重新书写(虽然除几处片断的暗示外保罗从不讲述自己的故事)。对他而言,这一故事也同样摧毁并重造了——但是保存了——以色列作为上帝的子民生存于世界的根本理由。[1] 保罗给自己创立的各个教会写信,建议、劝诱、争辩、威胁、羞辱以及鼓励他们,目的都是一个:要他们在各自具体的环境中做到为人行事的方式与这个根本的故事保持一致。保

---

① 关于保罗书信中的这一潜在叙事的重要性,范例是 Hays 1983 年对《加拉太书》的“叙事结构”的深入分析。也见 Petersen 1985 及 Fowl 1990。

罗在此过程中运用更老的故事，以及更早的规则、箴言、习俗及道德常言对基督的故事进行阐释，但同时也用基督的故事来改变这些以前的故事、规则、箴言、习俗和老生常谈。这一点造成了保罗的话语中的某种复调现象。①

保罗把关于耶稣被钉十字架以及复活的叙述改变成具有巨大的转换生成力量和多重目的——特别是道德观念方面——的隐喻，这是他留给身后的基督教话语的最深邃的遗产。他在福音故事中看到对控制人的行为的权力关系有重大意义的东西。他不是在社会理论上，而是在他对基督教家庭教会——特别是科林斯城的——中的领导权危机和分裂的危险作出的反应中说明这一意义的。倘若虚弱的十字架显现了上帝的伟力，倘若救世主被钉十字架体现的就是上帝的智慧——在常人眼中这不啻为荒唐之言，那么出身高贵、教育良好、言词精妙老练之辈就不可能永远为所欲为，而社会上的那些“小人物”，“弱者”——妇女、奴隶、穷人、没有文化的人——只有服从的义务的观念也将遭到颠覆。

为了强调这一点，保罗透露，他皈依以后上帝让他遵照十字架的故事生活，使他生活在复活的希望中。他说：“我想上帝把我们使徒明明列在末后，好像定死罪的囚犯。因为我们成了一台戏，给世人和天使观看。我们为基督的缘故算是愚拙的，你们在基督里倒是聪明的。我们软弱，你们倒强壮。你们有荣耀，我

① Meeks 1988。

们倒被藐视。”(《哥林多前书》4:9-10)但是,他说明自己讲的不是简单的价值倒置。至于那些在科林斯的家庭和教会里没有地位、只有藉上帝之灵进入痴迷、发出预言的人,他们却也可能由于自己的伪知识和夸夸其谈的口舌之能而自我膨胀。保罗就是这样运用十字架的隐喻以防止它变成简单的口号。他把在基本故事中寻求共鸣的一种方式引入基督教运动的道德语言,指导信徒处理与世界以及彼此之间的各种关系,目的是让这一产生于事件的隐喻能够成为几乎无穷尽的新叙事的生成中心,但同时仍然能对这些叙事起到检查、控制的作用。

创造福音书

马可坐下来写“上帝的儿子、耶稣基督福音的起头”时,他启动了复述该核心故事的另一个关键性行动。[①] 与保罗的故事一

① 在基督教历史中,《马可福音》长期受到忽视。19 世纪对它的重新发现是基于一种错误看法:《马可福音》提供了一种简单的民间历史,它未受“教条”污染。它叙事中那不同寻常的、奇特的“现代式”特点只是近年来才集聚了批评家的注意力。众多书籍出版,竭力寻找阅读(或按照古代的习惯,聆听)这本《福音》的最佳途径,其中 Farrer 1951 及 1966, Burkill 1963, Best 1983, Robbins 1984, Kermode 1979, Rhoads 及 Michie 1982, Tolbert 1989 值得留意。然而,在我看来,他们谁也没有把问题完全搞清楚。最近耶鲁大学 Whitney Shiner(1992)的博士论文将《马可福音》与古代传记进行比较,并根据它本身的情况解读其故事,做出了在诸多方面都是我所见到的最有说服力的研究。

样，马可的故事中的关键时刻也是钉十字架。它被定义为“福音”，这一点也与保罗的故事一样。言词充实福音，紧接着起始语，马可的叙述的头几个字就是“书上记着说”。不过现在这个故事不仅是事件迭出、可以扩展的隐喻，它还近似于希腊化模式的传记。

如我在前所言，教诲、说教性的传记当时颇为普遍。与普鲁塔克的作品相比较，马可的在风格和语言上都粗糙得多，更靠近通俗语言。然而福音书的说教却远不如普鲁塔克那样公开，其技巧更精巧、更出奇。首先，我们被耶稣与众门徒之间的互动引入故事，而在马可为之撰述的一些团体的心目中，这些门徒肯定是英雄和榜样，同样他们也应该是我们的英雄和榜样。但他们是些弱智、懦弱、判断失误的英雄，颇令人惊讶。他们不能认识耶稣的使命，这更增强了耶稣及其十字架之旅的神秘性，而认出他是上帝之子这一真实身份的只有被他征服的魔鬼，以及故事到达颇具讽刺意味的高潮时负责行刑的罗马军官。基督徒读者知道故事的结局是圆满的奇迹，但是马可没有写结局：他讲站在空坟边上的妇人心中喜忧交加，到她们被派与使徒同去加利利时故事就打住了，读者必须自己添加结局，这里没有提供不费力气的答案，也没有简单的标语概括当门徒的本质和使命。跟随耶稣就是跟着他的故事走，从加利利走到十字架，然后再回来，这是一条从迷惘走向惊人的发现的道路。

马可的故事情节展开时笼罩在一种神秘的气氛中，使人感到一切乃神意所定，无法规避。这种气氛也许是故事对虔诚的听众心中逐渐形成的道德天地的最重要的贡献之一。“书上记着说”的第一个事件是：施洗约翰按预言出现，他的衣着和举动（1:6）与《旧约》中对“必须先来……复兴万事”的先知以利亚的描述一样（9:11-13）。除了呼吁悔改，“使罪有赦”外，约翰预言有一个能力比他更大的一位要来（1:7-8），故事紧接着就把那一位带给听众（实际上，他们很可能对他和故事已经非常熟悉。只有在重复讲述、听众已经熟悉其情节的情况下，这类故事才有好效果）。

《马可福音》中的上帝是隐而不现却又积极起作用的最高统治者，是神秘的主管、操纵者，他实现自己早已制定的规划。他并不制造明确、直截了当的事件，这里没有简单的道德故事，但是它颠倒了听众的期望。不过合格的听众知道这个故事中异乎寻常的策略，已经在某种程度上接受了它，否则他就不会来听故事了。因此，听众与故事中的门徒一样是知道内情的，但是，故事中众门徒既然知情，他们的愚钝、甚至对抗——这一点变成了一个支配性的主题——听起来就是一个不和谐的音符。故事中的知情者的境遇不佳，知道上帝之国的秘密的人并不必然正确。故事的讲述方式让基督徒读者认同于其中的门徒，但是即使对故事的了解比众门徒多（故事鼓励他们多了解），读者也会有同样的问题。

《马可福音》中的上帝仁慈而无情，严格实现自己的意图（即“必然”要发生的事情），人无法考量他，无法预测他。面对这样的上帝应该采取什么样的道德姿态？盲目顺从？但是在这一故事里“盲目”被用来象征迟钝，是一种需要克服、清除的东西。故事中的叙述和选用的格言、警句安排有致，能够发人深省，使之作出选择。对上帝必须绝对顺从，但不是盲目顺从。那么，这样的目的需要什么样的道德思考过程呢？这是一个霸道的故事，它颠覆其他的思考方式，颠覆其他的故事，它要成为在皈依者的道德思想形成中起支配作用的成分。与其他的古代传记相比较，基督教福音的独特之处不是其体裁或故事中这样那样的元素，而是对道德情感的这种专横、颠覆性的袭击。

《马太福音》

传统上把圣经正典的序列中排第一的福音书作者叫做马太。马太保留了马可的故事，但是去掉了里面的一些神秘成分，他为读者制定的道德规范也更多，把耶稣描述为其团体的立法者，某些章节让他看起来像一个新型的摩西。在马太讲述的耶稣的故事中，该团体的历史甚至比《马可福音》中还多。在安条克以及周边的犹太群体中有基督教团体的竞争对手，他们的首领可能就是拉比学馆或法庭里的先行者，这些对手成了耶稣的敌人:"文士和法利赛人。"①

读者常常注意到,《马太福音》中耶稣的教训和辩论与后来汇编而成的《密西拿》、《托斯塔》以及早期米德拉西姆中的语句颇为相像。② 马太的一个策略是把耶稣描绘成教授智慧的教师,一个圣哲,就像本·西拉的或《密西拿》中《阿伯特》篇里传统中众拉比的原型,因此说耶稣就很像拉比们给自己树立的理想形象。然而,《马太福音》中耶稣忠诚的门徒们却不称他"老师"或"拉比",这些称呼只有圈外人,反对者以及背叛他的犹大用。③ 耶稣为教导门徒,在直接抨击那些"喜欢被人称呼'拉比'"的人的话中作了鲜明的区分:"但你们不要受拉比的称呼,因为只有一位是你们的夫子,你们都是弟兄。也不要称呼地上的人为父,因为只有一位是你们的父,就是在天上的父。也不要受师尊的称呼,因为只有一位是你们的师尊,就是基督。"(《马太福音》23:7-10)

在一定程度上,在那些收集、编撰耶稣的警句、寓言以及其他智慧言论的人中间,作为圣哲的耶稣形象已经形成,马太把他

① 下面段落中有一部分由我对《马太福音》的论述改编而来,见 Meeks 1986,136-43。

② 关于《马太福音》与拉比著述之间的比较,经典之作是 Davies 1966,也见 Smith 1951。

③ 见 Meier 1979,45-51。

们收集的言论纳入其福音，更拓展了这一形象。此类言论被大量汇集到耶稣生涯里五个不同的重大活动中的讲话里，其中第一个就是尽人熟知的登山宝训（《马太福音》5-7）①。

登山宝训摘录了耶稣训导的要点。② 在犹太教和希腊—罗马的传统中，哲人也以类似的方式在其听众面前呈现那能通向"幸福"的合乎道德的生活之路。因此犹太智慧文学中为人熟知的"福"（拉丁文词源的 beatitudes 或希腊文词源的 markarisms）在这里用作引言③非常恰当。熟悉当时流行哲学的读者在此福音中会找到许多与犬儒派教导共同的东西：简单的生活与语言，直言不讳、不做自我辩护，随时准备藐视公共惯例或准则。然而，这一福音显然采用了犹太式的措辞，如律法必然履行，先知的预言必须实现，蒙上帝的恩典者的义将胜于文士和法利赛人的义（5：17-20）；人必须效仿上帝的完美品质，这样就有希望得到他的奖赏。

这里体现的道德观念不仅是犹太式的，而且是宗派的，即它要求人慎重选择，追随耶稣的权威而不是其他犹太首领和教师。

---

① 登山宝训被教会看作天国的福音，其内容被视为基督教的根本信条，有人将它的意义与上帝在西奈山交给摩西的十诫相提并论。——译者注

② 有关摘要的使用情况，见本书第五章，以及该处提供的文献。

③ 登山宝训以 8 个"……的人有福了，因为……"开始。教会认为这一部分说明了基督徒在生活中应有的行为和态度。——译者注

第五章里的6组对立的观点陈述，其形式是“你们听见有人说X；但是我对你们说Y。”[①]在这一模式中，基督教道德对于其他传统的对抗表现得最为清晰。马太以特殊的方式运用这一形式来修订传统中的某些陈述，这一点说明，他们教派有一个特别的要求：慎重而且能够公开实施的规则需要由超验的规范检验，而唯一有效的标准则是“天父的旨意”。

但是“天父的旨意”并非抽象意义上的完美，福音书里规定的准则涉及的是日常生活的范围：婚姻、讲实话、如何面对外族士兵以及其他敌人、施舍、祈祷、原谅他人、斋戒等等，在神圣与世俗之间没有一条明确的界限。另一方面，马太没有拿出行为规范。虽然《马太福音》中耶稣复活后指示说，对于新加入的门徒“凡我所吩咐你们的都教训他们遵守”，(28∶20)但是我们在此看不到系统的戒律。这里的规则是示范性的，并不全面。它们是基督教团体中应有的生活方式的方向标，但不是合适的行为的图谱。关于可以推演出行为指南的哲学原则，马太笔下的耶稣讲得更少。耶稣在《马太福音》中扮演了一个传统圣哲的角

① 指《马太福音》5∶21-48(“你们听见有话说……，只是我告诉你们……”)。6个“有话说”指的是摩西律法中不可杀人；不可奸淫；人若休妻就当给她休书；不可背誓；以眼还眼、以牙还牙；当爱你们的邻舍、恨你的仇敌。耶稣对应这6点一一说明自己的看法，上帝通过摩西给予以色列人的律法的真正含义就这样由耶稣做了权威性的阐释。——译者注

色，但是该书记载的他的教导却不能形成一个道德体系，对此我们困惑不解。

为了达到马太要求的“义”，除耶稣的教导外，他的团体中的成员需要了解其他更多的东西。我们可以根据这本福音推断出他们已经知道的事情：马可讲述的富于悲情和神秘色彩的耶稣的生涯故事；城里来了奉行禁欲主义、神灵附身的预言者，他们效仿耶稣，贫穷、没有家、超然物外，仅仅依靠在他们内心发出声音的耶稣的形象和圣灵引领；组织有序的教会有权“捆绑和释放”①，里面有长老，有“受教作天国的门徒”的文士，他们研读圣经，懂得怎样从犹太宝库里拿出“新旧的东西来”②。福音的作者把所有这些东西都放在一起，不过在如此合成的篇章中起统

① “捆绑和释放”出现在《马太福音》16:19，18:18 “捆绑”指犹太教的一些禁忌，“释放”则指给人选择的自由。例如根据《使徒行传》15 章的记载，皈依基督教的前法利赛人要求前来皈依的非犹太人接受割礼，遵循一切犹太律法；但彼得说，他们既然已经接受圣灵，就不受犹太律法的约束。为妥善解决这个问题，雅各和其他使徒作出一个决议，要求教会聚餐时，非犹太人基督徒不要带异教祭祀中用过的肉和血，以免冒犯犹太兄弟，这就是一个“捆绑”的例子。除此而外，这个决议把非犹太人基督徒从犹太律法的其他要求中“释放”出来。——译者注

② 见《马太福音》13:52。根据天主教 Navarre Bible 的解释，这一节表现了马太的理想：有学问的犹太人应该跟随耶稣，这样做就能在已有的旧约外，再得到新约中的种种宝藏。——译者注

领作用的还是叙事。

《马太福音》开头的文字清楚地说明,作者的目的是唤醒有知识的读者的特殊记忆:biblos geneseōs,"创世纪"。当然,这就是希腊读者对犹太圣经中第一卷的称呼,这一名称以及类似的用语都出现在犹太圣经的第一卷中(例如《创世纪》5:1;也见2:4)。《马太福音》里接着续耶稣的家谱,用一种仔细安排的模式把他与《旧约》历史中的伟大事件都联系在一起:耶稣与亚伯拉罕、大卫、流放巴比伦等等。接下来关于他出生的故事更加强了这一印象。事件之所以发生是"为要应验主借先知说过的话"①。对《旧约》故事中细节的重复,或者民间传说中对它们的渲染都把"生下来作犹太人之王的"耶稣与亚伯拉罕、摩西、以色列人在埃及、出埃及以及西奈山联系起来。有些主题——梦、星象征兆、与独裁者的冲突等——常见于希腊化时期的杰出人物传记,因此若要强调耶稣就是"那称为基督的"(1:16),这便是恰当的语体手段。然而,它们在这本福音书中的主要作用是暗示有一个预定的计划,一个与以色列神圣的历史相连的计划,所有参与这些事件的人都必须按其行事。

① 见《马太福音》1:22;2:15;4:14;12:17;21:4。指的是《旧约》中先知有关救世主将要降临的预言,如《诗篇》2:1-12;8:1-9;《以赛亚书》7:14;9:6-7;《弥迦书》5:2;《撒迦利亚》9:9;11:10-13等。——译者注

不过,连续性并不是这里唯一的特点。为了消灭年幼的对手,希律杀戮小孩却徒劳无功,这一故事不但使人想起摩西的故事,而且是"犹太人的王"被钉十字架的预兆。马太便这样把在原型《马可福音》里看到的悲情放入自己的叙事之中,但是他的写法却相当不同。在他的故事里,日渐加剧的冲突最终不仅使耶稣与以色列的首领们对立,而且让他与"所有"对彼拉多说"他的血归到我们和我们的子孙身上"(27:25)的人对立。显然,马太对历史的描绘不仅取决于基督徒对耶稣钉十字架的公共记忆,同时也取决于这一特定的团体与战后巴勒斯坦和叙利亚经过重组的犹太群体之间的冲突①。

关于马太的历史意识,我们在第十章耶稣对12门徒的教诲中得到另一条线索。人们也许会认为,这里描绘的生活方

---

① 当时叙利亚是罗马帝国的一个行省,包括巴勒斯坦南部的朱迪亚地区。这里"战后"指的是公元1-2世纪巴勒斯坦的犹太人对抗罗马帝国的控制的两次起义(分别发生于66-70及132-135年)后的年代。公元前63年罗马军团占领耶路撒冷,扶植起傀儡政权。公元66-70年犹太奋锐派起义,罗马军队围困耶路撒冷,最后破城。73年约56公里外的梅察达要塞展现了这次抵抗的最后一幕,960名起义者——男人、妇女和儿童——于罗马军队破墙攻入之际,自戕殉难。此后,犹太人的宗教、文化中心转移至今天的特拉维夫西南方20多公里处的Yibna。由于罗马皇帝哈德良推行包括禁止割礼的一系列压迫性的法令,公元132年犹太人爆发巴尔·库克巴起义,被哈德良带兵镇压(135年),基于《托拉》的犹太生活方式被禁止,犹太人流向世界各地。——译者注

式——贫困、托钵化缘、无家可归——被当做马太教会的信徒的理想。我们在前面的章节对托马斯教派的论述中已经看到,这一苦行生活方式后来在叙利亚东部地区成为常规,也许《马太福音》中数次提到的巡游预言者已经反映了马太所在城市的生活。[①] 然而,对于马太团体的成员而言,耶稣对12门徒的教诲并不都具备约束作用,对于去以色列传道的限制性规定(10:5-6)到了28:19就明显地被删除了。此外,《马太福音》10:17-22中耶稣对未来的动乱的预言抄自《马可福音》13:9-13。语境改变的效果是,读者被置入群体过去的经历之中,原来预料他们将会遇到的困难消失了。此外,第40-42节强调的是对接待巡游使徒的人、而不是对巡游使徒的报偿。《马太福音》中信徒的资格并不等同于耶稣或他的12个特别门徒的苦行生活。这样,尽管福音成书时期的教会惯常将自身的经历溯回投射至耶稣的时代,这一福音的作者的确找到了表现作为整体的历史的种种途径。他也想说明历史不仅预示了现时,也是有别于现时的一个基础,因此它相应地需要不同的应答。

《马太福音》中的叙事因此就不仅是耶稣的教诲的环境和背衬。这个教师就是救世主,他关切其子民,治愈他们的伤痛,召唤并转变他们。他也是裁判,人子作为上帝的执行者对所有的

① 见 Keck 1984。

人做最后的审判。叙述中描述的信徒的历程塑造了基督教各团体与这个救世主/人子/上帝之子之间的关系,不过作者也意识到新的情况教给人新的责任。信徒的责任是"跟从"故事认定的那一位,他从死里复活,继续领导教会。人们因此不仅会问耶稣说了什么,而且问他现在希望他的子民做什么。这类探究显然在预言者和马太派的教会首领中引起了相当激烈的纷争。

这部福音中确实有一种令人不安的张力,同样,在当时、当地的基督教诸团体中形势也肯定很紧张。严格效仿耶稣的苦行生活的人有他们的看法,但是耶稣的寓言告诫人们不要草率行事,过早地清洗教会,从而抵制了他们的意见。紧张并未消除,只是被搁置起来。所有的人都必须面对人子的审判,而且到时大家都会大吃一惊,因为无论是对耶稣的生活方式的亦步亦趋的效仿,还是把他的话当做律法严格遵守,还是凭借神力获得他的非凡力量都不能确保一个人的真正信仰。然而,认为自己位列右边的羊群之中的人正是那些行为符合这一叙事所表现的人子的品格的人,也正是那些行为符合上帝的规划——人子即是该规划中的主角——的人。

继续讲故事

我们传统上认作是路加的那位作者把故事放到了一个更宽

阔的舞台上，而且拓展了故事。这位作者了解并且运用了希腊化时期的历史著作和诗体叙事作品中的惯用手法。他给耶稣的故事加了第二卷，即第一部教会史——《使徒行传》。这两卷作品一起构成了基督教运动的一名成员内省的新阶段：反省运动自身的身份，其开端的意义及其早期历史。基督教运动与以色列的神圣历史有什么样的关系，该运动又怎样与希腊人和罗马人的体制及风俗交锋，这些就是《路加福音》—《使徒行传》作为主题阐述的问题。

在某种意义上，这部历史也是二三世纪基督教的自辩性文学传统的开端。与后来的护教文一样，它同时也是基督教群体本身的一面镜子，为他们与外部大世界的互动以及在群体内的生活提供了一种模式。耶路撒冷的早期信徒们的画像是：他们实现了希腊式友谊的理想——朋友就是“同心灵”，“共享一切”，同时也实现了《申命记》里以色列在旷野中神圣的诞生景象——他们中间没有穷人。(《使徒行传》4：32-34)故事中的基督徒主人公们对犹太传统和习俗表现出始终如一的虔诚，而且对罗马及行省城市的体制和权威也没有恶意。但是在受到犹太人、希腊人或罗马人的指责时(在路加福音中这些都是不合理的指责)，他们以无所畏惧的勇气大声说话了，“放胆讲上帝的道”(希腊语中的 parrhēsia——大胆直言——是作者喜欢用的一个词)。因此说，他们体现了公民美德的典范，决不像控告者所说

的“传罗马人所不可受、不可行的规矩”。(16∶21)

然而,上述美德的实践之地是带有某些特点的更大的叙事范围,特点之一就是超自然的冲突。这一叙事把它处理为解释故事中人物所经历的冲突的原因。如苏珊·盖莱特(Susan Garrett)所言,随着耶稣出现,“魔鬼灭亡”的故事便开了场。[①] 在描述上帝和救世主与撒旦及其狗腿子之间爆发的战争场景中(故事中的公开冲突决定于这场隐匿在背后的战争),主人公的“奇迹”与敌手的“魔法”以及魔鬼的诡计相对立。这一路加式的主题实为一种先兆,60多年后查斯丁简洁而细致地阐述了魔鬼长期、狡猾地对抗那最终出现在基督教中的真理。在这样的情节里,实践美德便不仅仅是朝着按照上帝的要求谨慎监控的生活(其报偿就是荣耀和终极幸福)这样的个人目标挺进,它还是站在上帝一边向黑暗势力开战。

当然,战斗的结果早已注定,这也是《路加福音》—《使徒行传》里特别强调的另一点。我们在前面的章节中看到,这一叙事中发生的任何事情都掌握在“上帝的规划和预知”之中。《马可福音》中由神灵控制、必然发生的情节的进展神秘莫测,但在这里它却浮到了表层。希腊语中非人称动词“必然”(dei)在《马可福音》中宣告了人子必然受难,先知以利亚一定受遣先到,以及

① Garrett 1989。

末日的诸事必然发生①。这个词成为《路加福音》—《使徒行传》中的一个主题。作者的概括突出了情节,主要人物讲的话按照希腊化时期的历史著作的常规方式向读者阐释情节的意义。这两点都清楚表明"主的道"必然会"大大兴旺"。正面人物的英勇品质及公民美德都服从于这一目的,尽管有各种反抗,上帝与圣灵确保主的道将大获全胜。

那么,作者的"上帝的道"到底指的是什么?他使用了一系列简略的同义词:"上帝的国"、"悔改"、"耶稣及复活"等等。事实上他蓄意让它有多个所指。最直接的所指是宣道以及众人接受宣道,所传之道遍及"耶路撒冷、犹太全地和撒玛利亚,直到极地,"(《使徒行传》1:8)或者至少到达其中心——罗马。这一点就是第二卷、即《使徒行传》的中心线索。同时它也是"赐给以色列人的道",这个故事绝不亚于第一卷的故事——即路加对马可的福音的修正。《路加福音》—《使徒行传》的道德观念有许多次要、常规的因素,其中包括城市和谐、公有制经济、自由、勇气等,但叙事中最重要的却是一种传教伦理。故事讲的是上帝的道征服世界,而上帝的道本身就是故事。《路加福音》—《使徒行传》的第三个特殊的重点是颠覆以色列的历史,把它纳入基

① 《旧约·玛拉基书》4:5 被看作这些事件在"上帝的规划和预知"之中的证据。——译者注

督教故事之中，我们将在本章的最后部分再论述这一点。

使徒们在各地宣告基督的教训，势不可当，《使徒行传》中对他们英勇、奇迹般的经历的叙述为始于2世纪的众多基督教作者设立了一个模式。有些作者拓展已有的故事，例如《保罗行传》把很大一部分放在一个新人物圣童贞女希克拉的故事上；《彼得行传》的高潮是使徒彼得与他以前在撒玛利亚制服过的巫师之间的一场新较量。（《使徒行传》8：14-25）其他的作品叙述了以前被忽略的使徒，如约翰、安德烈、托马斯、最后还有腓力、马太、巴多罗马、西门和犹大、达太，以及巴拿巴。有些故事的目的是增强对基督教的某个特殊看法以及基督教要求的道德观念，如《托马斯行传》里关于节制的思想（这一点已在前面章节中论述过），它们也是保罗及希克拉的故事里最重要的思想。但是，故事的氛围通常是流行传奇里的东西：使徒靠奇迹解决了一切问题，皈依者的虔诚心态简单幼稚，道德意义微不足道。①

① 外经中诸《行传》的权威文本是 Lipsius 与 Bonnet 1959 的版本（最初于 1891-1903 出版）。Hennecke 的英语译本 1965 年出版，很容易找到。有关对这些著作阐释中的种种问题的最新研究，见 Bovon et al. 1981 的评介。Bovon 与一组瑞士和法国的学者正在做 the Corpus Christianorum 中 Series Apocryphorum 的一套新的批评版文本。

宇宙的故事

这个回溯古老的故事还有另一种讲述方式，场景更为宽阔。它始于天堂，又在天堂终结，涉及整个宇宙，而且在有些版本中人并非关键角色。甚至在保罗及其门徒撰写书信之前，基督教群体进行礼拜仪式时——特别是在唱赞美诗时——就已经把耶稣当做一个宇宙形象进行歌颂。在这些诗歌里，耶稣就像早先犹太文献中的智慧女神，“在宇宙之初与上帝同在”，他是创造一切事物的中介，“与上帝同等”。但是他没有利用这一地位，而是“以奴仆的形象出现，放弃君尊，隐匿自己的身份”，而且“至死服从”上帝。在部分犹太传统里，上帝总是抬高谦卑、受苦的义仆，他已经把耶稣“升为至高”，把自己的名“主”给他，叫不仅在地上的，而且在天上的和地底下的一切有大能的以及天使都要顺服他，像所有皈依基督教的人受洗时一样承认“主就是耶稣基督”。保罗写给腓立比城的基督徒的信说：“你们考虑问题当依据耶稣基督的心”(《腓立比书》2∶5 的前半句颇有些艰涩，这是我的译文)，说明按普通基督徒的意向，可能把这种夸张的赞美诗场面搞得很现实、很世俗。[①] 以谦卑之心考虑他人关切的事情，而不是自己的事，这就是按基督的故事的模式考虑问题，就

① Meeks 1991a。

是解决像友阿爹和循都基这两个女使徒之间的争吵一类的教会中日常麻烦的途径。

不过讲述作为神的耶稣干涉世界、然后又回到天堂的这一宇宙故事还将得到更为奇特的发挥。在第四福音书中该故事变成了一个主题、一种模式，表现耶稣身份的神秘性、特别是被他“自己的子民”犹太人弃绝的神秘性，因此成为一把钥匙，让一群被赶出自己的会堂、处于困境之中的犹太人用来阐释自己被疏离、“不属于这个世界”的意义。这个群体对自己身份的意识，特别是他们给敌手抹黑的方式的道德意义不甚明确，从长远观点看，一个得胜的教会以这样的方式讲述故事最终将结出基督教反犹主义的果子，不过它也能够提醒这个已经在尘世过得舒舒服服的教会，让她记起自己反对正统文化的出身。①

瓦伦廷采用了保罗和约翰的叙事，并将其与他本人对诺斯替派的创世故事的思辨性解读相结合，这样耶稣的宇宙故事在2世纪便有了一种新形式。瓦伦廷及其追随者，以及其他以思辨、而不是想象见长的思想家创作了一系列极其复杂的神话，描述世界之初的情形，说明宇宙中发生的差错和意外导致人类生命出现。这样的创世使我们陷于不利的境地，疏离了真正的自我，以及那光明和真理的世界（真知的精神失落，从光明的世

① Rensberger 1988。

界坠落)。针对这个宇宙故事的每一个变动,叙事——我们现在已经习惯称其为神话——都给听众提供了理解他们自己在这个世界的位置的途径,以及在该宇宙语境中如何行为得当的办法。

基督教的故事和以色列的历史

诺斯替形态的宇宙故事成为一种反历史,而且诺斯替分子生活的道德目标则是反宇宙:其中心是漠视并且逃离这个世界。然而,想把物质世界的历史分解为道德和神学意义上不受时间限制的永恒篇章的不仅有诺斯替分子。末世论者在某种程度上渴望转变这一政治和社会的世界,因此反对消解历史。但是,末世论的认识本身在过去的事件中只看到"类型"、"模式",把它们写在经上的目的,如保罗所言,是"警戒我们这末世的人"。(《哥林多前书》10:11;也见罗马书15:4)保罗固然对现实以及以色列历史令人困惑的性质有敏锐的感觉,但不是所有阐释以色列《圣经》的其他基督徒们都有这样的感觉。《希伯来书》11章里列举的信仰的榜样,或我们称作《克雷芒前书》的书信里殷勤好客、循上帝之道、嫉妒等等的范例,其目的均非充当历史中的实例。最精美、影响最大的这类作品之一,《十二使徒遗训》中叙事的篇幅少而又少,使徒各自都是一种类型,几乎是代表一种美德的密码或暗号。他们的故事只不过是道德故事,缺乏《圣经》中包容性的叙事及其发展给故事带来的分量及彼此之间的联系。①

早期基督徒认为自己的根在以色列历史中,这一意识是他们最终创造出的叙事中不可或缺的成分。他们希望保留这种意识,这并非预设的结论。早在1世纪,保罗就已经阐明隐含在其“福音”中的延续与中断之间的辩证关系,由于基督教团体的状况的演化独立于犹太社群,他的阐述有一种很难保存,甚至很难理解的特殊激情和微妙含义。然而,在两封流传下来的信中,他的表述的确不断地激发未来的基督教阐释者思考以色列历史对于基督教教会的意义。我们在对《马太福音》、《第四福音书》以及《路加福音》—《使徒行传》的讨论中已经看到,1世纪其他的作者也在专心考虑基督教团体与其他犹太群体之间在到底谁对《旧约》的解读是正宗,谁合法继承了以色列等问题上的冲突。

① 这里不是说《十二使徒遗训》中没有叙事。在大多数《遗训》中的说教模式中,具有特殊重要性的是预言性叙事,它把《申命记》的模式(De Jonge 在其开拓性的分析中将它称做“罪——放逐——回归”模式,Jonge 1975)投射到为耶稣基督到来做准备的以色列历史上,投射到虚构的众使徒的临终之言里的“未来”中,以及《遗训》的基督徒作者所期待的未来的末日。Hollander 及 Jonge 1985 介绍了《十二使徒遗训》中复杂的文学和历史问题,并有对此前研究的综述和详尽的评论。《十二使徒遗训》的最新批评版文本是 Jonge et al. 1978。

此外，当时有很大的压力要求人们发现过去以进行自辩。是否在古代就存在？这是罗马世界中用来界定宗教传统是否合法的一个特征。该社会的传统成员必然把基督教视为新近突显的迷信运动，基督徒则必须证明自己并非如此。于是，内因、外因双重原因造成他们必须找到把以色列的历史引入自身历史的种种方式。

建立这一联系的方式有若干种，这里不能一一审视。流传至今、被我们称之为《巴拿巴书》[①]的文字出自佚名作者，成书于2世纪上半叶某个年代。它可能代表了当时基督教思想中的一个很大的部分，而且，它的阐释体系也很流行，结果它经常被当做正典作品。决定巴拿巴对犹太《圣经》诸卷的解读方式的基本信念是它们以隐含的方式提到了耶稣。结果，《圣经》的叙事被拆散，只有“类型”被挑拣出来。以撒被捆绑的故事是一种“类型”，它在耶稣钉十字架中得到实现（7∶3）；耶稣受难日被赶入旷野的羊是代表耶稣的符号（7∶7-10）；等等。不过作者知道“有

① 《巴拿巴书》由两部分组成，作者无法确定（虽然有人认为可能是《使徒行传》里跟随保罗传道的巴拿巴，或是一个叫做亚历山大的巴拿巴的人）。内容主要是如何理解犹太圣经，如何解释基督教与犹太教的关系，从隐喻的角度说明《旧约》中诸多地方预示了基督教和《新约》中的重大事件。这一文献对犹太教和犹太戒律持明显的批评态度。早期教会的克雷芒、奥利金、哲罗姆等把它视为正典的一部分。——译者注

些关于耶稣的话涉及以色列,有些则涉及我们自己",(5:2)他自己也撰写故事解释其中的联系,证明自己与众不同的解读是有理的。按照这个新故事,以色列一次又一次地犯罪,上帝最后便完全摒弃他们,而选择了拥有"新律法"的"新人"。(例如5:7;2:6)这一故事现在被读入古代文本,例如雅各对以法莲和玛拿西的祝福(《创世纪》48)被解释为:"但是圣灵降临在雅各身上时,他看到了将来的人会是什么样子。"(《巴拿巴书》13:5,雷克译)巴拿巴在这里以及其他地方用新的情节直接取代了圣经叙事本身的结果。

几十年之后,查斯丁在罗马写作时走的是同一条阐释路子。现存他的最长作品是与一个犹太教师的对话,他撰写这部作品的态度十分严肃,说明在2世纪中叶的基督徒眼中,这是一个重大的问题。查斯丁对七十子本的解读比巴拿巴的更为详尽,也稍为成熟一些,但是结果并无根本的差别。两部作品都代表了主流基督教把以色列圣经据为己用的尝试,查斯丁的书在这一点上特别重要的原因就是,它体现了教会中正在形成的倾向——从一个把一切都统一到单一的框架中的视角解读整本圣经。查斯丁在其《大护教文》中把七十子本解释为一部预言性史诗,认为其唯一的作者——逻各斯——造就了它的统一性。他竭力主张对整本《圣经》都要以一种特别的文学方式阅读:"当你听到先知以某个人物的身份说话时,不要以为真是那受圣灵启示的人在说话，要知道这是上帝的道在让他们开口。有时他以万物之主、之父——上帝的身份开口，有时以基督的身份，有时则以回应基督及其父亲的人的身份说话。在你们自己中间的作者的著述里可以看到同样的情况，一人创作了整部作品，但是里面却有不同的人物在对话。”(*First Apol*,36.1-2，哈迪译)①

马西昂从反面对上述阐释起了关键的推动作用。他在罗马积极活动的时间比查斯丁撰写谈话录仅仅早几年，他运用自己强大的心智与组织能力反对基督教与以色列之间有继承关系的观点。他教导说，耶稣基督体现的是爱的上帝，他与以色列的上帝毫不相干，他的子民与另一个上帝、即创造了这样一个讨厌的世界的上帝的子民正好相反。马西昂提出，基督教的故事是一个全新的故事，并且修正、删节《路加福音》以及保罗书信以创作一部新圣经来取代旧约各卷。新兴的天主教会集结了各路智囊与马克安交战，战斗的目的就是维护那从创世起始一直讲到最后审判的单一故事，无论基督教群体与生活中的犹太人之间的关系有时会多么敌对，这一故事把以色列与教会不可分离地交融在一起。战斗的目的也是维护唯一的上帝，他既是创造者又是救世主，是这单一故事的作者，也是其中的主要角色，既公正又慈爱，既是以色列的上帝又是耶稣基

① 收入 Richardson 1953,265。

督的上帝。

马西昂的反对者们便这样在他们继承的外经以及《旧约》中看到了一部构成道德剧本的世界历史，它具有每部叙事都需要的标准成分：开端、中段和终结。其开端为宇宙之始，上帝通过其逻各斯/儿子创造了天和地。尽管如此，反对瓦伦廷及其他诺斯替分子的基督教派坚持认为它自始至终都是人的故事。上帝的行动使用并通过人类行动者实现，故事的主题是人类对上帝所负的责任，在每一转折点这一主题都得到生动的表现：亚当和夏娃的溃败、从该隐到通天塔的远古故事、屡屡重犯的罪恶、被掳巴比伦、以色列的回归、上帝的儿子和救世主被其反叛的子民的首领及占统治地位的帝国政府处死，以及最后的审判——所有的人都必须在上帝的宝座前受审。到2世纪末，自称为正统派的基督徒已经将故事的整个情节视为把构成基督教圣经的多种作品集聚在一起的主线，一部包括《旧约》和《新约》的正典正在形成，它们合在一起讲述一部戏剧、一个故事。

根据现存文献，在2世纪最后几十年担任里昂主教的伊利奈乌斯(Irenaeus)[①]第一个明确提出，这一情节是指导圣经解读、理解人人都参与的道德角逐的主题。他在主教生涯临近终结之际给一个叫马西阿努斯的人写了一份题为《使徒布道之证》的基

① 见114页注①。——译者注

督教信仰简述，文中他特别阐明了在非马西昂阐释中已广为流行的循比喻的途径解读《圣经》文本的各种策略，而且第一次较为详细地概述了整个故事。① 与《创世纪》的叙述一样，故事的起点是世界的创造、原初的无罪状态，以及后来第一对人类夫妇违抗上帝之命。其高潮是上帝之子道成肉身，结局则是圣子再次降临，审判全人类。

这部戏剧的每一幕都是1世纪以来的基督教规范信仰的一部分。伊利内乌斯的阐述中的创新之处是，他根据《旧约》——特别是《摩西五经》中的叙事、也有其后对以色列历史的叙述——系统地填补了创世——堕落与耶稣降临之间的叙述空缺。这样从先知（以及《申命记》）以罪恶与救赎的视角解释的以色列历史便被纳入了伊利内乌斯时期出现的上帝救赎人类的规划的总体历史之中。在此计划中，"新选民"取代了以色列（这一点《马太福音》中已初见端倪，在《巴拿巴书》中则变得直接、明确），但是以色列继续有其必要的和启发性的作用。此前，对圣经的"比喻式的"或"象征式的"解读已经包含了对基督教的前身的这一认识方式中的许多部分（即使不是大部分），但是，在此之前整体的戏剧情节还不存在。

这个道德戏剧是新事物。相比之下，希腊、罗马作者描述人

① 关于下面部分，见 Meeks 1986，159-60。

物发展的道德叙事规模小,而且不完整。这是一部关于一切事物、所有民族的戏剧性的历史,它集中叙述蒙拣选的民族对上帝的言语以及行动的游移不定的反应,以要求每一个人对自己在上帝创造的世界里的所作所为负责告终。如果说基督教对西方的道德情操有任何独特的贡献,那就是这部历史。

跋

历史、多元主义及基督教道德

我们对基督教早期阶段这一陌生国度的文化研究已告结束,回到了现在,想知道我们自己的世界看起来是否与以前有些两样,就像从陌生之地回来的旅行者经常感到自己的家不一样了。本书探究的目的完全是历史性、描述性的,倘若它仅仅让早期基督徒的道德观念与当今世界人们的寻常关怀和信念的差距显得甚至比以前更大,那么在很大程度上这一探究成功了。这是历史学家们的一个任务:保护过去的完整性是我们工作的重要部分,而这样做的效果往往是强调了过去的生疏感。然而,遭遇陌生就像在一种陌生的文化中生活一段时间一样也会使我们对自己的文化产生一种古怪的距离感,这与布莱希特的戏剧造成的“间离效应”不无相似之处。如果没有我们自己时代产生的问题的推动,很少有人会认真探索过去。如果不能带回对现在有用的“教训”,我们希望至少自己的视角能有所变化。考虑到这种可能性,我冒昧对关心当今基督教道德话语的读者讲一点个人意见。不过，首先回顾一下前面各章考察过的早期基督徒的道德观念中的几个方面或许有所裨益。

早期基督教道德的文化

最早的基督徒是皈依者，即改变信仰的人，他们的道德和神学语言带着转向的隐喻印记——脱离"这个世界"、"外邦人"、"偶像"和过去。然而，转向的隐喻并非他们的创造，由于广泛的使用，这一词语已经能够表达与优势文化的两种迥然不同的关系：一种是断然脱离普通的规范，把尘世的好处当做邪恶加以摒弃，另一种是某个人脱离一种较坏的生活，转向一种较好的生活，而何谓"较坏"和"较好"自有这些基督徒眼中不言自明的标准。一种类似的矛盾状态也出现在罗马帝国城市中早期基督教群体的社会形态里。基督教群体组成家庭教派式的团体，像移民一样把自己的本土文化及神灵带到新城市里。这些伪移民[①]与移民一样是城市社会的一部分，其生存有赖于位于城市的家庭以及户主的保护，也有赖于凝聚城市社会的友谊和庇护网络。

流动性以及共同语言使基督教的基层组织得以迅速分布于地中海周边的城市。这种流动性和共同语言与成员的犹太传统

① 指基督教群体，参见本书第三章"伪外邦人"一节。——译者注

中的特殊情感相结合,使当时普通而典型的移民产生了一种不论身在何处自己都是上帝唯一的选民的意识。该犹或宁法①家中的小聚会不仅是科林斯或歌罗西与会者眼中的"本城敬奉上帝的聚会",也是将要遍布四方的上帝的教会的一部分。他们有些人也许会说自己的城、自己真正的群体归属是在天堂,他们的家就是上帝的家,有些人会实际上或感情上寻求挣脱所有将他们束缚于现存社会之中的纽带。然而大多数人无法逃离生存在这个世界中、却又不属于这个世界两者之间的冲突。这个世界只是一具死尸,还是上帝的美好创造?他们的城市究竟是大淫妇巴比伦,还是神圣的耶路撒冷的映像?身体是灵魂的负担和敌人,还是圣子进入人的生命的工具?它是否是上帝施爱和复活之力的对象?是否是殉道者对邪恶之战的武器?

基督教的道德话语相应地也表现出既属于这个世界又与之疏离的矛盾性。基督徒以自己的美德和邪恶的清单来划分界线,强调差别,但清单上的东西与流行道德中的普通种类并无多大差异。他们的首领借用哲学和演说中说教的主题,尽管他们不时以独特的方式加以扭曲或者将其置入异乎寻常的语境之

① 《新约》中提到该犹的有《使徒行传》、《罗马书》、《哥林多前书》和《约翰三书》,他由保罗施洗,成为他的门徒。与本段相关的是《罗马书》16:23;提到宁法的地方是《歌罗西书》4:15,有人认为她不仅是提供教徒聚会的地方,她还是该群体的牧师。——译者注

中。例如，关于上帝之子被钉十字架以及复活的叙事，圣子道成肉身的神话，关于唯一的上帝的单一旨意的流行观念，对全体人类的最后的、囊括一切的审判的概念，所有这些议题都影响了、而且有时显著地改变了普通的训诫话语。然而，基督教群体可能是以他们的某些社会行为——入教和圣餐仪式，集体训诫和惩罚，对寡妇、孤儿、囚犯以及团体中其他的弱势成员的有组织的救助——最有效地使自己与其他的教派组织、社团、或哲学流派区别开来。

据我们的观察，早期基督徒的道德观念中最突出的一点或许是其多样性。各个基督教群体以不同的方式回应自己在文化生态中独特的位置以及他们各自经历的独特压力和机会。人应该如何对待自己的身体，结婚、养育子女究竟是善还是恶，政府的权力究竟是上帝的还是魔鬼的工具，对此类基本问题基督徒内部没有一致的认识。倘若研究过去的人种志学家能够带回什么有助于我们的思考的消息，则必定不是简单的消息。我在后记中提供的仅仅是一系列论题，它们出自本书中的论述以及对于基督徒及其今天的同胞的生活的远非系统的观察。

关于基督教道德的初步命题

命题一：建立道德观念与建立群体是一个同一的辩证过程

根据这一命题，我们必然得出，仅有理性思考——伯纳德·

威廉姆斯(Bernard Williams)对此作了直言不讳的说明——不可能产生我们迫切需要的道德信心。[①] 没有一种唯理主义的形式能够置身于人类群体及其传统之外,我们也找不到一个不受利益影响的前提。这样说的意思显然不是理性思考对于伦理学并不重要。任何群体都不是完美无缺,要达到以人类的标准看还算过得去的目标,最好的群体也需要不断的批评。一个致力于相对好的原则(人类能够得到的只是相对好的原则)的狂热群体可能制造出重大的苦难。然而,批评性的思考主要是在传统的框架内进行,即使当我们力图认识——这是我们的当务之急——并非属于自己的传统时也是如此。[②] 我们应该记住,旨在革新的批评关注的决不能只是概念,不仅要研究符号表达,还要关注社会实践,因为按照阿拉斯德尔·麦金太尔的教导,一切美德均存在于社会实践之中。

命题二:基督教道德群体必然植根于过去

教会的过去说明它的特征,我认为这一过去包括旧约与传统。马西昂派的试验设法斩断与过去的一切纽带,而这一点对许多人显示出巨大的吸引力。我们在很大程度上都陷于自己制

---

① Williams 1985。

② 比较 Stout 1988 120-23 中引人思考的评论以及 chap. 5。关于传统与思考之间的关系,Lear 1988,chap. 5 中对亚里士多德的论理学的评论也具有启发性。

造的困境中,因此一切重新开始的虚妄之说永远受欢迎。第二个千年行将结束,我相信各种膜拜不明飞行物的教派又将会涌现,这是我们这一世纪中与马西昂对天外的上帝的信仰大致对等的现象。各色救世主将从天外出现,他们与我们的世界、我们的过去毫无瓜葛,将以一道抹去过去所有的历史逻辑的炫目强光,给予选民前所未有且无可辩驳的答案,将从因果之溪中拽出少数幸运的圣徒,送入那纯净、并非偶然的未来。正如查斯丁、伊利内乌斯及德尔图良的明智看法所示,这只是一个可悲的谎言。由于无知和疏忽而把自己与过去隔绝也会损害我们对自己的认识,虽然不如前者明显。

基于实际,也基于原则,早期基督徒必须有过去、有历史。没有旧约、没有传统,他们就没有自己的身份。他们最终拓展了《圣经》,开创了一个新传统。我们时常觉得对于教会这二者与其说起了启明的作用不如说是负担,但是教会根据它们界定了自己。今天,人们如果受到马西昂式的观念的诱惑,主要原因是疏忽而不是有意识的选择,但诱惑仍需抵制。基本的规则就是,为了坚持信仰,基督徒必须了解教会的过去。

命题三:教会之根在以色列,这是教会历史中得天独厚的一个方面

从命题二必然推出这一命题。否认或歪曲这一事实将会有怎样重大的灾难性后果?否认和歪曲的根子在基督教传统、而且甚至在基督教《圣经》中扎得有多深？倘若没有纳粹大屠杀的恐怖和罪恶，我们对答案并不清楚。但是这些经历还教给我们别的东西：不仅犹太教是基督教历史的一部分，而且在大约16个世纪的历史中，基督教给犹太教造成重大伤害①；双方的现在之中也都有对方的一部分。从历史和道德——如果不是从逻辑——的角度看，这一事实引出的结论是，对于基督教神学和伦理学而言，继续进行与犹太人所理解的犹太传统的对话是获取洞察、纠正失误的丰富而必要的源泉。我特别强调限定性条件"犹太人所理解的"。基督教对犹太教的阐释我们从来没有短缺

① 公元4世纪初，罗马帝国对基督教的迫害停止，不久，将其定为国教；而基督教对犹太教的歧视和迫害大致此时开始。包括多次公会议、主教、教皇等教会领袖以及神学家等在内的基督教体制以及世俗统治者（罗马帝国的皇帝君士坦丁大帝、查士丁尼等）发表了诸多的反犹言论，制定了歧视、限制犹太文化、迫害犹太人的种种法令和措施。例如4世纪初的Elvira会议禁止基督徒与犹太人通婚；根据君士坦提乌斯二世337年制定的法令，与犹太人通婚的基督徒男子可被处死；圣奥古斯丁于415年写道：希伯来人的真面目就是那为30个银币出卖基督的犹大……；圣哲罗姆于418年评论犹太会堂说：即使你称它为窑子、邪恶之窟、魔鬼的避难所、撒旦的堡垒、灵魂堕落之地、一切可以想象的灾祸的渊薮，它都比你的描述更坏更恶；宗教改革的领袖马丁·路德提出用强力把犹太人赶出德国，在其最后一部论述《论犹太人及其谎言》中称犹太人为"反基督分子"，说：想要他们皈依基督比让撒旦皈依还要难。纳粹积极地利用了这本书。当然，近几个世纪也不乏反对反犹立场的教会领袖，如教皇格列高利十六世、利奥十三世、庇护十一世等。——译者注

过，而且基督教阐释者的工作往往极其勤奋、富有技巧、相当公正。然而，哪怕最好的基督教阐释者看犹太教时也沾染了片面性、自我维护的心理，或想当然的思考方式。当我们以被反犹历史磨炼过的眼光回顾过去时，不可能看不见这一点。我的意思不是说犹太人阐释犹太教就一定公正、没有偏见，但是我们决不能以为基督徒在神学或礼拜仪式中吸纳了犹太审美因素[①]就足以补偿过去的错误。问题是只有在现实的、真诚的对话中摆事实才有裨益。而现实且真诚的对话要求对话者是真人（这一条件可能令人讨厌，造成不方便），而不是我们编造的人物。

命题四：信仰不应与怀旧相混淆

我们无法复制过去，我们也不应该希望复制。在基督教对《旧约》的解读中，类型学和寓言当然有漫长、神圣的历史。但是，即使基督徒今天有充足的理由想重温或 再现那些阐释传统的活力与风采，他们也需要承认，类型学和寓言均可能夺走历史本身的完整性。当然，教会生活中的一些地方——最显著的是礼拜仪式，应该让我们感到自己站在祖先、先知和使徒面前，在这里我们的阐释语言企图起到东正教仪式中圣像之屏应该起的

① 例如，根据斐洛、优西比乌斯和德尔图良的记载，基督教礼拜仪式中融入了犹太音乐中的启应对唱诗歌和应答诗歌；最早的圣餐形式受到犹太传统的晚餐“掰饼”仪式的影响等等。——译者注

作用，它是上帝的永生世界与我们的时间的世界之间的窗户。我仅仅想强调，即使在这样的时刻，我们也应该保持弗兰克·科穆德（Frank Kermode）称之为“学者的怀疑精神”的品质。① 佯称现在即过去的做法间或也许能造就效果不错、招人喜爱的小说，但它是虚构，我们需要明白这一点。在试图为圣经和传统里的道德规则寻找根据时，时代误植的危险时时存在，我们需要对此保持高度的警觉。

问题不仅是我们不能复制基督教发端之际的黄金时期，而且是并无黄金时期可供我们复制。耶稣去加里里并没有宣布一套完整、系统和新奇的基督教道德，甚至连一套让其门徒解说的基本原则都没有。我已经说明，“新约伦理”这样的东西当时并不存在。研究早期基督教的人种志学者找到的只是一种记录，上面有试验，试错，创造性地误读传统，创新被狡猾地塞进习俗的缝隙中，全新的东西与熟悉、老旧的混在一起，争辩与冲突，令人苦恼的分裂迹象中夹杂着热烈的统一言词，基本问题上的相反观点，辩证与变化，等等。基督教道德在历史中开始，它始于以色列，而以色列所在的多种本土文化的世界已经被希腊化和

① 见于 Kermode 1968 各处。

罗马化了①，甚至无法准确地说明这种道德于何时、何地成为分明的基督教道德。而且，在融合的漩涡中，很难确知什么特征使它区别于其他道德。从来没有过一种没有掺杂他人的经历和传统的纯粹的基督教道德。

我们在历史中寻找向导，是否步入了那吞噬一切的解构迷雾？是否任何意义都不仅出于偶然而且也无法确定？我认为我们不必接受如此悲观的观点。传统可能从一开始就是多样的，但是它并非没有定型。世界上没有一种独一无二的基督教道德，但是各种形态表现了重要的家庭成员之间的相似性。或许无法列举一套有限的基本原则——极其强健、乃至从历史的土壤中拔出后都能完整无损的基本原则，不过存在着一些基本的隐喻，它们已经证明自己具有巨大的生成能力。只要不受怀旧情绪的遮蔽，信仰便能够找到自己需要的向导。

命题五：基督教道德里必然有多种声音

在整个基督教历史中，早期历史有诸种富于讽刺意味、却不令人惊讶的内容，其中之一是，追求统一（因为上帝是单一）的强烈冲动却导致了冲突和分裂。基督教群体应该始终为统一而奋斗、而祈祷，但是要准许相当程度的多样性存在。多大程度的统

---

① 巴勒斯坦于公元前333年被亚历山大大帝征服，希腊化进程开始；公元前63年被庞贝率领的罗马军队征服，罗马化进程开始。——译者注

一是能够达到的？多大程度的多样性是应该容忍的？这是每一代人都必须作出的判断。如果任何情况都能得到许可，群体和传统显然就不可能存在（“凡事我都可行，但不都有益处”）[①]，因此不实行某种程度的强制的群体是不存在的。然而，通过强制达到的统一是不稳固的（“我这自由为什么被别人的良心论断呢？”[②]）。我引用保罗的话是有理由的，那就是，在早期基督教团体的诸首领中，保罗（在他最明智的情况下）运用多种声音显然最为娴熟。他把多种声音纳入自己明确的表述之中：传统、旧约、弱势群体、强势群体、确立已久的习俗、全新的福音等等。[③]保罗文章的这一特点我们至少能够模仿。

事实上，尽管存在高度、喧嚣的多样性——或许正因为此，基督教运动得以延续。用传统的神学字眼表达，就是基督徒寻求的统一——单一的上帝所赋予的统一——是末世论的一个赠品。统一就像末世论的其他本质一样对我们处于历史的中段的生活施加压力，但是我们并没有统一，我们至多只能向它靠近。人类生活的地域与之相异，我们无法把它拽入。现在是时间的中段，我们最好不要缩小自己的智性和精神的基因库，不要减少

① 见《哥林多前书》10:23。——译者注

② 见《哥林多前书》10:29。——译者注

③ Meeks 1988。

隐喻、故事、思想以及制度的储备。我们需要常识，许多试验很愚蠢，有些则很危险，但是我们需要试验。我们创造性的复调音乐需要一些教派、阶层、遵循传统者、试验性团体、激进的预言者的声音。我们从哪里能得到决定何为愚蠢、何为危险的判断力呢？克里夫德·基茨(Clifford Geertz)说得很清楚、很正确，判断力是“一个文化体系”。① 判断力的形成与我在本书中论述的道德情操形成的途径相同，都由普通的知识、共同的传统以及普通的实践塑造而成，它也由我们的记忆和经历塑造，除此而外，别无蹊径。

命题六：我们需要的是道德信心，而非对问题的确信无疑的看法

我以前曾经屡次用到伯纳德·威廉姆斯题写的这一箴言，提到他关于只有思考不足以产生信心的论证。② 只有健康的群体才能产生信心，而在当今世界道德信心不足是普遍现象（虽然动辄就发表毫无根据的确定信念的预言者却多而又多），这个迹象说明我们社会的形势并不太妙。但是为了增强道德信心而建设、增强各个群体的计划不太可能达到预想的目的：它极易掀起一股自私的自我关注浪潮，而教会极易染上此病。基督教群体

① Geertz 1983,73-93。

② Williams 1985。

是否健康取决于他们是否尽力履行自己的责任，仅仅为自己的健康担忧是不够的。在某种程度上，有些最重要的事情只能间接达到。因此，在耶稣关于最后审判的寓言里，义人惊奇地发现，通过关爱他人，他们做到了爱上帝。这就是《马太福音》25:37 里羊提出的问题的深刻含义："主阿，我们什么时候见你饿了给你吃？"

从神学的角度看这一问题，基督徒所需要的道德信心建立在一种确信无疑的把握之上，而这种把握就像宗教改革运动的领袖们论及灵魂得救的问题时所言：它在我们之外。这个看法把我们带到最后一个命题。

命题七：上帝往往制造意外

《圣经》故事最引人注目的特点之一是，被描绘为忠实于自己所立之约的上帝不断给其子民制造意外，有时让他们感到惊愕。故事的这一特征为最早的基督徒提供了极大的便利，使他们能够坚称上帝之子——救世主耶稣——被钉十字架及其复活也许就是最大的意外，但并非与其特性不符。基督徒自然愿意相信这也是最后的意外，此后，上帝就完全像基督徒对启示性事件的理解那样行动了。然而，根据上帝以前的行为记录，这一设想看来毫无理由。

保罗在《罗马书》中根据这一终极意外对以色列的状况的思考对现在的基督徒是一种有益的范式，帮助他们思考上帝对约的忠诚问题。保罗的“以色列人有几分是硬心”的故事(9-11)讲的是犹太人不承认耶稣是救世主,于是在基督教团体中他们被外邦人取代。但是外邦人决不能以为自己刚刚获得的上帝的子民的特权地位无涉于以色列之“根”,或自己不会受到不信基督的犹太人遭到的那类审判。他们也不能以为(就像《马太福音》、《巴拿巴书》以及其后的传统大多强调的)上帝与以色列人已经一刀两断,取消了与他们的契约。相反,保罗设想,与“全体以色列人”的约最终会兑现——虽然这一设想与圣经和传统造成的期望相反,但是现在回顾,则可以看到,该设想以未曾预见到的方式拾起了犹太《圣经》和传统中的重要主题。

也许21世纪的基督徒和犹太人会通过类似的方式认识到,他们两部圣经中不同、但有重叠的故事(犹太《塔纳克》的故事多中心、带开放性结局,基督教《圣经》讲的故事紧紧围绕中心、奋力向前发展①)并不互相排斥,同时自身均不完整。而且,他们也许还会发现,上帝要求地上所有人兴旺发达,只有当基督徒和犹太人找到了承认其他民族和传统的叙述与韵律的途径,再一次修正、复审,而不是抛弃自我之时,这一旨意才有可能实现。

---

① 我必须再次提请读者参阅 Josipovici 1988 对犹太圣经与基督教圣经中不同节奏的清晰说明。

保罗式的恪守信仰的阐释要求对上帝有信心。而上帝决意怜悯所有的人,要创造那尚不存在的。他将要让那些忠于他以往行动的故事的人大吃一惊,但不会摒弃他们。[①] 在这样的情况下,创造基督教的道德和创造人类道德的进程还将继续。

① 最后这句话出自 Meeks 1991b,124,一字不差。

参考文献

Alexander, Loveday. Forthcoming. "Paul and the Hellenistic Schools: The Evidence of Galen." In *Paul and His Hellenistic Background*, ed. Troels Engberg-Pedersen. Minneapolis: Fortress.

Alexander, P. S. 1986. "Incantations and Books of Magic." In Emil Schürer, *The History of the Jewish People in the Age of Jesus Christ, 175 B.C.–A.D. 135: A New English Edition*, ed. Geza Vermes et al., 3.1:342–79. Edinburgh: T. & T. Clark.

Alföldy, Géza. 1980. *Die Rolle des Einzelnen in der Gesellschaft des Römischen Kaiserreiches: Erwartungen und Wertmastäbe*. Heidelberg: Carl Winter.

Alter, Robert. 1981. *The Art of Biblical Narrative*. New York: Basic.

Ashton, John. 1991. *Understanding the Fourth Gospel*. Oxford: Oxford University Press.

Attridge, Harold W. 1976. *The Interpretation of Biblical History in the Antiquitates Judaicae of Flavius Josephus*. Missoula, Mont.: Scholars.

———. 1989. *The Epistle to the Hebrews: A Commentary on the Epistle to the Hebrews*. Philadelphia: Fortress.

———. 1991. "'Masculine Fellowship' in the *Acts of Thomas*." In *The Future of Early Christianity: Essays in Honor of Helmut Koester*, ed. Birger A. Pearson, 406–13. Minneapolis: Fortress.

Audollent, Auguste. 1904. *Defixionum tabellae*. Paris: A. Fontemoing.

Aune, David E. 1987. *The New Testament in Its Literary Environment*. Philadelphia: Westminster.

———. 1991. "Romans as a *logos protreptikos* in the Context of Ancient Religious and Philosophical Propaganda." In *Paulus und das antike Judentum*, ed. Martin Hengel and Ulrich Heckel. Tübingen: J. C. B. Mohr (Paul Siebeck).

Babcock, William S., ed. 1990. *Paul and the Legacies of Paul*. Dallas: Southern Methodist University Press.

Badian, Ernst. 1958. *Foreign Clientelae, 264–70 B.C.*. Oxford: Oxford University Press.

Baer, Richard A., Jr. 1970. *Philo's Use of the Categories Male and Female*. Leiden: Brill.

Bailey, Cyril, ed. and trans. 1970. *Epicurus: The Extant Remains, with Short Critical Apparatus, Translation and Notes*. Hildesheim and New York: Georg Olms.

Balch, David L. 1981. *Let Wives Be Submissive: The Domestic Code in 1 Peter*. Chico, Calif.: Scholars.

———. 1988. "Household Codes," ed. David E. Aune. In *Greco-Roman Literature and the New Testament: Selected Forms and Genres*, 25–50. Atlanta: Scholars.

Baldry, H. C. 1965. *The Unity of Mankind in Greek Thought*. Cambridge: Cambridge University Press.

Bamberger, Bernard J. 1968. *Proselytism in the Talmudic Period*. New York: Ktav.

Barb, Alphonse A. 1953. "Diva matrix: A Faked Gnostic Intaglio in the Possession of P. P. Rubens and the Iconology of a Symbol." *Journal of the Warburg and Courtald Institutes* 16: 193–238.

Barr, James. 1961. *The Semantics of Biblical Language*. Oxford: Oxford University Press.

———. 1962. *Biblical Words for Time*. Studies in Biblical Theology. London: SCM.

Barton, S. C., and G. H. R. Horsley. 1981. "A Hellenistic Cult Group and the New Testament Churches." *Jahrbuch für Antike und Christentum* 24: 7–41.

Bassler, Jouette M. 1979. *Divine Impartiality: Paul and a Theological Axiom*. Chico, Calif.: Scholars.

Beckford, James A. 1978. "Accounting for Conversion." *British Journal of Sociology* 29: 249–62.

Berger, Peter L., and Thomas Luckmann. 1967. *The Social Construction of Reality: A Treatise in the Sociology of Knowledge*. Garden City, N.Y.: Doubleday, Anchor.

Best, Ernest. 1971. *1 Peter*. London: Oliphants.

———. 1983. *Mark: The Gospel as Story*. Edinburgh: T. & T. Clark.

Betz, Hans Dieter. 1985. *Essays on the Sermon on the Mount*. Philadelphia: Fortress.

———. 1987. "Magic in Greco-Roman Antiquity." In *Encyclopedia of Religion*, ed. Mircea Eliade, 9:93–97. New York: Macmillan.

Betz, Hans Dieter, ed. 1986. *The Greek Magical Papyri in Translation, Including the Demotic Spells*. Chicago and London: University of Chicago Press.

Bickerman, Elias. 1957. Review of Ernest Barker, *From Alexander to Constantine*. *American Journal of Philology* 78: 327.

Blackman, E. C. 1948. *Marcion and His Influence*. London: SPCK.

Bobertz, Charles. 1988. "Cyprian of Carthage as Patron: A Social Historical Study of the Role of Bishop in the Ancient Christian Community of North Africa." Ph.D. diss., Yale University. Microform: UMI 90–09438.

Boling, Robert. 1975. *Judges: Introduction, Translation, and Commentary.* Garden City, N.Y.: Doubleday.

———. 1982. *Joshua: Introduction, Translation, and Commentary.* Garden City, N.Y.: Doubleday.

Bonner, Stanley F. 1977. *Education in Ancient Rome from the Elder Cato to the Younger Pliny.* Berkeley: University of California Press.

Boswell, John. 1988. *The Kindness of Strangers: The Abandonment of Children in Western Europe from Late Antiquity to the Renaissance.* New York: Pantheon.

Botte, Bernard, O.S.B., ed. and trans. 1963. *La Tradition apostolique de saint Hippolyte: Essai de reconstitution.* Münster: Aschendorff.

Boulvert, Gérard. 1974. *Domestique et functionnaire sur le haut-empire romain: La Condition de l'affranchi et de l'esclave du prince.* Paris: Belles Lettres.

Bovon, François, et al., eds. 1981. *Les Actes apocryphes des apôtres: Christianisme et monde païne.* Paris: Labor et Fides.

Bowersock, Glen W. 1965. *Augustus and the Greek World.* Oxford: Oxford University Press.

Brakke, David Bernhard. 1992. "St. Athanasius and Ascetic Christians in Egypt." Ph.D. diss., Yale University.

Braude, William G. 1940. *Jewish Proselytizing in the First Five Centuries of the Common Era.* Providence, R.I.: Brown University Press.

Brown, Peter. 1981. *The Cult of the Saints: Its Rise and Function in Latin Christianity.* Chicago: University of Chicago Press and London: SCM.

———. 1988. *The Body and Society: Men, Women and Sexual Renunciation in Early Christianity.* New York: Columbia University Press.

Brown, Raymond E. 1979. *The Community of the Beloved Disciple: The Life, Loves, and Hates of an Individual Church in New Testament Times.* New York, Ramsey, and Toronto: Paulist.

Brox, Norbert. 1979. *Der erste Petrusbrief.* Zurich: Benziger and Neukirchen-Vluyn: Neukirchener Verlag.

Bultmann, Rudolf. 1951. *Theology of the New Testament,* trans. Kendrick Grobel. New York: Scribner's.

Burkill, T. A. 1963. *Mysterious Revelation: An Examination of the Philosophy of St. Mark's Gospel.* Ithaca, N.Y.: Cornell University Press.

Campbell, J. K. 1964. *Honour, Family and Patronage: A Study of Institutions and Moral Values in a Greek Mountain Community.* Oxford: Oxford University Press.

Cantarella, Eva. 1987. *Pandora's Daughters: The Role and Status of Women in Greek and Roman Antiquity*, trans. Maureen B. Fant. Baltimore and London: Johns Hopkins University Press.

Carrington, Philip. 1940. *The Primitive Christian Catechism: A Study in the Epistles*. Cambridge: Cambridge University Press.

Chantraine, Heinrich. 1967. *Freigelassene und Sklaven im Dienst der römischen Kaiser: Studien zu ihrer Nomenklatur*. Wiesbaden: Steiner.

Charlesworth, James H., ed. 1983. *The Old Testament Pseudepigrapha*. Vol. 1. *Apocalyptic Literature and Testaments*. Garden City, N.Y.: Doubleday.

Clark, Elizabeth A. 1979. *Jerome, Chrysostom, and Friends: Essays and Translations*. New York and Toronto: Edwin Mellen.

Clark, Gillian, trans. 1989. *Iamblichus: On the Pythagorean Life*. Liverpool: Liverpool University Press.

Cohen, Shaye J. D. 1982–83. "Alexander the Great and Jaddus the High Priest According to Josephus." *Association of Jewish Studies Review* 7–8: 41–68.

———. 1983. "Conversion to Judaism in Historical Perspective: From Biblical Israel to Postbiblical Judaism." *Conservative Judaism* 36 (Summer): 31–45.

———. 1986. "Was Timothy Jewish (Acts 16:1–3)? Patristic Exegesis, Rabbinic Law, and Matrilineal Descent." *Journal of Biblical Literature* 105: 251–68.

———. 1987a. *From the Maccabees to the Mishnah*. Philadelphia: Westminster.

———. 1987b. "Respect for Judaism by Gentiles According to Josephus." *Harvard Theological Review* 80: 409–30.

———. 1989. "Crossing the Boundary and Becoming a Jew." *Harvard Theological Review* 82: 13–33.

Countryman, L. William. 1980. *The Rich Christian in the Church of the Early Empire: Contradictions and Accommodations*. Toronto: Edwin Mellen.

———. 1988. *Dirt, Greed, and Sex: Sexual Ethics in the New Testament and Their Implications for Today*. Philadelphia: Fortress.

Crenshaw, James L. 1974. "Wisdom." In *Old Testament Form Criticism*, ed. John H. Hayes, 229–36. San Antonio: Trinity University Press.

Cross, F. L. 1954. *I Peter: A Paschal Liturgy*. London: A. R. Mowbray.

Dahl, Nils Alstrup. 1964. "Der Erstgeborene Satans und der Vater des Teufels (Polyk. 7,1 und Joh. 8,44." In *Apophoreta: Festschrift für Ernst Haenchen*, ed. Walther Eltester, 70–84. Berlin: Alfred Töpelmann.

———. 1976a. "Anamnesis: Memory and Commemoration in Early Christianity." In *Jesus in the Memory of the Early Church*, 11–29. Minneapolis: Augsburg.

———. 1976b. "Letter." In *The Interpreter's Dictionary of the Bible, Supplementary Volume*, 538–41. Nashville: Abingdon.

———. 1976c. "Form-critical Observations on Early Christian Preaching." In *Jesus in the Memory of the Early Church*, 30–36. Minneapolis: Augsburg.

Danker, Frederick W. 1982. *Benefactor: Epigraphic Study of a Graeco-Roman and New Testament Semantic Field*. St. Louis: Clayton.

Davies, W. D. 1966. *The Setting of the Sermon on the Mount*. Cambridge: Cambridge University Press.

Dawson, David. 1992. *Allegorical Readers and Cultural Revision in Ancient Alexandria*. Berkeley: University of California Press.

de Lacy, P. H. 1948. "Lucretius and the History of Epicureanism." *Transactions of the American Philological Association* 79: 12–23.

De Witt, Norman W. 1936a. "Epicurean Contubernium." *Transactions of the American Philological Association* 67: 59–60.

———. 1936b. "Organization and Structure of Epicurean Groups." *Classical Philology* 31: 205–11.

Dibelius, Martin. 1923. *Der Hirt des Hermas*. Handbuch zum Neuen Testament, Ergänzungs-Band. Tübingen: J. C. B. Mohr (Paul Siebeck).

———. 1976. James: *A Commentary on the Epistle of James*. Revised by Heinrich Greeven. Philadelphia: Fortress.

———. n.d. *From Tradition to Gospel*, trans. Bertram Lee Woolf and Martin Dibelius. New York: Scribner's.

Dieterich, Albrecht. 1969. *Nekyia: Beiträge zur Erklärung der neuentdeckten Petrusapokalypse*. 3d ed. Stuttgart: B. G. Teubner.

Dihle, Albrecht. 1957. "Demut." In *Realenzyklopädie für Antike und Christentum*, vol. 3, cols. 735–78.

———. 1982. *The Theory of Will in Classical Antiquity*. Berkeley: University of California Press.

Dix, Gregory, O.S.B., ed. and trans. 1968. *The Treatise on the Apostolic Tradition of St Hippolytus of Rome*. Reissued with corrections, preface, and bibliography by Rev. Henry Chadwick. London: SPCK.

Dowd, Sharyn Echols. 1988. *Prayer, Power, and the Problem of Suffering: Mark 11:22–25 in the Context of Markan Theology*. Atlanta: Scholars.

Drijvers, Han J. W. 1987–88. "Marcionism in Syria: Principles, Problems, Polemics." *Second Century* 6: 153–72.

Droge, Arthur J. 1989. *Homer or Moses? Early Christian Interpretations of the History of Culture*. Tübingen: J. C. B. Mohr (Paul Siebeck).

Dronke, Peter. 1984. *Women Writers of the Middle Ages: A Critical Study of Texts from Perpetua (†203) to Marguerite Porete (†1310)*. Cambridge: Cambridge University Press.

Edwards, Richard A., and Robert A. Wild, S.J., eds. and trans. 1981. *The Sentences of Sextus.* Chico, Calif.: Scholars.

Elliott, John H. 1981. *A Home for the Homeless: A Sociological Exegesis of 1 Peter, Its Situation and Strategy.* Philadelphia: Fortress.

———. 1988. "The Fear of the Leer: The Evil Eye from the Bible to Li'l Abner." *Forum* 4 (December): 42–71.

Engberg-Pedersen, Troels. 1990. *The Stoic Theory of Oikeiosis: Moral Development and Social Interaction in Early Stoic Philosophy.* Aarhus: Aarhus University Press.

Engberg-Pedersen, Troels, ed. Forthcoming. *Paul in His Hellenistic Context.* Minneapolis: Fortress.

Farrer, Austin. 1951. *A Study in St. Mark.* Westminster: Dacre and New York: Oxford University Press.

———. 1966. *St. Matthew and St. Mark.* 2d ed. Westminster: Dacre.

Festugiere, A. J. 1956. *Epicurus and His Gods,* trans. C. W. Chilton. Cambridge: Harvard University Press.

Finn, Thomas M. 1989. "Ritual Process and the Survival of Early Christianity: A Study of the Apostolic Tradition of Hippolytus." *Journal of Ritual Studies* 3: 69–89.

Fiore, Benjamin, S.J. 1986. *The Function of Personal Example in the Socratic and Pastoral Epistles.* Rome: Biblical Institute Press.

Fiorenza, Elisabeth Schüssler. 1983. *In Memory of Her: A Feminist Theological Reconstruction of Christian Origins.* New York: Crossroad.

Fishbane, Michael. 1985. *Biblical Interpretation in Ancient Israel.* Oxford: Oxford University Press.

Fitzgerald, John T. 1988. *Cracks in an Earthen Vessel: An Examination of the Catalogues of Hardships in the Corinthian Correspondence.* Atlanta: Scholars.

Fitzgerald, John T., and L. Michael White, trans. and eds. 1983. *The Tabula of Cebes.* Chico, Calif.: Scholars.

Flory, Marlene B. 1975. "Family and 'Familia': A Study of Social Relations in Slavery." Ph.D. diss., Yale University.

———. 1978. "Family in *Familia:* Kinship and Community in Slavery." *American Journal of Ancient History* 3: 78–95.

Foerster, Werner, ed. and trans. 1972. *Gnosis: A Selection of Gnostic Texts.* English trans. ed. R. McL. Wilson. Oxford: Oxford University Press.

Fowl, Stephen E. 1990. *The Story of Christ in the Ethics of Paul: An Analysis of the Function of the Hymnic Material in the Pauline Corpus.* Sheffield: JSOT.

Fox, Robin Lane. 1987. *Pagans and Christians.* New York: Alfred A. Knopf.

Fredriksen, Paula. 1986. "Paul and Augustine: Conversion Narratives, Orthodox Traditions, and the Retrospective Self." *Journal of Theological Studies* n.s. 37: 3–34.

Frischer, Bernard. 1982. *The Sculpted Word: Epicureanism and Philosophical Recruitment in Ancient Greece*. Berkeley: University of California Press.

Frye, Northrop. 1983. *The Great Code: The Bible and Literature*. San Diego: Harcourt Brace Jovanovich.

Gager, John G. 1970. "Functional Diversity in Paul's Use of End-time Language." *Journal of Biblical Literature* 89: 325–37.

Gager, John G., ed. and trans. 1992. *Curse Tablets and Binding Spells from the Ancient World*. New York and Oxford: Oxford University Press.

Garrett, Susan R. 1989. *The Demise of the Devil: Magic and the Demonic in Luke's Writings*. Minneapolis: Fortress.

———. 1990. "The God of This World and the Affliction of Paul: 2 Cor 4:1–12." In *Greeks, Romans, and Christians: Essays in Honor of Abraham J. Malherbe*, ed. David L. Balch, Everett Ferguson, and Wayne A. Meeks, 99–117. Minneapolis: Fortress.

———. 1993. "The 'Weaker Sex' in *Testament of Job*." *Journal of Biblical Literature* 112:55–70.

Gaventa, Beverly Roberts. 1986. *From Darkness to Light: Aspects of Conversion in the New Testament*. Philadelphia: Fortress.

Geertz, Clifford. 1973. *The Interpretation of Cultures: Selected Essays*. New York: Basic.

———. 1983. *Local Knowledge: Further Essays in Interpretive Anthropology*. New York: Basic.

Goodenough, Erwin R. 1938. *The Politics of Philo Judaeus: Practice and Theory*. With a general bibliography of Philo by Howard L. Goodhart and Erwin R. Goodenough. New Haven: Yale University Press.

———. 1953–68. *Jewish Symbols in the Greco-Roman Period*. 13 vols. New York: Pantheon and Princeton: Princeton University Press.

———. 1962. *An Introduction to Philo Judaeus*. Oxford: Blackwell.

Goodman, Felicitas D. 1972. *Speaking in Tongues: A Cross-cultural Study of Glossolalia*. Chicago and London: University of Chicago Press.

Goodman, Martin. 1992. "Jewish Proselytizing in the First Century." In *The Jews among Pagans and Christians in the Roman Empire*, ed. Judith Lieu, John North, and Tessa Rajak, 53–78. London and New York: Routledge.

Goodspeed, Edgar J., ed. 1914. *Die ältesten Apologeten: Texte mit kurzen Einleitungen*. Göttingen: Vandenhoeck & Ruprecht.

Gorer, Geoffrey. 1965. "The Pornography of Death." In *Death, Grief, and Mourning*, Appendix 4, 192–99. Garden City, N.Y.: Doubleday.

Grant, Robert M. 1967. *After the New Testament*. Philadelphia: Fortress.
———. 1988. *Greek Apologists of the Second Century*. Philadelphia: Westminster.
Griffiths, J. Gwyn, ed. and trans. 1975. Apuleius of Madauros, *The Isis-book (Metamorphoses, book XI)*. Leiden: E. J. Brill.
Haacker, Klaus. 1990. "Der Römerbrief als Friedensmemorandum." *New Testament Studies* 36: 25–41.
Hallett, Judith P. 1984. *Fathers and Daughters in Roman Society: Women and the Elite Family*. Princeton: Princeton University Press.
Harnack, Adolf von. 1972 [vol. 1 of 1908 ed.]. *The Mission and Expansion of Christianity in the First Three Centuries*, trans. James Moffatt. Gloucester, Mass.: Peter Smith.
———. 1989. *Marcion: The Gospel of the Alien God*. Durham: Labyrinth.
Hauerwas, Stanley. 1975. *Character and the Christian life: A Study in Theological Ethics*. San Antonio: Trinity University Press.
———. 1981. *A Community of Character*. Notre Dame: University of Notre Dame Press.
———. 1983. *The Peaceable Kingdom: A Primer in Christian Ethics*. Notre Dame: University of Notre Dame Press.
Hays, Richard B. 1983. *The Faith of Jesus Christ: An Investigation of the Narrative Substructure of Galatians 3:1–4:11*. Chico, Calif.: Scholars.
Heinemann, Isaak. 1962. *Philons griechische und jüdische Bildung*. Darmstadt: Wissenschaftliche Buchgesellschaft.
Hellholm, David. 1980. *Das Visionenbuch des Hermas als Apokalypse: Formgeschichtliche und texttheoretische Studien zu einer literarischen Gattung. I. Methodologische Vorüberlegungen und makrostrukturelle Textanalyse*. Lund: C. W. K. Gleerup.
Hengel, Martin. 1977. *Crucifixion in the Ancient World and the Folly of the Message of the Cross*. Philadelphia: Fortress.
———. 1983. *Between Jesus and Paul*. Philadelphia: Fortress.
Hennecke, Edgar. 1965. *New Testament Apocrypha*, ed. Wilhelm Schneemelcher and R. McL. Wilson. Vol. 2. *Writings Related to the Apostles: Apocalypses and Related Subjects*. Philadelphia: Westminster.
Himmelfarb, Martha. 1983. *Tours of Hell: An Apocalyptic Form in Jewish and Christian Literature*. Philadelphia: University of Pennsylvania Press.
Hock, Ronald F., and Edward N. O'Neil, eds. 1986. *The Chreia in Ancient Rhetoric*. Vol. 1. *The Progymnasmata*. Atlanta: Scholars.
Hoffmann, R. Joseph. 1987–88. "How Then Know This Troublous Teacher? Further Reflections on Marcion and His Church." *Second Century* 6: 173–91.

Höistad, Ragnar. 1948. *Cynic Hero and Cynic King*. Uppsala: G. W. K. Gleerup.

Hollander, H. W., and Marinus de Jonge. 1985. *The Testaments of the Twelve Patriarchs: A Commentary.* Leiden: E. J. Brill.

Horst, P. W. van der. 1990. "Sarah's Seminal Emission: Hebrews 11:11 in the Light of Ancient Embryology." In *Greeks, Romans, and Christians: Essays in Honor of Abraham J. Malherbe*, ed. David L. Balch, Everett Ferguson, and Wayne A. Meeks, 287–302. Minneapolis: Fortress.

Horst, P. W. van der, ed. and trans. 1978. *The Sentences of Pseudo-Phocylides, with Introduction and Commentary.* Leiden: E. J. Brill.

Hyldahl, Niels. 1966. *Philosophie und Christentum: Eine Interpretation der Einleitung zum Dialog Justins.* Copenhagen: Munksgaard.

Jaeger, Werner. 1945. *Paideia: The Ideals of Greek Culture*, trans. Gilbert Highet. 2d ed. Oxford and New York: Oxford University Press.

Jaekel, Siegfried, ed. 1964. *Menandri Sententiae.* Leipzig: B. G. Teubner.

Jeffers, James S. 1991. *Conflict at Rome: Social Order and Hierarchy in Early Christianity.* Minneapolis: Fortress.

Johnson, Luke T. 1982. "The Use of Leviticus 19 in the Letter of James." *Journal of Biblical Literature* 101: 391–401.

———. 1983. "James 3:13–4:10 and the *topos Peri phthonou.*" *Novum Testamentum* 25: 327–47.

———. 1988. "James." In *Harper's Bible Commentary*, 1272–78. San Francisco: Harper & Row.

———. 1989. "The New Testament's Anti-Jewish Slander and the Conventions of Ancient Polemic." *Journal of Biblical Literature* 108: 419–41.

Jones, A. H. M. 1971. *The Cities of the Eastern Roman Provinces.* 2d ed., rev. Michael Avi-Yonah et al. Oxford: Oxford University Press.

Jones, C. P. 1971. *Plutarch and Rome.* Oxford: Oxford University Press.

Jonge, M. de. 1968. *De Brieven van Johannes.* Nijkerk: G. F. Callenbach.

———. 1975. *The Testaments of the Twelve Patriarchs: A Study of Their Text, Composition and Origin.* 2d ed. Assen: Van Gorcum.

Jonge, Marinus de, et al., eds. 1978. *The Testaments of the Twelve Patriarchs: A Critical Edition of the Greek Text.* Leiden: E. J. Brill.

Josipovici, Gabriel. 1988. *The Book of God: A Response to the Bible.* New Haven and London: Yale University Press.

Judge, Edwin A. 1980. "The Social Identity of the First Christians: A Question of Method in Religious History." *Journal of Religious History* 11: 201–17.

Kamlah, Ehrhard. 1964. *Die Form der katalogischen Paränese im Neuen Testament.* Tübingen: J. C. B. Mohr (Paul Siebeck).

Käsemann, Ernst. 1965. "Zum Thema der urchristlichen Apokalyptik." In *Exegetische Versuche und Besinnungen*, 2:105–31. Göttingen: Vandenhoeck & Ruprecht.

Keck, Leander E. 1984. "Ethics in the Gospel According to Matthew." *Iliff Review* 40 (Winter): 39–56.

Kermode, Frank. 1968. *The Sense of an Ending: Studies in the Theory of Fiction*. Oxford: Oxford University Press.

———. 1979. *The Genesis of Secrecy: On the Interpretation of Narrative*. Cambridge: Harvard University Press.

Klauck, Hans-Josef. 1981. *Hausgemeinde und Hauskirche im fruhen Christentum*. Stuttgart: Katholisches Bibelwerk.

———. 1982. *Herrenmahl und hellenistischer Kult: Eine religionsgeschichtliche Untersuchung zum ersten Korintherbrief*. Neutestamentliche Abhandlungen. Münster: Aschendorff.

Klijn, A. F. J. 1962. *The Acts of Thomas: Introduction—Text—Commentary*. Leiden: Brill.

Kloppenborg, John S. 1987. *The Formation of Q: Trajectories in Ancient Wisdom Collections*. Philadelphia: Fortress.

Koschorke, Klaus. 1973. "Die 'Namen' in Philippusevangelium: Beobachtungen zur Auseinandersetzung zwischen gnostischem und kirchlichem Christentum." *Zeitschrift für die Neutestmentliche Wissenschaft* 64: 307–22.

Kuck, David W. 1992. *Judgment and Community Conflict: Paul's Use of Apocalyptic Judgment Language in 1 Corinthians 3:5–4:5*. Leiden: E. J. Brill.

Kugel, James L., and Rowan A. Greer. 1986. *Early Biblical Interpretation*. Philadelphia: Westminster.

Kümmel, Werner Georg. 1929. *Römer 7 und die Bekehrung des Paulus*. Leipzig: J. C. Hinrichs.

———. 1974. *Römer 7 und das Bild des Menschen im Neuen Testament: Zwei Studien*. Munich: Ch. Kaiser Verlag.

Lampe, Peter. 1987. *Die stadtrömischen Christen in den ersten beiden Jahrhunderten*. Tübingen: J. C. B. Mohr (Paul Siebeck).

Laqueur, Thomas W. 1990. *Making Sex: Body and Gender from the Greeks to Freud*. Cambridge: Harvard University Press.

Latham, R. E., trans. 1951. Lucretius, *The Nature of the Universe*. Harmondsworth: Penguin.

Lattimore, Richmond. 1942. *Themes in Greek and Latin Epitaphs*. Urbana: University of Illinois Press.

Layton, Bentley. 1968. "The Sources, Date and Transmission of *Didache* 1.3b–

2.1." *Harvard Theological Review* 61: 343–83.

Layton, Bentley, ed. 1980. *The Rediscovery of Gnosticism: Proceedings of the International Conference on Gnosticism at Yale, New Haven, Connecticut, March 28–31, 1978.* 2 vols. Leiden: E. J. Brill.

———. 1989. *The Coptic Gnostic Library.* 2 vols. *Nag Hammadi Codex II,2–7 Together with XIII,2*, Brit. Lib. Or.4926(1), and P. Oxy. 1, 654, 655.* Leiden: E. J. Brill.

Layton, Bentley, trans. and ed. 1987. *The Gnostic Scriptures: A New Translation with Annotations and Introductions.* Garden City, N.Y.: Doubleday.

Lear, Jonathan. 1988. *Aristotle: The Desire to Understand.* Cambridge: Cambridge University Press.

Levi, Doro. 1947. *Antioch Mosaic Pavements.* Princeton: Princeton University Press, London: Oxford University Press, and The Hague: Martinus Nijhoff.

Lipsius, Richard Adelbert, and Maximilian Bonnet, eds. 1959 [orig. ed. 1891–1903]. *Acta Apostolorum Apocrypha.* 2 vols. Darmstadt: Wissenschaftliche Buchgesellschaft.

Lührmann, Dieter. 1980. "Neutestamentliche Haustafeln und antike Ökonomie." *New Testament Studies* 27: 83–97.

Lutz, Cora E. 1947. *Musonius Rufus: "The Roman Socrates."* New Haven: Yale University Press.

McGuire, Anne. 1983. "Valentinus and the Gnostike Hairesis: An Investigation of Valentinus's Position in the History of Gnosticism." Ph.D. diss., Yale University.

MacIntyre, Alasdair. 1984. *After Virtue: A Study in Moral Theory.* 2d ed. Notre Dame: University of Notre Dame Press.

MacLeish, Archibald. 1958. *J. B.: A Play in Verse.* Boston: Houghton Mifflin.

MacMullen, Ramsay. 1974. *Roman Social Relations, 50* B.C. to A.D. 284. New Haven and London: Yale University Press.

———. 1981. *Paganism in the Roman Empire.* New Haven and London: Yale University Press.

———. 1984. *Christianizing the Roman Empire,* A.D. 100–400. New Haven and London: Yale University Press.

———. 1988. *Corruption and the Decline of Rome.* New Haven and London: Yale University Press.

———. 1990. *Changes in the Roman Empire: Essays in the Ordinary.* Princeton: Princeton University Press.

Maier, Harry O. 1991. *The Social Setting of the Ministry as Reflected in the Writings of Hermas, Clement and Ignatius.* Waterloo, Ontario: Wilfrid Laurier

University Press.

Malherbe, Abraham J. 1970a. "The Apologetic Theology of the *Preaching of Peter.*" *Restoration Quarterly* 13: 205–23.

———. 1970b. "'Gentle as a Nurse': The Cynic Background to 1 Thessalonians 2." *Novum Testamentum* 25: 203–17.

———. 1982. "Self-definition among Epicureans and Cynics." In *Jewish and Christian Self-definition,* ed. B. F. Meyer and E. P. Sanders. Vol. 3. *Self-definition in the Greco-Roman World,* 48–59, 193–97. Philadelphia: Fortress.

———. 1983. *Social Aspects of Early Christianity.* Rev. ed. Philadelphia: Fortress.

———. 1986. *Moral Exhortation: A Greco-Roman Sourcebook.* Philadelphia: Fortress.

———. 1987. *Paul and the Thessalonians: The Philosophic Tradition of Pastoral Care.* Philadelphia: Fortress.

———. 1988. "Herakles." In *Realenzyklopädie für Antike und Christentum,* vol. 14, cols. 559–83.

———. 1989. *Paul and the Popular Philosophers.* Minneapolis: Fortress.

———. 1992. "Hellenistic Moralists and the New Testament." In *Aufstieg und Niedergang der römischen Welt,* part 2, 26.1: 267–333. Berlin: Walter de Gruyter.

———. Forthcoming. "Determinism and Free Will in Paul: The Argument of 1 Corinthians 8 and 9." In *Paul in His Hellenistic Context,* ed. Troels Engberg-Pedersen. Minneapolis: Fortress.

Malherbe, Abraham J., ed. and trans. 1977. *The Cynic Epistles: A Study Edition.* Missoula, Mont.: Scholars.

Marshall, Peter. 1987. *Enmity in Corinth: Social Conventions in Paul's Relations with the Corinthians.* Tübingen: J. C. B. Mohr (Paul Siebeck).

Martin, Dale B. 1990. *Slavery as Salvation: The Metaphor of Slavery in Pauline Christianity.* New Haven and London: Yale University Press.

———. 1992. "Female Physiology and the Dangers of Desire in 1 Corinthians 7." Paper presented at Annual Meeting, Society of Biblical Literature, San Francisco, 22 Nov. 1992.

Martyn, J. Louis. 1979. *History and Theology in the Fourth Gospel.* Rev. and enl. ed. Nashville: Abingdon.

May, Gerhard. 1987–88. "Marcion in Contemporary Views: Results and Open Questions." *Second Century* 6: 129–51.

Meeks, Wayne A. 1972. "The Man from Heaven in Johannine Sectarianism." *Journal of Biblical Literature* 91: 44–72.

———. 1974. "The Image of the Androgyne: Some Uses of a Symbol in Earliest

Christianity." *History of Religions* 13: 165–208.

———. 1977. "The Unity of Humankind in Colossians and Ephesians." In *God's Christ and His people: Essays Presented to Nils Alstrup Dahl*, ed. Jacob Jervell and Wayne A. Meeks, 209–21. Oslo: Universitetsforlaget.

———. 1982a. " 'And Rose up to Play': Midrash and Paraenesis in 1 Corinthians 10:1–22." *Journal for the Study of the New Testament* 16: 64–78.

———. 1982b. "Social Functions of Apocalyptic Language in Pauline Christianity." In *Apocalypticism in the Mediterranean World and the Near East: Proceedings of the International Colloquium on Apocalypticism, Uppsala, August 12–17, 1979*, 687–705. Tübingen: J. C. B. Mohr (Paul Siebeck).

———. 1983. *The First Urban Christians: The Social World of the Apostle Paul*. New Haven and London: Yale University Press.

———. 1986. *The Moral World of the First Christians*. Library of Early Christianity. Philadelphia: Westminster.

———. 1987. "Judgment and the Brother: Romans 14:1–15:13," ed. Gerald F. Hawthorne. In *Tradition and Interpretation in the New Testament: Essays in Honor of E. Earle Ellis*, 290–300. Grand Rapids: Eerdmans and Tübingen: J. C. B. Mohr (Paul Siebeck).

———. 1988. "The Polyphonic Ethics of the Apostle Paul." *Annual of the Society of Christian Ethics*: 17–29.

———. 1990a. "The Circle of Reference in Pauline Morality." In *Greeks, Romans, and Christians: Essays in Honor of Abraham J. Malherbe*, ed. David L. Balch, Everett Ferguson, and Wayne A. Meeks, 305–17. Minneapolis: Fortress.

———. 1990b. "Equal to God." In *The Conversation Continues: Studies in Paul and John in Honor of J. Louis Martyn*, ed. Robert T. Fortna and Beverly R. Gaventa, 309–21. Nashville: Abingdon.

———. 1991a. "The Man from Heaven in Paul's Letter to the Philippians." In *The Future of Early Christianity: Essays in Honor of Helmut Koester*, ed. Birger A. Pearson, 329–36. Minneapolis: Fortress.

———. 1991b. "On Trusting an Unpredictable God: A Hermeneutical Meditation on Romans 9–11." In *Faith and History: Essays in Honor of Paul W. Meyer*, ed. John T. Carroll, Charles H. Cosgrove, and E. Elizabeth Johnson, 105–24. Atlanta: Scholars.

Meier, John P. 1979. *The Vision of Matthew: Christ, Church and Morality in the First Gospel*. New York, Ramsey, and Toronto: Paulist.

Milne, H. J. M. 1923–24. "A New Fragment of the *Apology* of Aristides." *Journal of Theological Studies* 25: 73–77.

Momigliano, Arnaldo. 1966. "Time in Ancient Historiography." In *History and the Concept of Time*, 1–23. Middletown, Conn.: Wesleyan University Press.

Morgan, Michael A., trans. 1983. *Sepher ha-Razim: The Book of the Mysteries.* Chico, Calif,: Scholars.

Moxnes, Halvor. 1988. *The Economy of the Kingdom: Social Conflict and Economic Relations in Luke's Gospel.* Philadelphia: Fortress.

———. Forthcoming. "The Quest for Honor and the Unity of the Community in Romans 12 and in the Orations of Dio Chrysostom." In *Paul in His Hellenistic Context*, ed. Troels Engberg-Pedersen. Minneapolis: Fortress.

Mueller, Reimar. 1972. *Die epikureische Gesellschaftstheorie.* Berlin: Akademie Verlag.

Musurillo, Herbert, ed. and trans. 1972. *The Acts of the Christian Martyrs.* Oxford: Oxford University Press.

Nelson, Paul. 1987. *Narrative and Morality: A Theological Inquiry.* University Park: Pennsylvania State University Press.

Neusner, Jacob. 1973. *The Idea of Purity in Ancient Judaism.* Leiden: Brill.

Newsom, Carol. 1985. *Songs of the Sabbath Sacrifice: A Critical Edition.* Atlanta: Scholars.

Nickelsburg, George W. E., Jr. 1972. *Resurrection, Immortality, and Eternal Life in Intertestamental Judaism.* Cambridge: Harvard University Press and London: Oxford University Press.

Niebuhr, H. Richard. 1956. *Christ and Culture.* New York: Harper and Row.

Nock, A[rthur] D[arby]. 1933. *Conversion: The Old and the New in Religion from Alexander the Great to Augustine of Hippo.* London: Oxford University Press.

Nussbaum, Martha C. 1986a. "Therapeutic Arguments: Epicurus and Aristotle." In *The Norms of Nature: Studies in Hellenistic Ethics*, ed. Malcolm Schofield and Gisela Striker, 31–74. Cambridge: Cambridge University Press and Paris: Editions de la Maison des Sciences de l'Homme.

———. 1986b. *The Fragility of Goodness: Luck and Ethics in Greek Tragedy and Philosophy.* Cambridge: Cambridge University Press.

Osiek, Carolyn. 1983. *Rich and Poor in the Shepherd of Hermas: An Exegetical-Social Investigation.* Washington: Catholic Biblical Association of America.

Pack, Roger A., ed. 1963. Artemidorus, *Artemidori Daldiani Oneirocriticon libri v.* Leipzig: B. G. Teubner.

Pagels, Elaine H. 1973. *The Johannine Gospel in Gnostic Exegesis: Heracleon's Commentary on John.* Nashville and New York: Abingdon.

———. 1975. *The Gnostic Paul: Gnostic Exegesis of the Pauline Letters.* Philadelphia: Fortress.

———. 1991. "The 'Mystery of Marriage' in the *Gospel of Philip* Revisited." In *The Future of Early Christianity: Essays in Honor of Helmut Koester*, ed. Birger A. Pearson, 442–54. Minneapolis: Fortress.

Parker, Robert. 1990. *Miasma: Polution and Purification in Early Greek Religion.* Oxford: Oxford University Press.

Pax, Elpidius. 1971. "Beobachtungen zur Konvertitensprache im ersten Thessalonicherbrief." *Studii Biblici Franciscani Analecta* 21: 220–61.

———. 1972. "Konvertitenprobleme im ersten Thessalonicherbrief." *Bibel und Leben* 13: 24–37.

Peacock, James L. 1986. *The Anthropological Lens: Harsh Light, Soft Focus.* Cambridge: Cambridge University Press.

Peristiany, J. G., ed. 1966. *Honour and Shame: The Values of Mediterranean Society.* Chicago: University of Chicago Press.

Perkins, Judith. 1985. "The Apocryphal Acts of the Apostles and Early Christian Martyrdom." *Arethusa* 18: 211–30.

Petersen, Norman R. 1985. *Rediscovering Paul: Philemon and the Sociology of Paul's Narrative World.* Philadelphia: Fortress.

Pleket, H. W. 1981. "Religious History as the History of Mentality: The 'Believer' as Servant of the Deity in the Greek World." In *Faith, Hope and Worship: Aspects of Religious Mentality in the Ancient World*, ed. H. S. Versnel, 152–92. Leiden: E. J. Brill.

Plümacher, Eckhard. 1987. *Identitätsverlust und Identitätsgewinn: Studien zum Verhältnis von kaiserzeitlicher Stadt und frühem Christentum.* Neukirchen-Vluyn: Neukirchener Verlag.

Preisendanz, Karl, ed. and trans. 1973–74. *Papyri Graecae Magicae: Die griechischen Zauberpapyri.* 2d ed., ed. Albert Henrichs. Stuttgart: B. G. Teubner.

Radice, Betty, ed. and trans. 1963. *The Letters of the Younger Pliny.* Harmondsworth: Penguin.

Rehrl, Stefan. 1961. *Das Problem der Demut in der profan-griechischen Literatur im Vergleich zu Septuaginta und Neuem Testament.* Münster: Aschendorff.

Rensberger, David. 1988. *Johannine Faith and Liberating Community.* Philadelphia: Westminster.

Rhoads, David M., and Donald Michie. 1982. *Mark as Story: An Introduction to the Narrative of a Gospel.* Philadelphia: Fortress.

Richardson, Cyril C., ed. and trans. 1953. *Early Christian Fathers.* In collaboration with Eugene R. Fairweather, Edward Rochie Hardy, and Massey Hamilton Shepherd. Philadelphia: Westminster.

Richardson, James T. 1978. *Conversion Careers: In and Out of the New Religions.* Beverly Hills, Calif.: Sage.

Robbins, Vernon K. 1984. *Jesus the Teacher: A Socio-rhetorical Interpretation of Mark.* Philadelphia: Fortress.

———. 1988. "The Chreia." In *Greco-Roman Literature and the New Testament: Selected Forms and Genres,* ed. David E. Aune, 1–24. Atlanta: Scholars.

Robbins, Vernon K., and Burton L. Mack. 1987. *Rhetoric in the Gospels: Argumentation in Narrative Elaboration.* Philadelphia: Fortress.

Rordorf, Willy. 1972. "Un Chapitre d'éthique judéo-chrétienne: Les Deux Voies." *Recherches de Science Religieuse* 60: 109–28.

Rorty, Richard. 1967. "Intuition." *The Encyclopedia of Philosophy,* 4: 204–12. New York: Free Press.

Roscher, W. H., ed. 1978. *Ausführliches Lexikon der griechischen und römischen Mythologie.* Hildesheim: Georg Olms.

Rostovtzeff, Mihail. 1957. *The Social and Economic History of the Roman Empire.* 2d ed., rev. P. M. Fraser. Oxford: Oxford University Press.

Rousselle, Aline. 1988. *Porneia: On Desire and the Body in Antiquity,* trans. Felicia Pheasant. Oxford: Blackwell.

Sampley, J. Paul. 1980. *Pauline Partnership in Christ: Christian Community and Commitment in Light of Roman Law.* Philadelphia: Fortress.

Schäfer, Peter. 1990. "Jewish Magic Literature in Late Antiquity and Early Middle Ages." *Journal of Jewish Studies* 41: 75–91.

Schoedel, William R. 1985. *Ignatius of Antioch: A Commentary on the Letters of Ignatius of Antioch.* Philadelphia: Fortress.

Segal, Alan F. 1990. *Paul the Convert: The Apostolate and Apostasy of Saul the Pharisee.* New Haven and London: Yale University Press.

Selwyn, E. G. 1947. *The First Epistle of St. Peter: The Greek Text, with Introduction, Notes, and Essays.* 2d ed. London: Macmillan.

Shiner, Whitney Taylor. 1992. " 'Follow Me!': Narrative and Rhetorical Function of the Disciples in the Gospel of Mark, Greek Philosophical Biographies, and the Wisdom of Ben Sira." Ph.D. dissertation, Yale University.

Skarsaune, Oskar. 1976. "The Conversion of Justin Martyr." *Studia Theologica* 30: 53–73.

Sly, Dorothy. 1990. *Philo's Perception of Women.* Atlanta: Scholars.

Smallwood, E. Mary. 1981. *The Jews under Roman Rule from Pompey to Diocletian.* Leiden: Brill.

Smith, Jonathan Z. 1965. "The Garments of Shame." *History of Religions* 5: 224–30.

Smith, Morton. 1951. *Tannaitic Parallels to the Gospels.* Philadelphia: Society of

Biblical Literature.
———. 1978. *Jesus the Magician*. San Francisco: Harper & Row.
———. 1981. "The History of the Term *gnostikos*." In *The Rediscovery of Gnosticism: Proceedings of the International Conference on Gnosticism at Yale, New Haven, Connecticut, March 28–31, 1978*, ed. Bentley Layton, 796–807. Leiden: E. J. Brill.
Sokolowski, Franciszek, ed. 1955. *Lois sacrées de l'Asie Mineure*. Paris: E. de Boccard.
———. ed. 1962. *Lois sacrées des cités grecques: Supplément*. Paris: E. de Boccard.
Soury, Guy. 1942. *La Démonologie de Plutarque: Essai sur les idées religieuses et les mythes d'un platonicien éclectique*. Paris: Belles Lettres.
Squires, John T. 1988. "The Plan of God in Luke-Acts." Ph.D. diss., Yale University.
Staden, Heinrich von. 1988a. *Herophilus: The Art of Medicine in Early Alexandria*. Cambridge: Cambridge University Press.
———. 1988b. "Herophilus." In *Great Lives from History: Ancient and Medieval Series*, 969–74. Pasadena: Salem.
———. 1992. "Women and Dirt." *Helios* 19: 7–30.
Stanton, Graham N. 1987. "The Origin and Purpose of Matthew's Sermon on the Mount." In *Tradition and Interpretation in the New Testament*, ed. G. F. Hawthorne, 181–92. Grand Rapids: Eerdmans and Tübingen: J. C. B. Mohr (Paul Siebeck).
Ste Croix, G. E. M. de. 1975. "Early Christian Attitudes to Property and Slavery." In *Church, Society and Politics*, ed. Derek Baker, 1–38. Oxford: Blackwell, for the Ecclesiastical History Society.
Stout, Jeffrey. 1981. *The Flight from Authority: Religion, Morality, and the Quest for Autonomy*. Notre Dame: University of Notre Dame Press.
———. 1988. *Ethics after Babel: The Languages of Morals and Their Discontents*. Boston: Beacon Press.
Stowers, Stanley K. 1981. *The Diatribe and Paul's Letter to the Romans*. Chico, Calif.: Scholars.
———. 1986. *Letter Writing in Greco-Roman Antiquity*. Philadelphia: Westminster.
———. 1988. "The Diatribe." In *Greco-Roman Literature and the New Testament: Selected Forms and Genres*, ed. David E. Aune, 71–84. Atlanta: Scholars.
———. 1990. "Paul on the Use and Abuse of Reason." In *Greeks, Romans, and Christians: Essays in Honor of Abraham J. Malherbe*, ed. David L. Balch,

Everett Ferguson, and Wayne A. Meeks, 253–86. Minneapolis: Fortress.

———. Forthcoming-a. "Construction of *personae (prosōpopoiia)* and Adaptability in Paul's Letters." *Paul in His Hellenistic Context*, ed. Troels Engberg-Pedersen. Philadelphia: Fortress.

———. Forthcoming-b. *Justice, Jews, and Others: A Re-reading of Paul's Letter to the Romans.* New Haven and London: Yale University Press.

Talbert, Charles H., ed. 1986. *Perspectives on 1 Peter.* Macon, Ga.: Mercer University Press.

Theißen, Gerd. 1982. *The Social Setting of Pauline Christianity: Essays on Corinth*, ed. and trans. John H. Schütz. Philadelphia: Fortress.

Thompson, Cynthia L. Forthcoming. "The Earliest Christians and Greco-Roman Gold Rings: Treasures from Pompeii."

Tod, Marcus N. 1951. "Laudatory Epithets in Greek Epitaphs." *Annual of the British School of Athens* 46: 182–90.

Tolbert, Mary Ann. 1989. *Sowing the Gospel: Mark's World in Literary-Historical Perspective.* Minneapolis: Fortress.

Trumpf, Jürgen. 1958. "Fluchtafeln und Rachepuppe." *Mitteilungen des Deutschen Archäologischen Instituts, Athenische Abteilung* 73: 94–102.

Vermes, Geza, ed. and trans. 1987. *The Dead Sea Scrolls in English.* 3d ed. Sheffield: JSOT.

Vögtle, A. 1936. *Die Tugend- und Lasterkataloge exegetisch, religions- und formgeschichtlich untersucht.* Münster: Aschendorff.

Völker, Walther, ed. 1932. *Quellen zur Geschichte der christlichen Gnosis.* Tübingen: J. C. B. Mohr (Paul Siebeck).

Walcot, P[eter]. 1970. *Greek Peasants, Ancient and Modern: A Comparison of Social and Moral Values.* Manchester: Manchester University Press.

Weaver, P. R. C. 1972. *Familia Caesaris: A Social Study of the Emperor's Freedmen and Slaves.* Cambridge: Cambridge University Press.

Welskopf, Elisabeth Charlotte, ed. 1974. *Hellenische Poleis: Krise, Wandlung, Wirkung.* 4 vols. Berlin: Akademie Verlag.

White, John L. 1988. "Ancient Greek Letters." In *Greco-Roman Literature and the New Testament: Selected Forms and Genres*, ed. David E. Aune, 85–106. Atlanta: Scholars.

White, L. Michael. 1990a. *Building God's House in the Roman World: Architectural Adaptation among Pagans, Jews, and Christians.* Baltimore and London: Johns Hopkins University Press.

———. 1990b. "Morality between Two Worlds: A Paradigm of Friendship in Philippians." In *Greeks, Romans, and Christians: Essays in Honor of Abraham J. Malherbe*, ed. David L. Balch, Everett Ferguson, and Wayne A. Meeks, 201–

15. Minneapolis: Fortress.

Wibbing, Siegfried. 1959. *Die Tugend- und Lasterkataloge im Neuen Testament und ihre Traditionsgeschichte unter besonderer Berücksichtigung der Qumran-Texte.* Berlin: Verlag Alfred Töpelmann.

Wilken, Robert L. 1983. *John Chrysostom and the Jews: Rhetoric and Reality in the Late Fourth Century.* Berkeley: University of California Press.

Williams, Bernard. 1985. *Ethics and the Limits of Philosophy.* Cambridge: Harvard University Press.

Williams, Jacqueline A. 1988. *Biblical Interpretation in the Gnostic Gospel of Truth from Nag Hammadi.* Atlanta: Scholars.

Wilson, Bryan R. 1975. *Magic and the Millennium.* Frogmore, St Albans, Herts: Paladin.

Wilson, Walter T. 1991. *Love without Pretense: Romans 12.9–21 and Hellenistic-Jewish Wisdom Literature.* Tübingen: J. C. B. Mohr (Paul Siebeck).

Womer, Jan L., ed. and trans. 1987. *Morality and Ethics in Early Christianity.* Philadelphia: Fortress.

Worley, David Ripley. 1981. "God's Faithfulness to Promise: The Hortatory Use of Commissive Language in Hebrews." Ph.D. diss., Yale University.

Yarbrough, O. Larry. 1985. *Not Like the Gentiles: Marriage Rules in the Letters of Paul.* Atlanta: Scholars.

Yoder, John Howard. 1984. *The Priestly Kingdom: Social Ethics as Gospel.* Notre Dame: University of Notre Dame Press.

译者后记

《基督教道德的起源》从历史、社会和文化的角度探讨基督教道德规范的起源。作者韦恩·米克斯依据丰富的早期文献（包括基督教的和非基督教的），从1到2世纪的基督徒的历史环境、生存状态和文化资源入手，对他们的道德观念和实践进行正本清源的考察。他指出，最早的基督徒虽然形成了或多或少独立的生活、文化圈，但他们是在希腊、罗马的文化氛围中成长起来的，从来没有完全脱离周围的社会环境。事实上，他们的道德话语和实践带着不少希腊、罗马传统的印记。

翻译《基督教道德的起源》于我远非易事。基督教在中国传统文化的范围之外，早期基督教与中国翻译者之间存在时间、空间以及文化方面的几重隔阂。此外，虽然作者在其前言中称此书的对象为普通读者，但需要指出的是，书稿原用于牛津大学神学系为他安排的讲座，他笔下的“普通读者”应该是基督教文化圈中对早期基督教怀抱兴趣的人士，换言之，是对基督教的历史、思想渊源有所了解，甚至有相当了解的人士。这一点大概也是阅读本书时我们间或感到背景交代不够、论述有跳跃的原因。

幸运的是,米克斯教授不厌其烦地回答了我的许多问题;为帮助我把译文做得比较明白晓畅,他在几处地方几乎改写了原来的段落。Baylor University 的 David Jeoffrey 教授通过电子邮件和前后十余个小时的当面解答,帮助我解决了本书中的诸多疑难,他非凡的学养和有教无类的热忱更丰富了我对书上读到的基督教神学和道德实践的理解。此外,我还多次请教 Giles Schmidt 和 Mary Gander,他们乐于就我的问题提出自己的看法,不但帮助我理解这本书,更让我体会到要把握一种不同的文化,仅仅读几本书远远不够。包倩怡阅读了译文初稿,发现多处毛病,提出了很好的修改意见。我庆幸自己得到如此宝贵的支持和帮助,在这里向他们表示由衷的感谢。

图书在版编目(CIP)数据

基督教道德的起源/(美)米克斯著；吴芬译.—北京：商务印书馆，2012(2020.9重印)
ISBN 978-7-100-09331-6

Ⅰ.①基… Ⅱ.①米… ②吴… Ⅲ.①基督教—道德规范—研究 Ⅳ.①B978

中国版本图书馆CIP数据核字(2012)第167052号

基督教道德的起源
〔美〕韦恩·A.米克斯 著
吴 芬 译

商 务 印 书 馆 出 版
(北京王府井大街36号 邮政编码100710)
商 务 印 书 馆 发 行
北京市松源印刷有限公司印刷
ISBN 978-7-100-09331-6

2012年11月第1版 开本850×1168 1/32
2020年9月北京第2次印刷 印张13⅞
定价：49.00元